현명한 투자자의
지표 분석법

현명한 투자자의
지표 분석법

1쇄 2019년 9월 30일
5쇄 2022년 4월 30일

지은이 고재홍

펴낸곳 (주)한국투자교육연구소 부크온
펴낸이 김재영, 김인중
교열 이승호, 백용
편집 위아람
디자인 권효정
주소 서울시 영등포구 선유로9길 10, 문래 SK V1센터 1001호
전화 02-723-9004   **팩스** 02-723-9084
홈페이지 www.bookon.co.kr
블로그 blog.naver.com/bookonblog
이메일 book@itooza.com
출판신고 제2010-000003호(2008년 4월 1일 신고)

ISBN 978-89-94491-85-1 13320

◆ 부크온은 (주)한국투자교육연구소의 출판 브랜드입니다.
◆ 파손된 책은 구입하신 곳에서 교환해 드리며, 책값은 뒤표지에 있습니다.
◆ 무단전재나 무단복제를 금합니다.

현명한 투자자의

지표 분석법

고재홍 지음

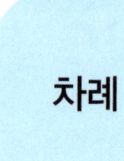

차례

들어가는 글 ◆ 010

1 거시지표 ◆ 017

주식회사 대한민국은 수출 공화국 | 매달 초 13개 품목의 수출금액을 확인하자 | 매달 말 수출물량지수도 확인해 두자 | 경기선행종합지수 통해 내수경기를 보자 | 지난 10년의 흐름 : 코스피 밴드

거시지표 관련 사이트
재콩의 투자 이야기 – 업종 지표와 기업 이익의 연관성

2 자동차 ◆ 035

자동차 업종을 보는 주요 지표 | 현대·기아차 글로벌 출하 추이 | 현대·기아차 관전포인트는 미국과 중국 시장 회복 여부 | 자동차 부품 수출은 현대·기아차 수출과 동행 | 미국과 중국 자동차 시장은 역주행 중 | 전기차 시장 성장의 기대와 우려 | 현대·기아차 지난 10년의 움직임 | 기업 분석 : 현대차

자동차 지표 관련 사이트
재콩의 투자 이야기 – '이익이 증가하는 기업' 찾는 지름길은?

3 철강 ◆ 061

철강 산업을 보는 주요 지표 | 조강생산량과 중국 철강사 감산 정책 | 철강 산업 밸류체인 | 철강 제품 및 원재료 지표 확인 | 열연 시장 : 1) 지난 시장의 흐름 | 열연 시장 : 2) 철광석과 중국 동절기 감산 | 열연 시장 : 3) 포스코와 철광석 선물의 시사 | 철근 시장 : 1) 지난 시장의 흐름 | 철근 시장 : 2) 철근 가격 결정 방식의 변화 | 철근 시장 : 3) 철스크랩 시장의 변화 | 철근 시장 : 4) 눈여겨 볼 시장변화 2가지 | 강관 시장 : 미국 정책 방향이 관건 | 앞으로 철강 제품별 관전포인트 | 기업 분석 : 포스코

철강 지표 관련 사이트

재콩의 투자 이야기 – '잃지 않는 투자', 이것부터 시작하라

4 비철금속 ◆ 091

비철금속을 보는 주요 지표 | 비철금속 수요와 공급 시장의 이해 | 고려아연은 왜 실적 전망치를 하향했나 | 중국 PMI와 비철금속 가격 | 전기차 시장 성장과 비철금속 수요

비철금속 지표 관련 사이트

재콩의 투자 이야기 – ROE와 PBR 100% 활용법

5 건설 ◆ 105

지난 10년 주택 정책 흐름 | 건설 업종을 보는 주요 지표 | 국내주택사업 부문 : 1) 인허가와 미분양 | 국내주택사업 부문 : 2) 심리지수, 매매지수 | 국내주택사업 부문 : 3) M2, 주택담보대출 | 주택시장과 건설 업황의 향방 | 해외건설 수주사업 부문 : 1) 연도별/지역별 수주 추이 | 해외건설 수주사업 부문 : 2) LNG 액화플랜트 프로젝트 | 해외건설 수주사업 부문 : 3) 미청구 공사금액 | 건설 업종 관전포인트 : 1) 공급물량 | 건설 업종의 관전포인트 : 2) 다양한 후방산업과의 연결고리 | 건설 업종 : 지난 10년의 추이 | 자체 분양 사업 매출 인식

건설 지표 관련 사이트

재콩의 투자 이야기 – 기업 가치를 결정하는 요소

6 시멘트 ◆ 143

시멘트 업종을 보는 주요 지표 | 시멘트 업종 : 지난 5년의 흐름 | 전방산업 건설수주액과 시멘트 출하량 | 출하 경쟁 시대에서 기업별 강점 보유 시대로의 진화 | 시멘트 업종 당면 과제와 관전포인트

시멘트 지표 관련 사이트
재콩의 투자 이야기 – **투자와 연애의 상관관계**

7 반도체 ◆ 159

반도체 업종을 보는 주요 지표 | 반도체 시장의 주요 키워드 및 밸류체인 | 반도체 공정의 이해 : 전공정과 후공정 | 삼성전자의 시스템 반도체 세계 1위 비전과 EUV | 반도체 수출금액과 가격 | 반도체 시장 수요와 공급 관점의 이해 | 반도체 동행지표 : SOX, SEMI, 일본 공작기계 수출금액 | 반도체 선행지표 : PMI, OECD 경기선행지수 | 기업 분석 : SK하이닉스

반도체 지표 관련 사이트
재콩의 투자 이야기 – **투자는 행운이 아닌 불운을 관리하는 것**

8 정유·화학 ◆ 189

여수 국가산업단지가 알려주는 것 | 정유·화학 밸류체인 | 4가지 체인 : 합성수지, 고무, 화섬, 기타화학제품 | 정유·화학 업종을 보는 주요 지표 | 지난 10년의 흐름 : 정유, NCC | 국제유가의 방향은 예측보다는 대응 | 주요 관전포인트 : 1. 에틸렌과 부타디엔 | 주요 관전포인트 : 2. 중국 환경규제 | 주요 관전포인트 : 3. 미·중 무역분쟁 그리고 프로판 시장 | 기업 분석 : SK이노베이션 | 기업 분석 : 롯데케미칼 | 기업 분석 : 국도화학

정유·화학 지표 관련 사이트
재콩의 투자 이야기 – **'우물 안 개구리'형 투자자는 항상 늦다**

9 항공 ◆ 225

항공 업종을 보는 주요 지표 | 공항 출국자 수 추이 | FSC, LCC 승객 이용 추이 | 여행비 지출전망지수와 전망 | 기업 분석 : 제주항공

항공 지표 관련 사이트
재콩의 투자 이야기 – **융통성 없는 사람**

10 화장품 ◆ 243

화장품 업종을 보는 주요 지표 | 화장품 시장 흐름 | 외국인 방문자 수 | 화장품 수출 : 제품별, 국가별 | 화장품 업종 지난 5년의 흐름 | 기업 분석 : 아모레퍼시픽

화장품 지표 관련 사이트
재콩의 투자 이야기 – **성공투자를 위한 3단계 대응법**

11 유통 ◆ 263

유통 업종을 보는 주요 지표 | 선행지표 : 소비자심리지수 | 유통 업태별 매출과 핵심 지표 : 편의점, 면세점, 온라인 쇼핑몰 | 카드수수료 부과 체계 개편과 전자결제 | 기업 분석 : 호텔신라

유통 지표 관련 사이트
재콩의 투자 이야기 – **전업투자자에 관한 단상**

12 골판지 ◆ 285

골판지 업종을 보는 주요 지표 | 골판지 관련 용어와 개념 | 골판지 가격 변화 : 폐지와 원지 가격 | 골판지 수요 변화 : 온라인몰 거래액과 골판지 수요 | 골판지 사국지(四國志) : 격변의 시대 이해 | 기업 분석 : 신대양제지

골판지 지표 관련 사이트
재콩의 투자 이야기 – **'나만의 투자 시나리오'를 만들자**

13 식품 ◆ 303

식품 업종을 보는 주요 지표 | 식품 기업 이해의 출발점 : 국제곡물 가격과 식품 가격 메커니즘 | 국제곡물 가격과 소비자물가지수 | 양돈 시장 : 수입물량 증가, 돼지열병 | 식품 수출 : 라면, 과자, 조제분유, 담배 | 기업 분석 : 삼양식품

식품 지표 관련 사이트
재콩의 투자 이야기 – **성공하는 투자자의 자세**

마무리 글 ◆ 329

● **일러두기** ●

1. 이 책에 나오는 대부분의 표와 그래프는 원래 출처의 것들을 활용하여 저자가 새롭게 그리거나 변형하였습니다.
2. 어떤 표와 이미지는 참고 예시용으로, 단순히 보여드리는 데 의미가 있어 수치나 세세한 내용이 잘 안 보일 수 있으나 이 책의 내용을 이해하는 데에는 전혀 무리가 없습니다.
3. 저자의 블로그에 앞으로도 새롭게 업데이트된 지표들이 제공될 예정이오니 책에서 언급된 내용들을 바탕으로 많은 도움이 되시길 바랍니다.

들어가는 글

지표를 활용한 투자

다양한 투자 방식이 있다. 성장주 투자, 자산주 투자, 배당주 투자, 경기민감주 투자 등등. 이 가운데 본인에게 가장 잘 맞는 투자 방식을 찾는 게 중요하다. 이 책에서 소개하는 지표를 활용한 투자 방식 역시 마찬가지다. 이 투자 방식은 성장주, 자산주, 배당주, 경기민감주 투자와 별개가 아니라 다양한 투자 방식을 보완하는 도구라고 생각한다.

지표를 활용한 투자는 개별 기업을 보다 정확하게 보고 판단하기 위한 투자 방식 가운데 하나이다. 다만 업황 흐름을 파악하고 이 흐름이 개별 기업에 미치는 영향에 특히 주목한다는 점이 차이점이다.

그렇다면 지표를 활용한 투자가 왜 중요할까. 이유는 간단하다. 업종의 핵심 지표가 곧 기업의 핵심 지표로 이어지기 때문이다. 그러니까 업종 지표를 통해 기업 이익을 전망하고 확인할 수 있다는 것이다.

업종 지표를 본다는 의미

흔히들 경기 사이클을 이야기한다. 경기상승초기, 상승기, 침체기 등의 사이클을 그려놓고 각 시기마다 적절한 업종을 제시하고 투자하는 방법을 설명한다. 그러나 사실 이 방식으로 투자하는 것은 매우 어렵다. 현재가 경기상승초기인지, 상승기인지, 침체기인지 알기 어려울 뿐만 아니라 과연 그 시점에 특정 업종의 업황이 개선될지 여부는 수많은 대외변수에 가려 보이지 않는다. 무엇보다 우리는 무의식적으로 대중심리에 휩쓸리고, 또 확증편향에도 익숙하다. 같은 뉴스라도 매수 이후와 매도 이후 뉴스의 해석은 달라지기 마련이다.

업종 지표를 지속적으로 본다는 의미는 숱한 상황변수에 따라 우리의 판단이 흔들릴 수 있다는 것을 인정하고, 객관적으로 사물을 바라보고 '나'만의 시각으로 판단하기 위한 습관을 키우는 과정이라고 생각한다. 앞으로 수많은 지표를 보게 될 것이다. 여기서 핵심은 지표의 변화 원인을 이해하고 소화시켜 내 것으로 만드는 노력이 함께 필요하다는 점이다.

업종 지표의 해석은 결국 자신의 시각이자 판단

여기 물컵이 하나 있다. 혹자는 물이 반 밖에 남지 않았다고 하고 혹자는 물이 반이나 찼다고 이야기한다. 업종 지표라는 것도 이와 유사하다. 동일한 현상을 두고 혹자는 업황이 좋지 않다고 주장하고 혹자는 업황이 개선될 것이라고 주장한다.

2018년 6월 미·중 무역분쟁이 진행되면서 미국이 중국 철강 제품에 관세를 부과했다. 한편에서는 철강 업종의 전반적인 악재라고 해석하는 반면, 다른 한편에서는 중국 철강사 중심의 규제는 국내 철강사에게 호재가 될 것이라고 해석하기도 했다.

2018년 하반기와 2019년 상반기를 지나면서 반도체 업종은 반도체 가격 하락으로 업종 사이클의 둔화가 지속될 것이라는 주장과, 5G와 4차 산업혁명으로 반도체 수요가 큰 폭으로 다시 증가할 것이라고 해석하는 또 다른 주장이 있다.

업종 지표의 해석은 결국 자신의 시각이자 판단이어야 한다. 시장은 시시각각 변화한다. 변화하는 시장의 흐름에서 중심을 잡고 판단할 수 있는 자신만의 시각과 판단이 중요하다. 지표를 통한 시장에 대한 이해와 투자는 지금 내가 어디에 서 있는지 알려준다. 무엇보다 투자 대상 기업의 시장 상황을 이해하고 인내하며 동행할 수 있게 만들어준다.

업종 지표를 본다 = 기업 이익을 확인한다

업종 지표를 본다는 것은, 다시 말해 업종 흐름을 읽고 해석한다는 것은 해당 업종의 업황과 대상 기업의 이익을 확인한다는 말과 같다. 업종의 핵심 지표는 기업 이익의 핵심 지표와 다르지 않다.

이 설명을 위해 기업 이익의 유형에 대해 이야기해 보자. 주로 제조업 위주로 설명해 보겠다.

기업 유형은 크게 3가지로 구분할 수 있다. 매출이 증가하면 이익이 증가하는 기업이 있다. 또 하나는 원재료 가격이 상승하면 제품 가격 인상으로 이어져서 이익이 증가하는 기업이 있다. 마지막으로 원재료 가격이 하락하면 스프레드 마진이 증가하면서 이익이 증가하는 기업이 있다.

예를 들어 보자. 중국인 입국자가 증가하면 화장품 매출이 증가하면서 아모레퍼시픽 같은 화장품 기업 매출이 증가한다. 중국과 미국 시장에서 자동차 판매가 증가하면 현대차, 기아차의 매출이 증가한다. 이런 기업 유형은 매출이 증가하면 이익이 증가하는 기업이다.

옥수수 가격이 상승하면 배합사료 가격 인상으로 이어지면서 팜스토리 같은 배합사료 기업의 이익이 증가한다. 폐지 가격이 상승하면 원지 가격 인상으로 이어지면서 신대양제지, 아세아제지 같은 골판지 기업의 이익이 증가한다. 철광석 가격이 상승하면 열연 제품 가격 인상으로 이어지면서 포스코의 이익이 증가한다. 이런 기업 유형은 원재료 가격 상승분을 제품 가격 인상으로 연결하면서 이익이 증가하는 기업이다.

페놀 가격이 하락하면 페놀을 원재료로 산화방지제를 생산하는 송원산업의 이익이 증가한다. 펄프 가격이 하락하면 인쇄용지와 산업용지를 생산하는 한솔제지의 이익이 증가한다. 철스크랩 가격이 하락하면 철스크랩을 원재료로 철근을 생산하는 한국철강이나, 특수강을 생산하는 세아베스틸의 이익이 증가한다. 이런 기업 유형은 원재료 가격 하락으로 제품과의 스프레드 마진이 증가하면서 이익이 증가하는 기업이다.

이와 같이 기업 이익에 영향을 주는 '핵심 지표 Key Factor'가 있다. 핵심 지표를 통해 기업 이익을 전망할 수 있으며, 기업 이익 증가 여부 또한 확인할 수 있다. 기업의 핵심 지표는 결국 업종 지표이다. 다시 말해 업종 지표를 보는 것은 기업의 핵심 지표를 파악한다는 말과 다르지 않다. 업종 지표를 통해 기업 이익을 전망하고 확인할 수 있다.

그래서 이 책은 업종별 대표 지표에 집중한다. 업종별로 어떤 지표를 볼 것인가를 먼저 다룬다. 그리고 지표가 의미하는 것이 무엇인지 설명하고 기업에는 어떤 영향을 미치는지에 대해 알아본다. 마지막으로 지표를 찾아 활용할 수 있는 사이트 정보를 제공한다.

대상은 자동차, 철강, 비철금속, 건설, 시멘트, 반도체, 정유/화학, 항공, 화장품, 유통, 골판지, 식품 등 12개 업종이다.

그리고 설명 중간중간에 업종과 업종 간, 기업과 기업 간 연결고리에 대해서도 언급할 것이다. 지표 변화에 따른 업종과 기업, 기업과 기업 간 파급효과와 반대급부에 대해 살펴보겠다.

'이익이 증가하는 기업'을 찾아라

필자는 20년이 조금 모자라는 직장생활을 마무리하고 2016년 봄부터 전업투자를 하고 있다. 처음 주식투자를 하게 된 계기는 대부분의 직장인이 그렇듯 미래에 대한 불안함 때문이었다. 이직을 하고 새롭게 맡은 프로젝트가 얼마 지나지 않아 회사 내부 사정으로 갑자기 사라지게 되었다. '조직'이라는 계급장을 떼고 난 내 모습을 상상해 보니 미래에 대한 불안감이 엄습했다. 이후 다양한 투자 서적을 읽고 강의를 듣고 나만의 투자 방식에 대해 고민했다.

가장 맞는 투자 방식은 가치투자였다. 그러나 가치투자를 접하고 실제 투자로 실행하는 과정에서 많은 난관과 고민이 있었다. 저평가 기업을 발굴해 내재가치까지 보유한다는 철학에는 공감하지만 실제 현실에서는 상당한 인내심이 요구되었다. 특히나 변화무쌍한 시장 흐름을 무시하고 내재가치만 바라보다 보니 실제 산업에 대한 이해도는 제자리 걸음이었다. 주가가 오를 때까지 두 손 놓고 막연한 기다림으로 일관하는 투자가 과연 맞는 건가 하는 불안감이 가시지 않았다.

투자 방식을 다시 돌아보게 되었다. 그 결과 내재가치가 주가보다 높은 기업, 다시 말해 저평가 기업에 투자한다는 대전제는 불변이지만, 여기에 '이익이 증가하는 기업'이라는 전제를 하나 더 달았다. 그런데 이익이 증가하는 기업을 찾기 위해서는 결국 다양한 산업에 대한 공부가 필요했다. 갈수록 태산이었던 셈이다.

먼저 업종 구조와 흐름에 대한 갈증부터 풀어보려고 작심했다. 건설 업종을 이해하기 위해서는 어떤 지표를 봐야 하지? 정유·화학의 밸류체인은 무엇이고 어떤 지표가 있지? 철강 업종의 밸류체인은 무엇이고 제품가격 결정 메커니즘은 뭘까? 하나씩 뜯어보는 수밖에 달리 방법이 없었다.

퇴근 후 한두 시간씩, 그리고 주말을 이용해서 몇 시간씩 관련 사이트를 찾고 데이터를 모으고 주기적으로 업데이트를 했다. 그러면서 주요 업종별 지표 변화를 체크하고 변화 원인을 찾고 이해하는 과정도 함께 거치게 되었다. 이를 통해 투자의 인내를 '막연한 인내'가 아니라 '알면서 기다리는 인내'로 바꾸게 되었다. 즉, 저평가 기업이 적정 가치를 찾아가는 과정에 있어 적극적으로 업종 지표를 통해 해당 기업의 이익을 예측하고 함께 동행하고 기다리는 방식으로 투자하게 되었다.

'알면서 기다리는 투자'를 위하여

오랜 시간 투자를 하면서 나보다 뛰어난 투자자 분들을 수없이 많이 봐 왔다. 수익률 뿐만 아니라 투자를 대하는 마음가짐, 철학이 훌륭한 분들이 많다. 그리고 나 자신을 돌아보게 된다. 그분들에 비하면 내가 이룬 성과는 소소하고 평범하다. 다만 지표 분석을 통해 업황을 이해하고 이를 기업 실적과 연결하는 과정을 통해 확신을 얻고 또 이를 바탕으로 투자하는 '알면서 기다리는 투자'는 또 하나의 잃지 않는 투자, 안정적 투자 방식이 될 수 있다는 생각으로 이 책을 쓰게 되었다.

그동안 개인 블로그를 통해 '지표의 정원'이라는 강의를 진행해 왔는데, 강의를 통해 나의 부족함을 확인하고 보완하는 의미 있는 시간이었다. 여기서 정리한 업종별 지표 관련 각종 투자 노하우를 이 책 한 권으로 묶는다. 산업을 학구적으로 연구하는 전문가가 아니라 실전 투자자 입장에서 쉽고 간단하게 업종 지표를 해석하고 활용하는 방법을 설명하고자 노력했다.

이 책을 읽는 독자 분들은 업종에 대한 이해가 각기 다를 것이다. 특정 업종에 대한 이해가 굉장히 깊은 분들도 계실 것이고, 또 이런 분들 입장에서는 업종 지표에 대한 설명이 부족하다고 느끼실 수도 있다. 다만 이 책의 의도는 업종 핵심 지표를 누구나 쉽게 이해하고 활용하는 데 초점을 두고 있다는 점을 이해해 주셨으면 하는 바람이다.

지표를 활용한 투자 방법론을 이야기하고 공유하는 것은 나 스스로도 보람 있는 일이다. 내가 여러 선배들로부터 많은 도움을 받은 것과 같이, 이 책이 투자자 분들에게 자그마한 도움이 되기를 진심으로 바란다.

1 거시지표

주식회사 대한민국은 수출공화국

이 책은 업종과 기업 이야기를 다룬다. 특히 3가지에 집중한다. 업종별로 어떤 지표를 볼 것인가, 지표가 의미하는 것은 무엇인가, 개별 기업 실적에는 어떤 영향을 미치는가이다.

거시경제는 금리, 유가, 달러 등은 물론 트럼프 대통령에 허리케인까지 글로벌 경기 전반을 다뤄야 하므로 이 책의 논의 범위를 벗어난다. 다만 거시경제 지표 가운데 수출금액과 수출물량지수, 그리고 경기선행종합지수는 살펴볼 필요가 있다.

수출 중심의 우리나라 경제 구조를 고려할 때 투자 관점에서 우리나라를 '주식회사 대한민국'이라고 부를 수 있다. 주식회사이므로 손익계산서와 시가총액이 나올 것이고, 또 여기에 영향을 주는 각종 항목들이 있을 것이다. 자 그럼, 주식회사 대한민국을 보다 세부적으로 살펴보자.

손익계산서상 매출은 GDP인데, 우리나라는 수출 의존도가 높기 때문에 수출과 내수 항목으로 구분해서 매출을 정의할 수 있다. 매출원가는 환율, 유가, 금리, 물가, 수입 등이다. 판관비와 세금까지 고려하고 나면 주식회사 대한민국의 이익이 나온다. 그리고 건설, 반도체, 정유/화학, 철강, 자동차 등의 업종별 시가총액 합이 주식회사 대한민국의 시가총액이 된다.

주식회사 대한민국의 손익계산서와 시가총액은 수출과 내수 지표의 영향을 받는다. 특히 수출 의존도가 높다는 점에서 수출 관련 지표는 업종 실적과 코스피 방향을 알려준다. 주식회사 대한민국은 수출공화국이다.

매달 초 13개 품목의 수출금액을 확인하자

수출 관련 지표는 매달 1일 산업통산자원부(이하 '산통부')에서 발표한다. 월 기준 수출입 금액과 전년대비 증감률을 확인할 수 있다. 홈페이지를 통해 세부 데이터까지 제공된다. 한국무역협회 수출입총괄 페이지를 통해서도 확인할 수 있다. 수출품목 가운데 산통부에서 관리하는 수출입 13개 품목이 있다. 반도체, 자동차, 석유제품, 석유화학, 철강, 기계, 가전, 디스플레이, 선박 같은 품목이다.

품목별 수출 데이터를 확인하는 코드체계에는 HSK, MTI, STIC가 있다. HSK는 관세행정에 사용되고, MTI는 산통부에서 사용하며, STIC는 통계청에서 사용한다. 13개 품목 수출금액을 확인할 때는 MTI를 사용한다. 예를 들어 반도체는 831, 석유화학은 21이다. 매달 발표되는 전체 수출금액과 13개 품목 수출금액을 통해 큰 흐름을 선제적으로 파악할 수 있다.

2019년 5월 수출금액은 459억 달러로 〈그림 1-1〉에서 보듯이 전년 동기 대비 9.4% 감소했다. 2018년 12월부터 6개월 연속 하락하고 있다. 수출금액은 2016년 11월부터 2018년 11월까지 2년이 넘는 기간 반도체, 석유제품/화학, 철강, 기계 업종을 중심으로 꾸준히 증가하는 모습을 보여 왔다. 그런데 2018년 12월부터 수출이 감소하고 있다.

반도체, 석유제품/화학 업종의 수출금액이 큰 폭 하락하고 있으며, 기계와 철강 업종 역시 주춤한 모습을 보이고 있다. 반면 자동차, 선박 등의 수출금액은 2019년 점차 증가하면서 업황이 개선되고 있다.(참고 〈그림 1-2〉, 〈그림 1-3〉)

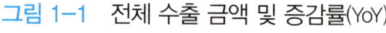

그림 1-1 전체 수출 금액 및 증감률(YoY) 단위 : 1,000달러, %

출처 : 산업통상자원부 수출입동향

그림 1-2 주요 품목별 수출 증감률 (YoY) : 2018년   단위 : %

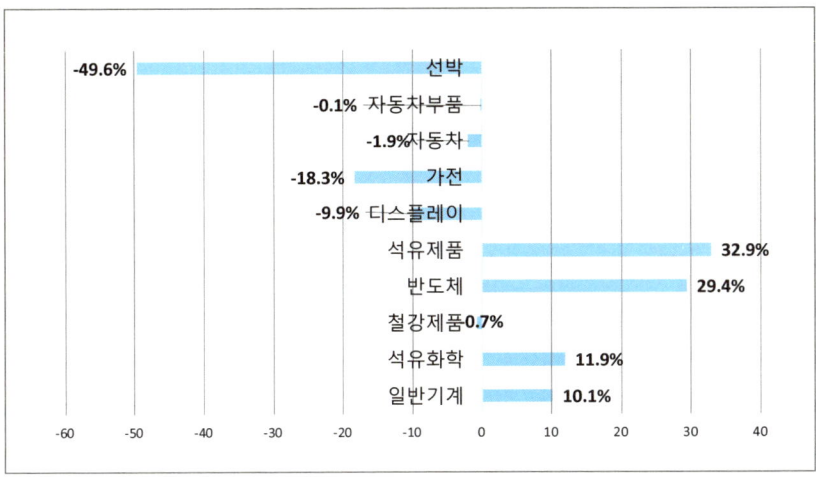

출처 : 산업통상자원부 수출입동향

그림 1-3 주요 품목별 수출 증감률(YoY) : 2019년 5월 누적   단위 : %

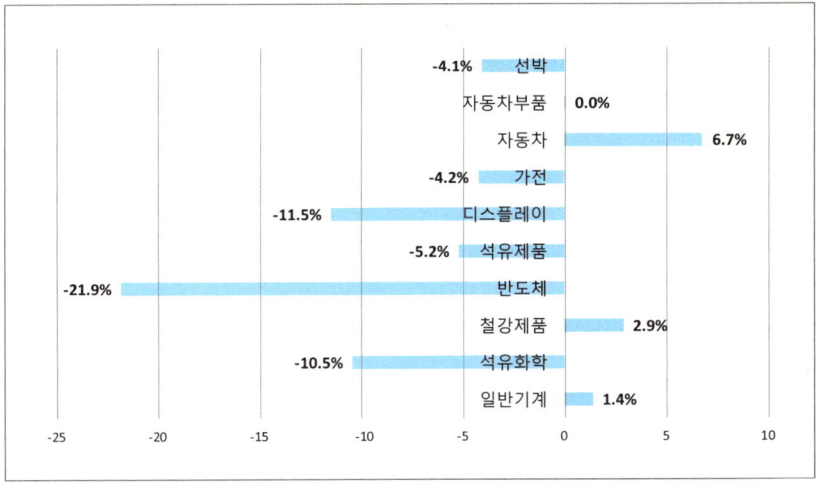

출처 : 산업통상자원부 수출입동향

그림 1-4 수출물량지수 vs 코스피   단위 : 원, 2015=100

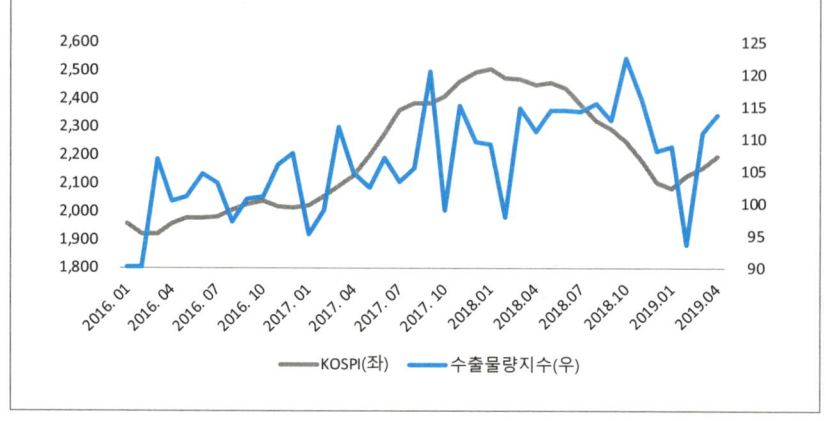

출처 : 통계청 수출물량지수 (코스피지수는 저자가 추가)

매달 말 수출물량지수도 확인해 두자

　매달 말 통계청에서 수출물량지수를 발표한다. 통계청 주제별 통계에서 무역·국제수지 항목의 무역지수/교역조건을 선택하면 월 단위 수출물량지수 데이터를 확인할 수 있다.

　앞서 살펴본 수출금액은 산통부에서 매달 초 13개 품목을 중심으로 발표하고, 매달 말 통계청에서는 전체 수출품목에 대한 수출물량을 지수화해서 수출물량지수로 발표하는 것이다.

　수출물량지수를 통해 업종별 품목별 흐름을 이해할 수 있다. 〈그림 1-4〉에서 보듯이 수출물량지수와 코스피를 비교해보면 큰 방향에서 동행하며 코스피가 다소 선행하는 모습을 보인다. 중요한 점은 수출금액, 수출물량지수, 그리고 뒤에서 하나씩 소개할 업종별 세부 지표 사이의 연계고리를 이해하는 것이다.

경기선행종합지수 통해 내수경기를 보자

경기선행종합지수도 함께 봐야한다. 경기선행종합지수는 통계청에서 확인 가능하다. 통계청 주제별 통계의 경기·기업경영에서 경기종합지수를 선택하면 월 단위 데이터를 확인할 수 있다.

〈그림 1-5〉 경기선행종합지수 순환변동치를 보면 선행종합지수가 지속 하락하는 모습이다. 경기선행종합지수는 8개 항목으로 구성된다. 재고순환지표, 소비자기대지수, 기계류내수출하지수, 건설수주액, 수출입물가비율, 구인구직비율, 코스피지수, 장단기금리차이다.

이상적인 흐름은 건설수주액과 기계류내수출하지수가 증가하면서 재고가 감소하고 구인비율이 증가해서 실업률이 감소하고 소비자기대지수가 상승하는 모습이다.

2017년 7월 이후 경기선행종합지수는 반대로 움직여왔다. 건설수주

그림 1-5 경기선행종합지수 순환변동치

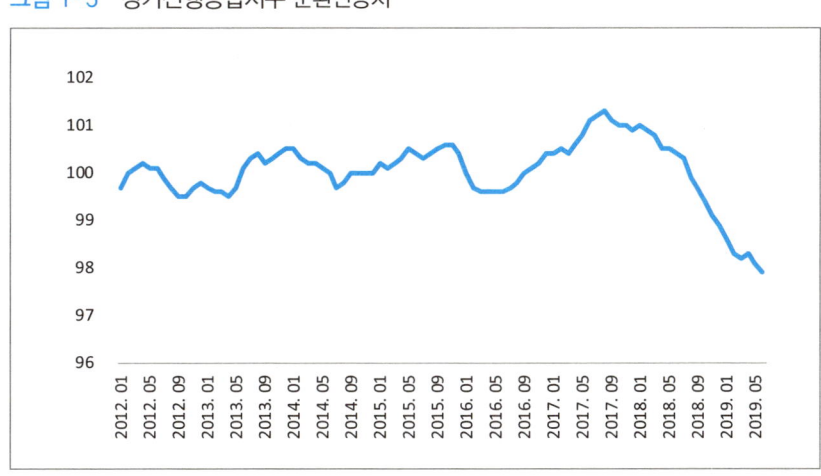

출처 : 통계청 경기선행종합지수

액과 기계류내수출하지수가 감소하고 재고와 실업률이 증가하면서 소비자기대지수가 하락했다. 여기에 원유 가격 상승으로 수입물가비율이 증가하고 장단기금리차는 축소되고 있다.

경기선행종합지수 하락이 지속된다는 것은 내수경기 침체를 의미한다. 이 시점에는 정부 정책을 눈여겨 봐야 한다. 정부가 내수경기 활성화 정책을 추진하고 있는가를 확인할 필요가 있다. 건설수주액과 기계류내수출하지수, 재고순환지표 그리고 구인구직비율의 지표 변화를 관찰할 필요가 있다.

최근 정부는 3기 신도시 30만호 신규 주택 공급과 GTX 광역 교통망 확충을 추진하고 있다. 보다 빠른 추진을 위해 예비타당성조사마저 건너뛴 민자 SOC사업을 발표, 추진하고 있다. 이러한 정책 변화가 어떤 업종에 영향을 미칠지를 함께 고려해 봐야 한다.

지난 10년의 흐름 : 코스피 밴드

본격적으로 업종 세부 지표를 보기 전에 코스피지수와 대표 업종 PBR 밴드의 지난 10년 추이를 살펴보자. 지난 과거의 흐름을 이해해 보자는 의미이다. 한국거래소(KRX)에서 코스피지수와 업종지수를 일단위로 제공한다. 뿐만 아니라 PER(주가수익배수), PBR(주가순자산배수) 데이터까지 제공한다.

코스피 PBR 밴드는 1.0~1.25배 사이를, PER 밴드는 15배 수준을 대체적으로 유지해 왔다.(참고 〈그림 1-6〉, 〈그림 1-7〉) 이익과 코스피지수는 동행하는 경향을 보인다.

그림 1-6   코스피 PBR 밴드   단위 : 원

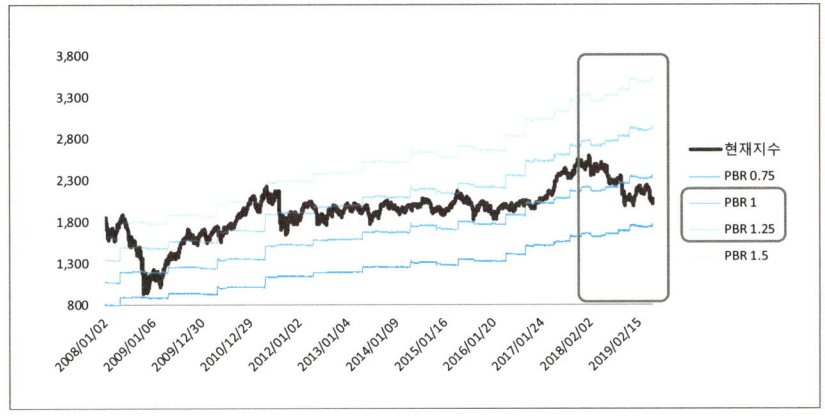

출처 : 한국거래소 마켓데이터에서 인용하여 저자가 새롭게 그림

그림 1-7   코스피 PER 밴드   단위 : 원

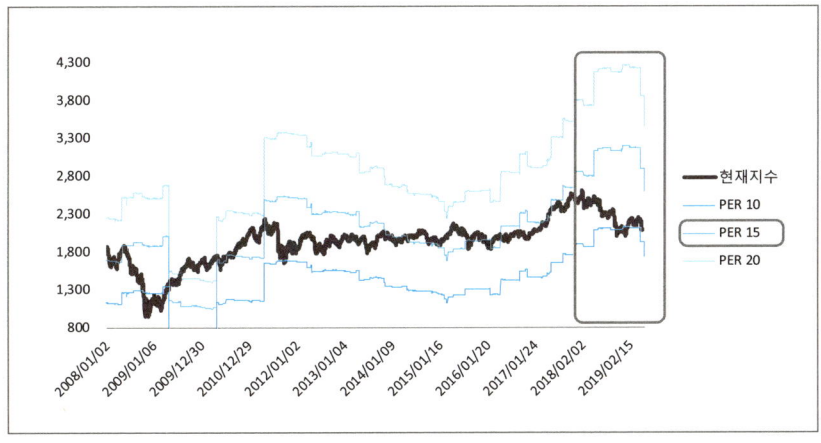

출처 : 한국거래소 마켓데이터에서 인용하여 저자가 새롭게 그림

2018년 하반기부터 코스피는 큰 폭 하락하고 있다. 2018년 4분기의 하락은 2008년 글로벌 금융위기 시점의 하락폭까지 내려왔다. 미·중 무역분쟁이 글로벌 경기 침체를 부추기고 있고, 수출 중심 국내 기업의 실적

악화 우려가 이어지고 있다. 현 시점의 시장 우려를 공포로 볼지 아니면 저평가된 좋은 기업을 매수할 수 있는 기회로 삼을지 생각해 볼 필요가 있다.

다음은 주요 업종별 PBR 밴드 추이다.(참고 〈그림 1-8〉~〈그림 1-15〉) 자동차와 조선사를 포함하는 운수장비, 골판지와 제지 기업을 포함하는 종이목재 업종을 제외하고, 건설, 유통, 전기전자, 화학, 철강금속, 음식료품 업종의 PBR 밴드는 역사적 저점에 가깝게 움직이고 있다.

몇몇 업종을 보면, 일단 건설은 PBR 0.75배에서 1.0배 사이를 오가고 있다. 2018년 남북경협 이슈로 잠시 상승했지만 현재는 다시 저점으로 돌아왔다. 건설수주액 감소로 향후 이익 감소 우려가 있기 때문이다. 앞으로 어떤 모습을 보일지 예의주시할 필요가 있다.

제지업종은 원재료인 펄프와 폐지 가격 급등 이후 제품 가격을 인상하고 원재료 가격은 다시 하락하면서 실적이 개선된 모습을 보였다. 앞으로 이익의 지속 여부를 확인해야 할 것이다.

전기전자 PBR 밴드는 드라마틱한 모습을 보이고 있다. 업종지수는 PBR 밴드 1.5배를 따라가다가 큰 폭 하락하면서 역사적 저점까지 내려왔다. 이익을 꾸준히 유지하는 게 얼마나 힘든지 알려주는 사례이기도 하다. 화학 PBR 밴드는 정유, 화학, 화장품 업종을 포함한다. 경기순환주의 특성상 업황이 나빠지면서 역사적 저점인 PBR 1.0 수준까지 하락해 있다. 사이클을 잘 읽는다면 향후 투자 기회를 잡을 수 있을 것이다.

이제 다음 장부터 업종별 세부 지표를 확인하고 지표를 활용한 투자 아이디어에 대해 이야기해 보자.

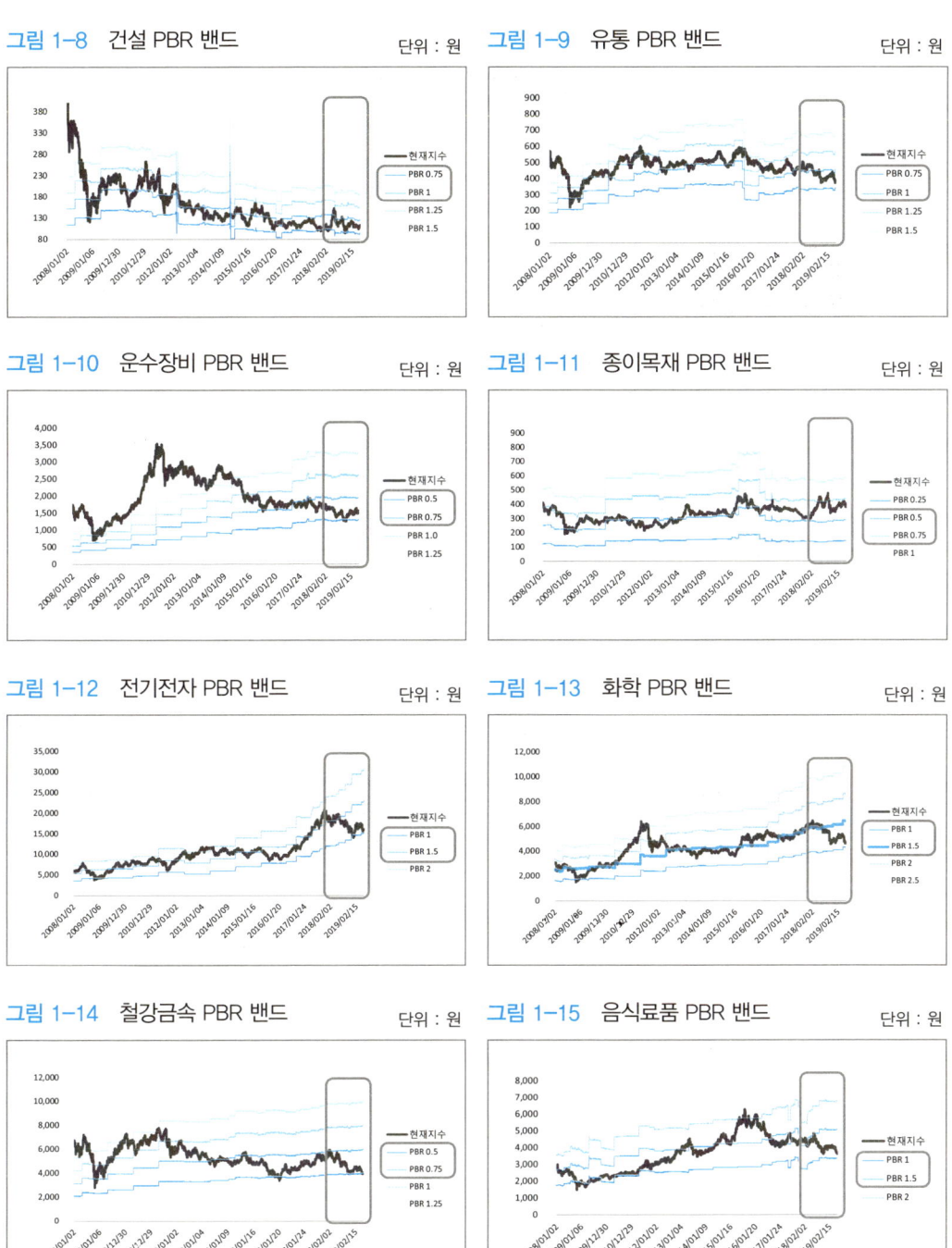

출처 : 한국거래소 마켓데이터에서 인용하여 저자가 새롭게 그림

<참고> 거시지표 관련 사이트

그림 1-16 월별 수출입 동향

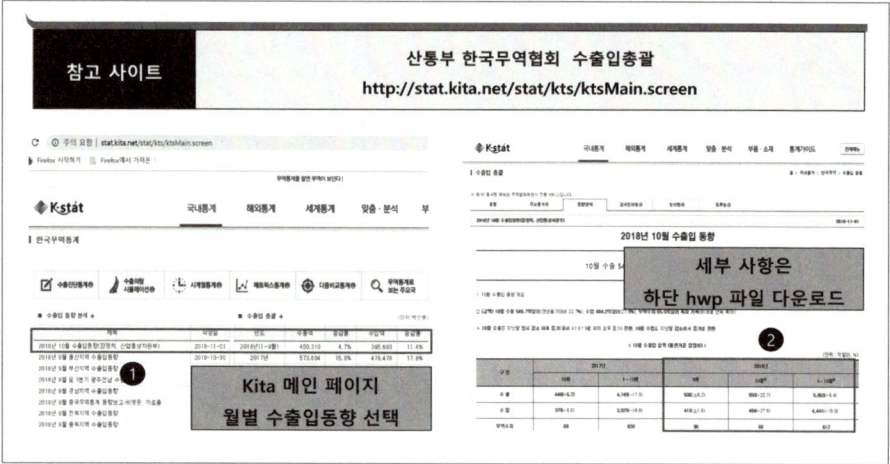

그림 1-17 수출입 13개 품목 수출금액

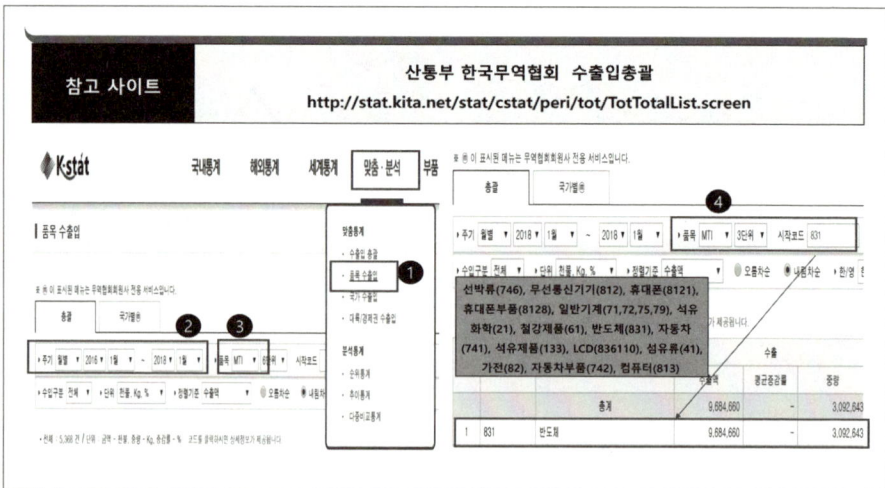

〈참고〉 **거시지표 관련 사이트**

그림 1-18 수출물량지수

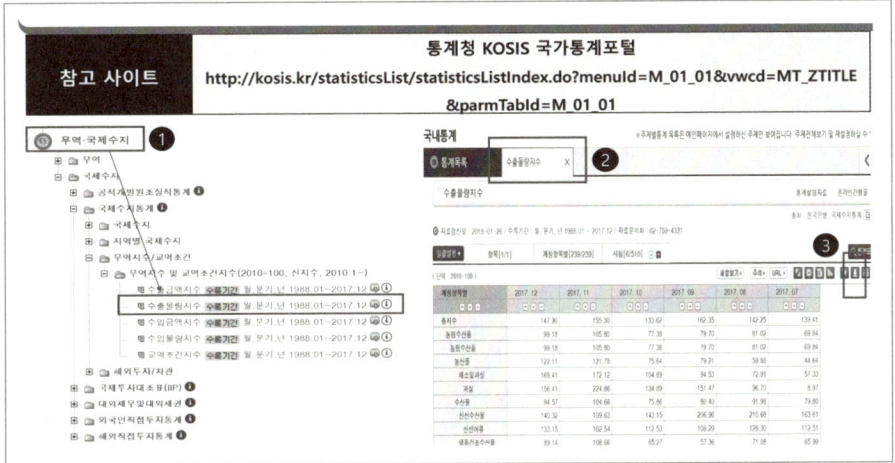

그림 1-19 경기선행종합지수

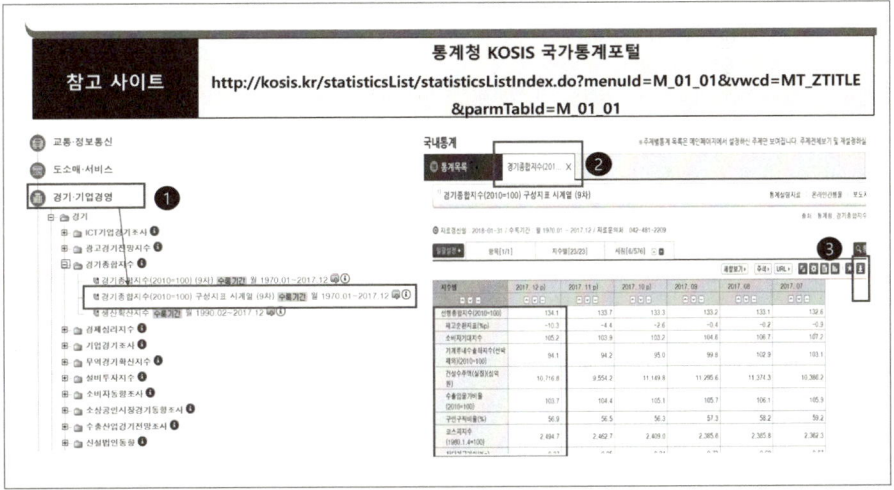

1 거시지표   29

〈참고〉 **거시지표 관련 사이트**

그림 1-20 코스피 및 업종 지수

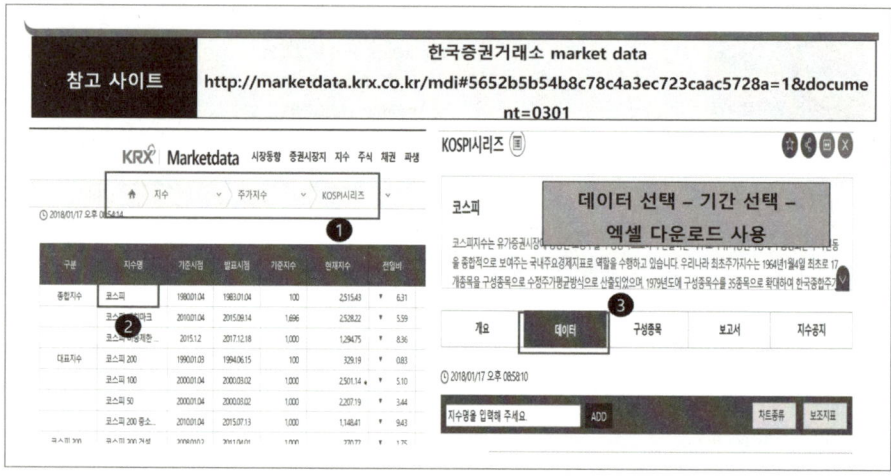

※ 지표 관련 사이트는 독자의 이해도를 높이기 위해 해당 사이트의 이미지에 저자가 직접 활용가이드를 안내한 것으로 이미지 바탕의 텍스트는 잘 보이지 않아도 신경쓰지 않으셔도 됩니다.

핵심 포인트

1 수출금액과 수출물량지수를 통해 '주식회사 대한민국'의 현재를 확인하고, 주요 업종별 세부 지표와의 연계고리를 이해하자.

2 경기선행종합지수를 통해 내수경기 흐름을 이해하자.

재콩의 투자 이야기
업종 지표와 기업 이익의 연관성

펄프 가격이 상승하면 펄프를 생산하는 무림P&P 이익은 증가하지만, 펄프를 원재료로 산업용지와 특수지를 생산하는 한솔제지는 원가부담이 증가한다. 가전기기용 플라스틱 수요가 증가하면 ABS(아크릴로니트릴/부타디엔/스틸렌), PC(폴리카보네이트) 제품 가격 상승으로 이어지고 원재료인 BPA(비스페놀-A), ECH(에피클로로히드린) 가격도 상승한다. BPA를 생산하는 금호석유화학, ECH를 생산하는 롯데정밀화학, 에폭시수지를 생산하는 국도화학의 이익이 증가한다. 반면 에폭시수지를 원재료로 사용하는 페인트 기업은 이익이 감소한다. 반대로 가전기기용 플라스틱 수요가 감소하면 에폭시 수지 가격 하락에 영향을 미치면서 국도화학의 이익은 감소하고 페인트 기업의 원가부담은 감소한다.

철스크랩은 철근과 특수강의 원재료이다. 철스크랩 가격의 상승은 특수강, 즉 합금강과 탄소강을 생산하는 세아베스틸 원가에 영향을 준다. 철스크랩 가격 상승분을 제품 가격 인상으로 연결할 수 있다면 시장 평가는 달라질 것이다. 그리고 특수강 가격 상승은 기계 업종 원가에 부담을 주는 요소이기도 하다.

폴리우레탄의 원재료인 MNB(모노니트로벤젠)/DNT(디니트로톨루엔)를 생산하는 휴켐스는 MDI(경질우레탄)와 TDI(연성우레탄) 가격이 상승하면 이익이 증가한다. 반면 MDI를 원재료로 보냉재를 생산하는 동성화인텍은 원가 부담이 증가한다. 반대로 MDI, TDI 가격이 하락하면 휴켐스의 이익은 감소하지만 동성화인텍의 이익은 증가한다.

철강은 건설수주액 영향을 받고 기계 업종과도 연결되고, 화학제품 가격은 플라스틱, 자동차 업황에 영향을 받는다. 철광석 수요 증가는 BCI(케이프 운임지수) 상승으로 해운 업황 개선으로 이어진다. 유가 상승은 나프타 가격 상승로 이어져 NCC$^{Napthta\ Cracking\ Center}$ 이익에 부담을 주지만 건설 업종은 중동 수주 기대감으로 이어진다. 중국의 환경 관련 각종 규제 정책은 폐지 가격 하락으로 골판지와 제지 기업의 실적을 개선시키고 중국 철강사 가동 제한으로 철강사의 제품 가격을 견조하게 유지시킨다.

　세상은 연결되어 있다. 업종과 업종, 기업과 기업의 연계고리를 이해할 필요가 있다. 누군가의 행복은 누군가의 불행으로 이어지기도 한다. 지표와 기업의 파급효과를 잘 읽으면 다양한 투자 기회를 찾을 수 있다.

2

자동차

자동차 업종을 보는 주요 지표

〈표 2-1〉에서 보듯이 자동차 업종을 보는 주요 지표는 국내 공장 출하, 해외 공장 출하, 자동차 부품 수출 금액, 그리고 전기차 판매 수이다. 국내 공장 출하는 국내 출하와 수출 출하로 구분할 수 있으며, 해외 공장 출하는 현대차의 경우 미국, 중국, 터키, 체코, 인도, 러시아, 브라질 공장 출하 수, 기아차의 경우는 미국, 중국, 슬로바키아, 멕시코 공장 출하 수로 구분할 수 있다. 2019년 하반기 기아차는 인도 공장 가동 예정이다.

참고로 현대자동차그룹은 2018년부터 글로벌 기준인 도매 판매 수, 소매 판매 수를 기준으로 글로벌 자동차 판매 수를 발표하고 있으며, 이를 통해 재고현황을 파악할 수 있다.

표 2-1 자동차 관련 주요 지표

현대 · 기아차 글로벌 출하 추이

현대차와 기아차는 홈페이지 IR현황을 통해 글로벌 판매 실적을 발표한다. 차종별/해외 공장별/지역별 수출/미국 · 유럽현지 판매 데이터를 월 단위로 제공한다.*

〈그림 2-1〉과 〈그림 2-2〉는 현대차, 기아차의 글로벌 출하 추이다. 2015년 현대차는 496만 대, 기아차는 305만 대를 정점으로 글로벌 출하량이 감소하고 있다. 현대차 경우는 인도, 러시아, 브라질에서 선전하고 있고, 기아차는 멕시코 공장 출하가 증가하고 있다. 그러나 가장 큰 시장인 중국, 미국 시장에서 부진한 모습이다.

---

* 좀더 쉽게 데이터에 접근하는 방법은 애널리스트 리포트를 활용하는 것이다. 한경컨센서스 산업데이터에서 '자동차'를 검색하면 매월 초 현대차, 기아차의 글로벌 출하, 판매, 재고, 차종별 데이터를 가공, 분석해서 제공한다. 현대차증권, 신한금융투자 등의 애널리스트가 제공하는 자료를 주기적으로 업데이트해서 활용하면 유용하다.

그림 2-1 현대차 글로벌 출하   단위 : 대

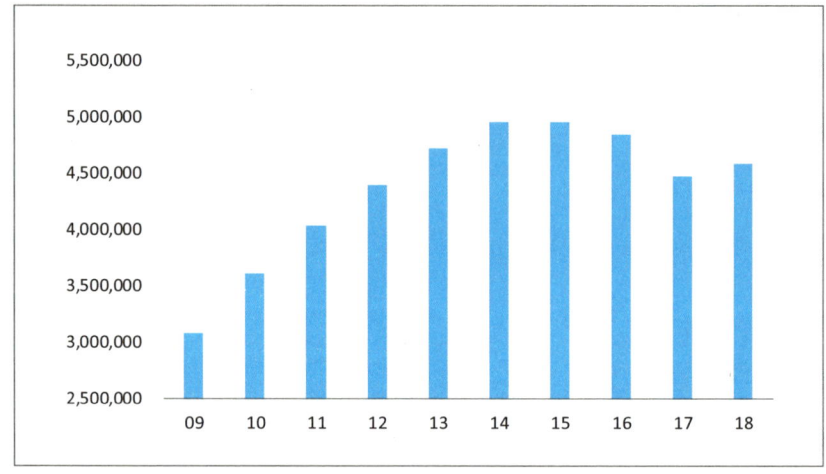

출처 : 신한금융투자 자동차 리포트에서 인용하여 저자가 새롭게 그림

그림 2-2 기아차 글로벌 출하   단위 : 대

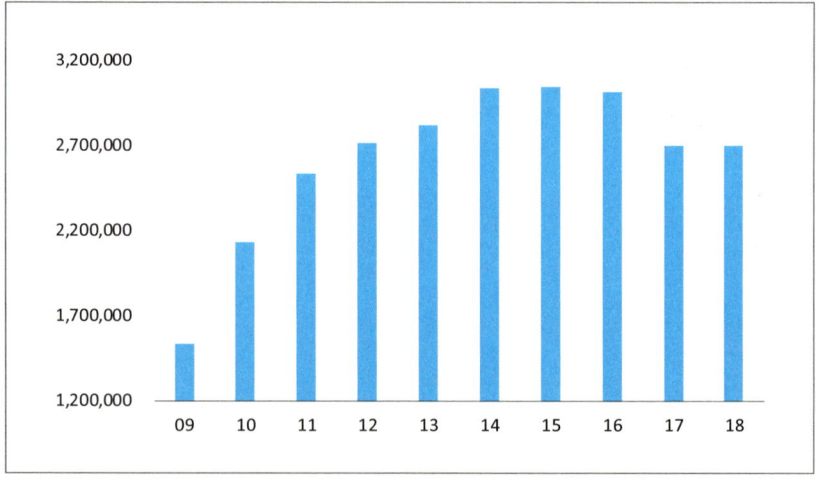

출처 : 신한금융투자 자동차 리포트에서 인용하여 저자가 새롭게 그림

월 기준 자동차 판매 수는 중국이 200만 대(230만 대에서 최근 감소), 미국 140만 대, 유럽 140만 대, 인도 30만 대, 브라질 17만 대, 우리나라 15만 대, 러시아 13만 대 수준이다. 따라서 중국과 미국 시장 판매 확대가 중요하다. 현대차와 기아차는 2015년 정점을 찍고 2016년부터 2018년까지 중국과 미국 시장의 부진이 이어지고 있다.

현대차의 중국 공장 출하는 2016년 114만 대, 2017년 79만 대, 2018년 79만 대로 감소, 미국 공장 출하 역시 2016년 39만 대, 2017년 33만 대, 2018년 32만 대로 감소했다.(참고 〈그림 2-3〉)

기아차의 중국 공장 출하는 2016년 65만 대, 2017년 36만 대, 2018년 37만 대로 감소, 미국 공장 출하 역시 2016년 37만 대, 2017년 29만 대, 2018년 23만 대로 부진한 모습을 보이고 있다.(참고 〈그림 2-4〉)

그림 2-3 　현대차 중국/미국 공장 출하 추이　　　　　　　　　단위 : 대

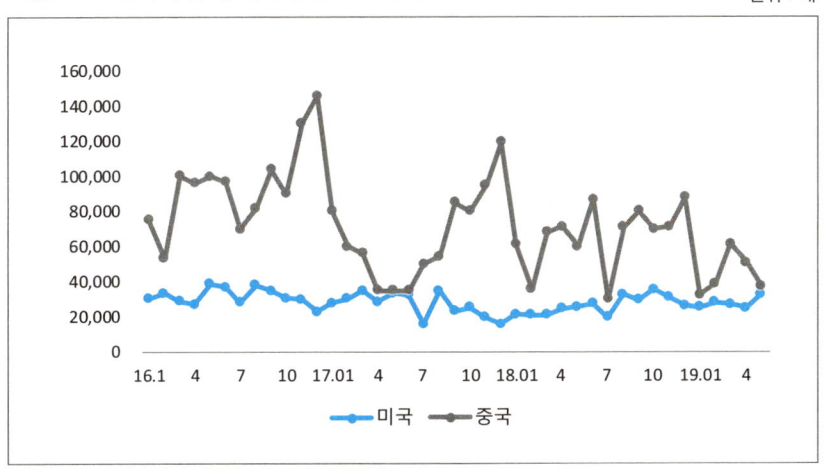

출처 : 신한금융투자 자동차 리포트에서 인용하여 저자가 새롭게 그림

그림 2-4 기아차 중국/미국 공장 출하 추이   단위 : 대

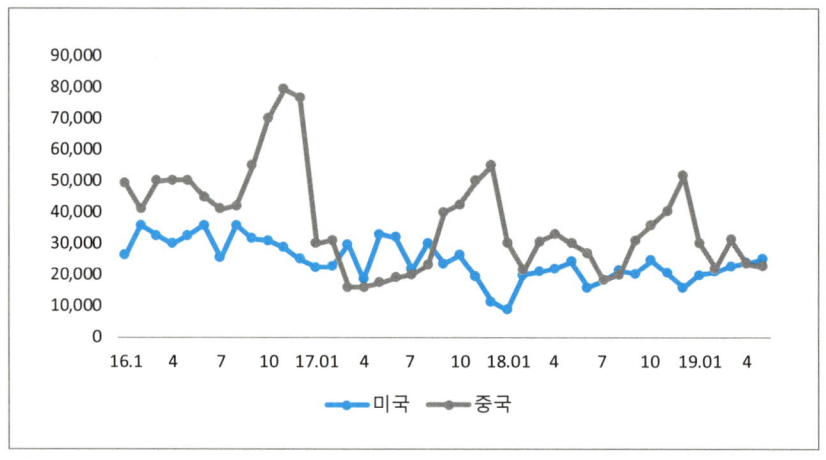

출처 : 신한금융투자 자동차 리포트에서 인용하여 저자가 새롭게 그림

현대 · 기아차 관전포인트는 미국과 중국 시장 회복 여부

2019년 들어 시장 분위기가 다소 달라지고 있다. 2019년 5월 누적 기준으로 현대차와 기아차의 중국 공장 출하 수는 각각 -25%, -11%로 부진한 반면, 미국 공장 출하 수는 현대차는 21% 증가, 기아차는 17% 증가하는 모습이다.

미국 시장 회복은 현대차는 투싼과 코나, 펠리세이드 등 RV차량 판매 증가, 기아차 역시 RV차량 스포티지, 소렌토 그리고 텔루라이드 판매량 증가에 기인한다. 기아차 텔루라이드, 현대차 팰리세이드 등의 판매 수는 관심 가질 필요가 있다.

관건은 중국 공장이다. 현대차는 1, 2공장 각각 30만 대, 3공장 40만 대, 4공장은 30만 대, 충칭 5공장 30만 대 생산능력을 보유하고 있다. 총 160만 대 생산능력을 보유하고 있으나 중국 공장 출하량은 2017년 78만

5,000대, 2018년 79만 2,000대 수준에 머물러 있다. 지난 4월 베이징 1공장 가동을 중단했다. 기아차는 옌청 1공장 14만대, 2공장 30만대, 3공장 45만대로 총 89만대 생산능력을 보유하고 있는데, 중국 공장 출하량은 2017년 36만대, 2018년 37만대 수준에 머물러 있다. 기아차는 옌청 1공장을 합작사인 열달그룹 관계사에 임대하고 있다.

현대·기아차는 미국과 중국 시장에서 살펴볼 포인트가 다르다. 미국 시장은 판매 회복, 특히 기아차는 텔루라이드, 현대차는 팰리세이드 출시 효과를 살펴볼 필요가 있다. 반면 중국 시장은 현대차 베이징 1공장 가동중지, 기아차 옌청 1공장의 임대 등을 통해 향후 얼마나 효율적인 관리를 하느냐에 주목할 필요가 있다.

자동차 부품 수출은 현대·기아차 수출과 동행

자동차 부품 수출 금액은 관세청을 통해 월 단위로 확인할 수 있다(HS 코드 8708). 자동차 부품 수출은 매년 감소해 왔다. 2016년 -5.3%, 2017년 -10.6%, 2018년 -0.2% 수출이 감소했다. 이는 현대·기아차의 수출 감소와 연결해서 생각할 수 있다. 그런데 2019년 접어들면서는 현대·기아차 국내 공장 수출이 증가하면서 자동차 부품 수출 역시 증가하는 모습을 보이고 있다.

2가지를 생각해 볼 수 있다. 하나는 현대·기아차 국내공장 수출 증가로 그간 부진하던 자동차 부품업체의 실적이 점차 개선될 가능성이다. 또 다른 하나는 현대·기아차 해외 공장 가운데 미국공장 출하 증가에 따른 미국 진출 자동차 부품업체의 실적 개선 가능성이다. 그리고 RV차량 가운데 텔루라이드, 팰리세이드 판매 증가가 부품 업체의 실적 개선으로 이어질지는 관심 있게 지켜볼 포인트이다.

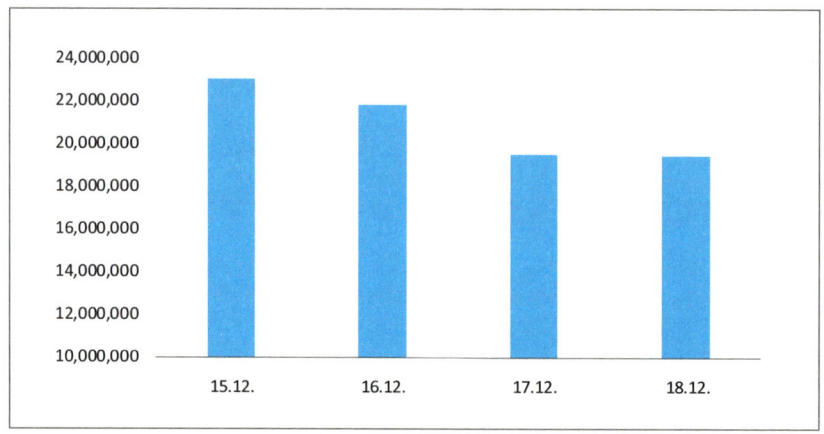

그림 2-5 자동차 부품 수출 추이

출처: 관세청 수출입 무역통계

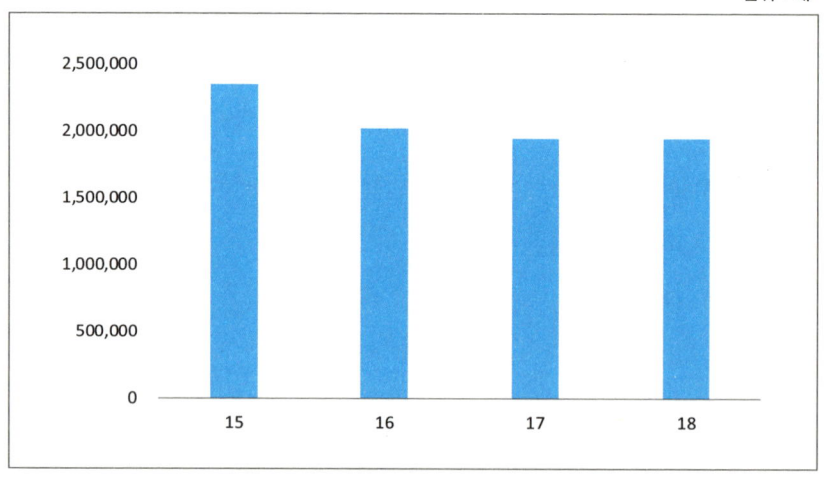

그림 2-6 현대·기아차 국내 공장 수출 추이

출처: 신한금융투자 자동차 리포트에서 인용하여 저자가 새롭게 그림

미국과 중국 자동차 시장은 역주행 중

현대·기아차 월 자동차 출하, 판매 수를 살펴볼 때 미국과 중국 시장 자동차 판매 수를 함께 체크해 두면 유용하다. 미국과 중국 자동차 시장 판매 수는 애널리스트 리포트 등을 통해 확인할 수 있다.

그림 2-7 자동차 판매 수 : 미국   단위 : 대

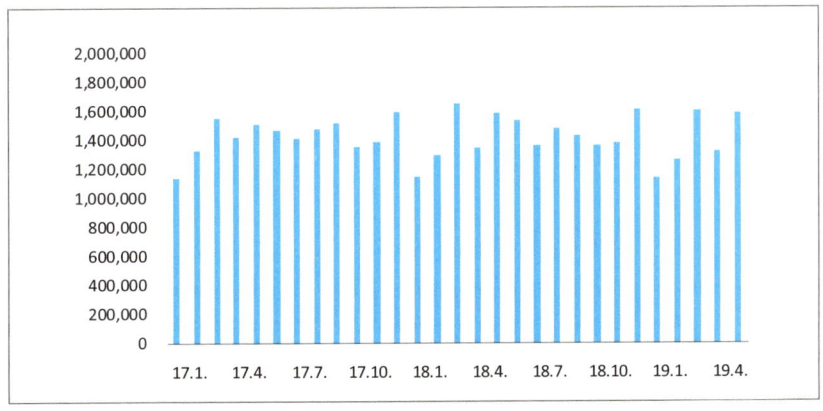

출처 : 하나금융투자 자동차 리포트에서 인용하여 저자가 새롭게 그림

그림 2-8 자동차 판매 수 증감률(YoY) : 미국   단위 : %

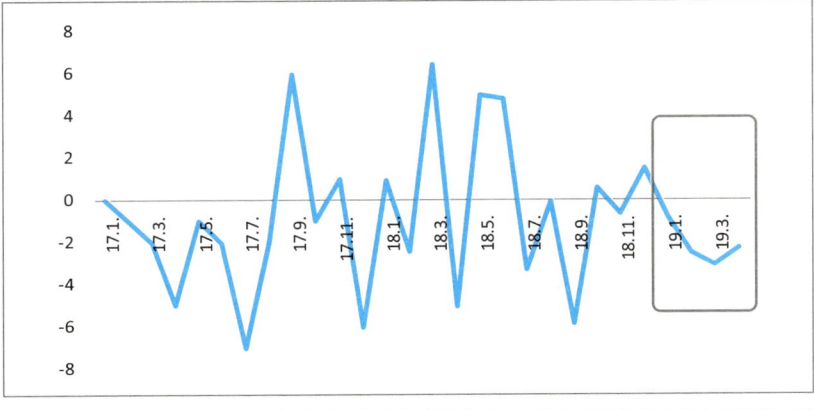

출처 : 하나금융투자 자동차 리포트에서 인용하여 저자가 새롭게 그림

그림 2-9 자동차 판매 수 : 중국   단위 : 대

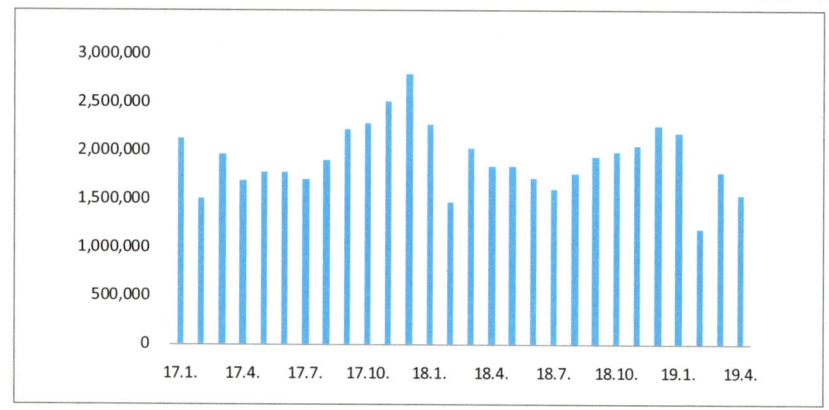

출처 : 하나금융투자 자동차 리포트에서 인용하여 저자가 새롭게 그림

그림 2-10 자동차 판매 수 증감률(YoY) : 중국   단위 : %

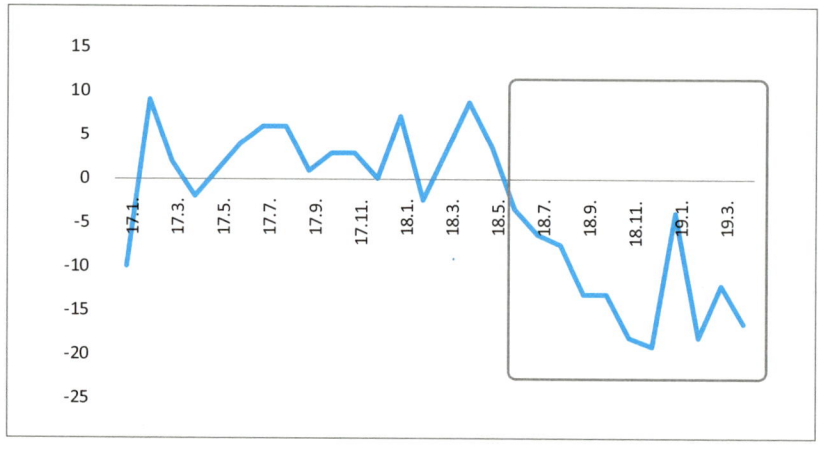

출처 : 하나금융투자 자동차 리포트에서 인용하여 저자가 새롭게 그림

〈그림 2-7〉부터 〈그림 2-10〉까지는 미국과 중국 시장 전체 자동차 판매 추이다. 미국 시장은 2018년 성장률이 0%이고, 2019년 들어 판매가 2% 감소하는 모습이다. 중국 시장은 2018년 성장률이 6% 하락했고,

2019년 들어 12% 이상 판매가 감소하고 있는 상황이다. 미국과 중국 자동차 시장은 판매 감소가 이어지면서 어려운 상황이다.

전기차 시장 성장의 기대와 우려

완성차 시장의 부진은 전기차 시장에 대한 기대감으로 이어지고 있다. 전기차 시장을 살펴보자.

전기차 판매 현황은 전문매체인 insideEVs를 통해 글로벌 판매 수와 미국시장 판매 수 그리고 전기차 업체별 판매 수를 월 단위로 확인할 수 있다.

전 세계 전기차 판매 비중은 2019년 2.2%에서 2025년 9.4%까지 성장할 것으로 예측된다. 완성차 연평균 성장률은 5% 미만인데 반해, 전기차의 연평균 성장률은 30% 이상으로 시장은 전망한다.

전기차 시장은 미국, 중국, 유럽 시장이 주도하고 있다. 특히 중국은 자동차 산업을 육성하고자 하는 정부의 정책 지원을 기반으로 시장을 크게 키워 가고 있다. 향후 전 세계 전기차 판매의 중국 비중이 50% 이상을 차지할 것이라는 전망이 있다.

실제 전기차 판매 추이는 〈그림 2-11〉, 〈그림 2-12〉와 같다. 전기차 판매 수는 시장 예측을 넘어서고 있다. 2018년 글로벌 판매 수는 202만 대로 시장 예측을 23% 초과했고, 미국 시장 전기차 판매 수 역시 36만 대로 시장 예측을 29% 넘어서는 성장을 보이고 있다.

다만 2019년 접어들면서 시장 분위기가 변하고 있다. 미국과 중국의 전기차 보조금이 감소하고 있기 때문이다. 미국 연방정부의 전기차 구매

그림 2-11 글로벌 전기차 시장   단위 : 대

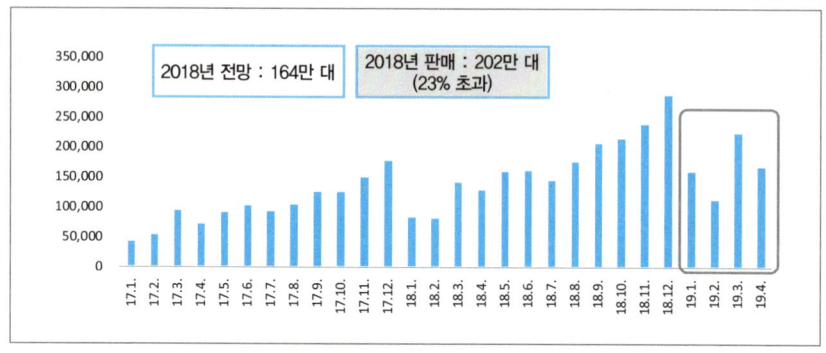

출처 : insideevs.com에서 인용하여 저자가 새롭게 그림

그림 2-12 미국 전기차 판매 수   단위 : 대

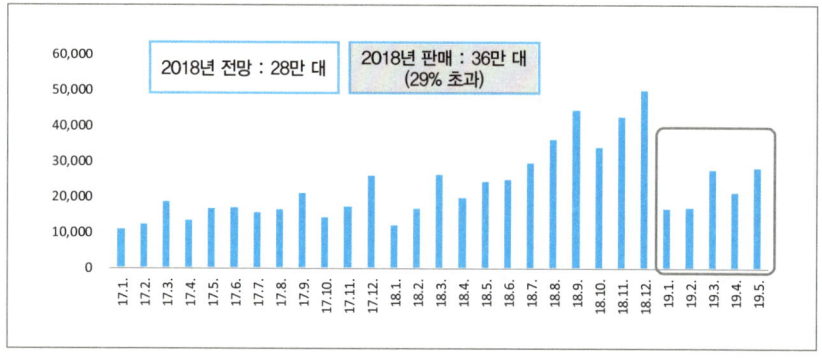

출처 : insideevs.com에서 인용하여 저자가 새롭게 그림

보조금은 누적 판매 20만 대까지 대당 7,500달러를 지급하고 20만 대를 넘어서면 매 6개월마다 50% 감소를 적용하게 된다. 테슬라와 GM의 순수 전기차 판매량은 미국 전기차 판매의 80%에 달한다. 테슬라는 2019년 7월부터, GM은 2019년 10월부터 보조금이 50% 감소하게 된다.

중국은 주행거리 차등 크래딧 정책이 2019년 6월 말부터 적용된다. 중

국의 2019년 전기차 보조금은 에너지 밀도와 주행거리에 따라 전년대비 55~68%까지 감소할 전망이며, 2021년 완전폐지 예정이다. 전기차 보조금 대상의 최소 주행거리는 250km이다. 2차전지의 에너지 밀도가 105Wh/kg에서 125Wh/kg으로 상향되면서 125Wh/kg 미만의 에너지 밀도 전지는 보조금 지급 대상에서 제외된다.

미국과 중국의 전기차 보조금 정책 변경은 전기차 판매량에 영향을 미칠 개연성이 있다. 실제 2019년 미국 전기차 판매 증가율이 20% 이하로 주춤한 모습을 보이고 있다. 2019년 하반기의 전기차 판매 수를 주시할 필요가 있다. 시장의 큰 방향이 전기차 주도라는 점은 이견이 없을 것이나 시장 기대 수준에 맞는 성장률을 보여줄 지 체크해 볼 필요가 있다.

현대·기아차 지난 10년의 움직임

현대·기아차의 지난 10년 추이를 알아보자. 현대·기아차가 가장 시장 관심을 많이 받은 시기는 글로벌 자동차 출하가 큰 폭 증가하던 시기였다. 2009년부터 2012년 시점이며, 연평균 10% 이상의 성장을 보여줬다. 2013년부터 2014년까지 여전히 출하는 증가했지만 성장률이 둔화되면서 시장 우려가 커져갔다. 2015년부터는 마이너스 성장 시대로 접어들었고 오랜 기간 침체의 시간을 보냈다.(참고 〈그림 2-13〉~〈그림 2-18〉)

중국과 미국 시장의 부진이 가장 큰 원인이다. 2018년 말을 지나면서 국내 공장 수출이 증가하고 미국 시장의 점진적인 회복 시그널이 보이고 있다. 중국 공장의 구조조정 과정 역시 지켜볼 필요가 있다. 시장은 2019년을 기점으로 반등하리라는 기대감으로 자동차 시장을 보고 있다. 실적

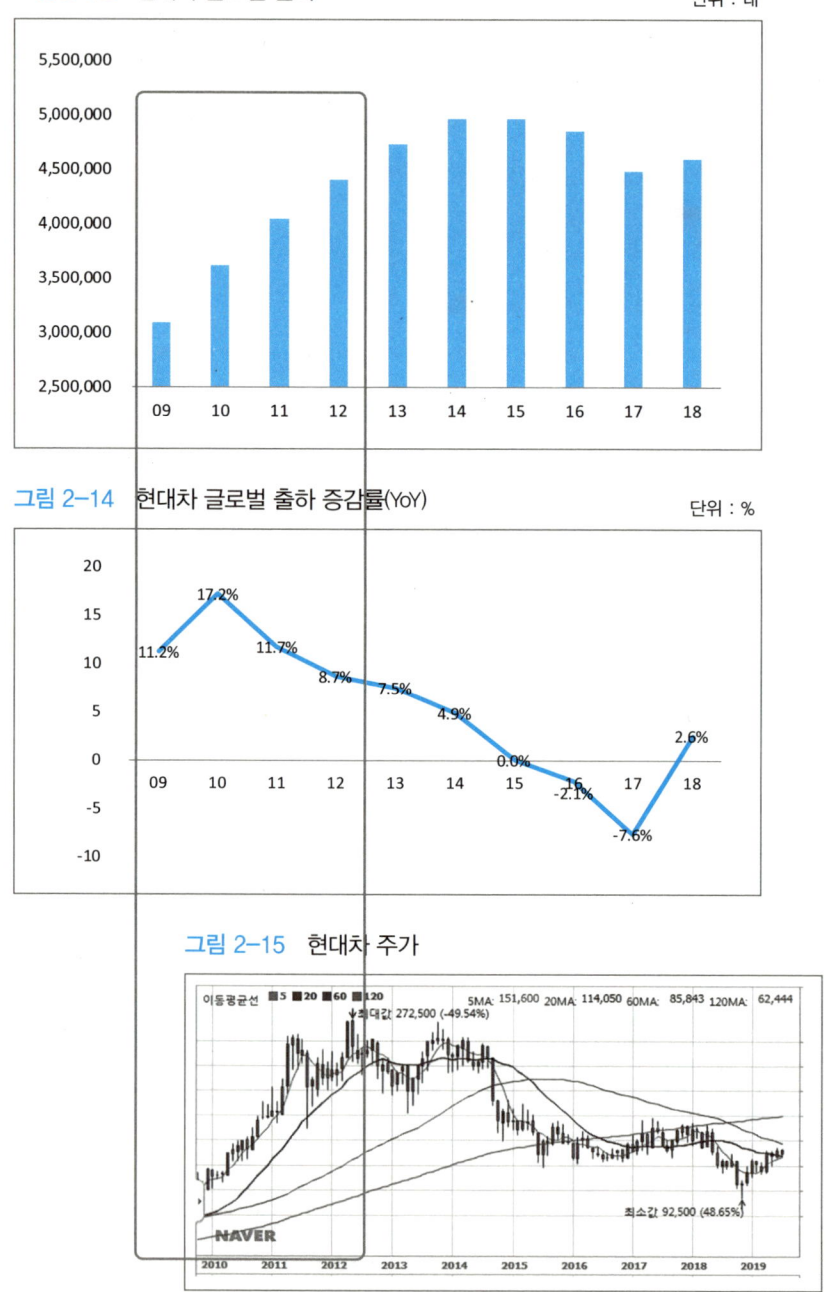

그림 2-13 현대차 글로벌 출하

그림 2-14 현대차 글로벌 출하 증감률(YoY)

그림 2-15 현대차 주가

그림 2-13, 그림 2-14 출처 : 신한금융투자 자동차 리포트에서 인용하여 저자가 새롭게 그림
그림 2-15 출처 : 네이버 금융

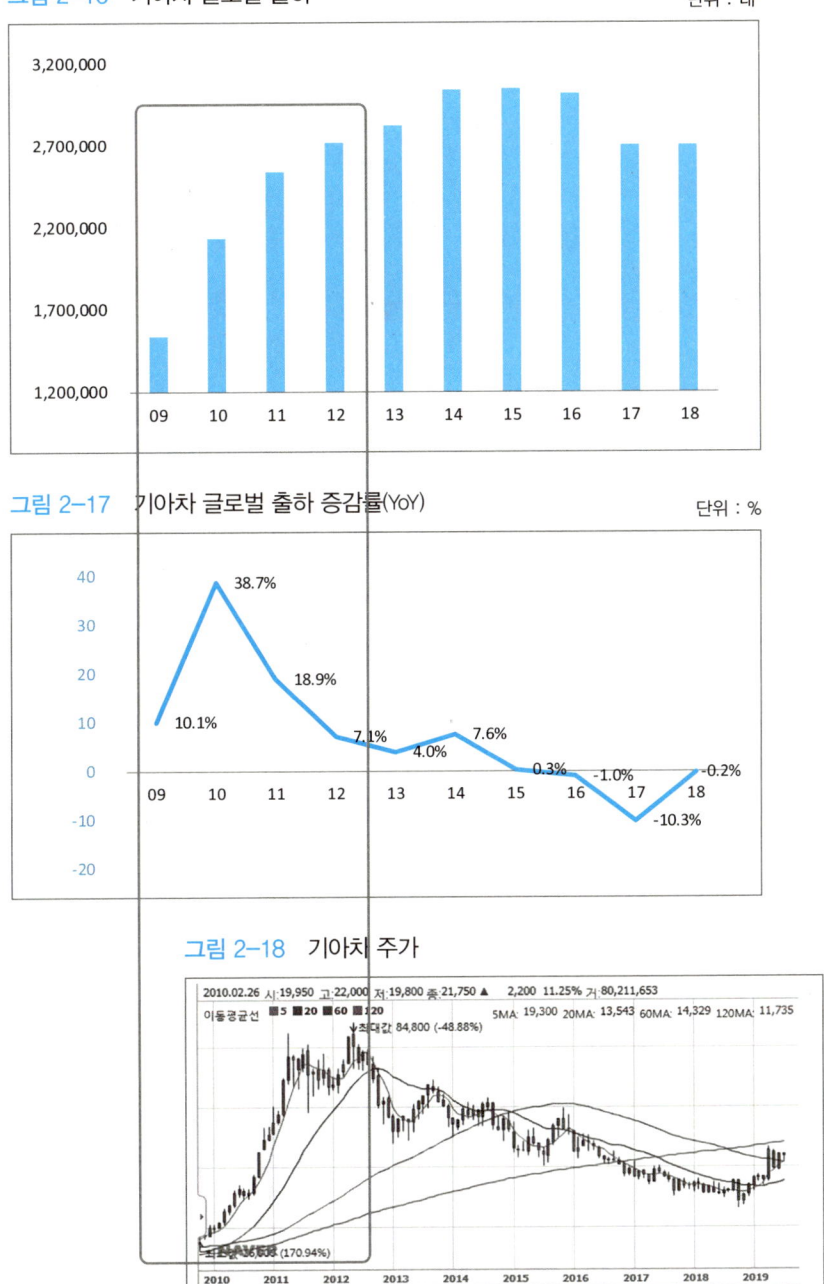

그림 2-16, 그림 2-17 출처 : 신한금융투자 자동차 리포트에서 인용하여 저자가 새롭게 그림
그림 2-18 출처 : 네이버 금융

으로 이를 증명한다면 시장 역시 화답할 것인데 관심 있게 지켜볼 포인트이다.

기업 분석 : 현대차

연결기준 현대차 매출 비중은 자동차 83%, 금융 11%, 철도 등 6% 수준이다.* 현대차는 미국, 중국 시장에서 자동차 판매 수가 중요하며 매출 성장이 이익 증가에 바로 영향을 미친다. 다음 그림에서 보듯이 출하량 증가율과 매출액 증가율이 비슷하게 움직이는 모습을 보인다.

〈그림 2-19〉와 〈그림 2-20〉에서 보듯이 현재는 매출과 출하량 증가율이 모두 부진하다. 해외 공장 증설에 따라 감가상각비 등 고정비 비중이 높기 때문에 매출이 정체되면서 영업이익이 꾸준히 감소하는 모습을 보이고 있다.(참고 〈그림 2-21〉, 〈그림 2-22〉)

2019년 1분기 현대차 실적을 살펴보자. 앞서 언급한 바와 같이 현대차 매출은 국내와 해외 공장 출하량 증가율에 영향을 받는다.(참고 〈표 2-2〉 ①번) 큰 방향에서 동행하는 모습을 보인다. 그리고 2019년부터 RV(SUV 포함) 판매가 증가하고 있으며 이는 차량판매단가(ASP)를 높이는 요소이다.(또 하나! 연결재무제표 기준이라는 점도 감안해야 한다. 현대로템과 현대카드의 매출과 이익이 함께 반영되어 있다.)

비용 항목은 분기별 감가상각비용 반영 규모, 그리고 판매보증비용 규모가 중요하다.(참고 〈표 2-2〉 ②번) 판매보증비용은 대규모 리콜 사태로

---

* 현대차의 연결종속회사로는 금융 관련 현대캐피탈과 현대카드, 철도 관련 현대로템, 자동차 관련 현대케피코 등이 있다. (2018년 9월 13일 기준)

그림 2-19 현대차 매출액 증가율 (YoY) 　　　　　　　　　　단위 : %

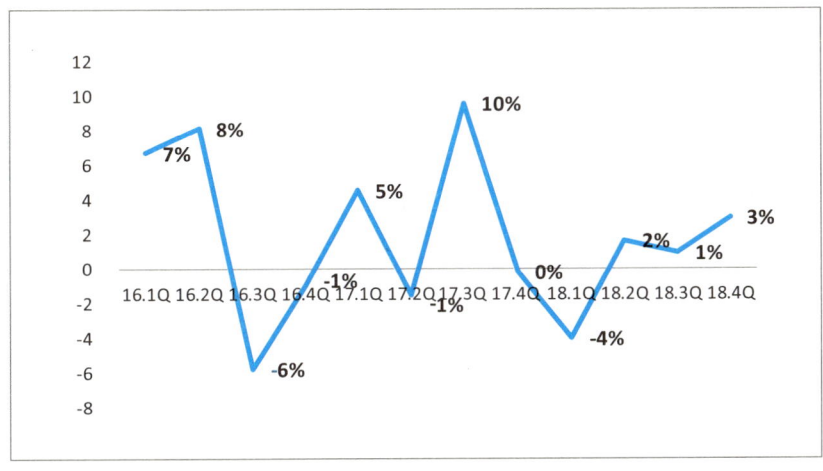

출처 : 현대차 사업보고서에서 인용하여 저자가 새롭게 그림

그림 2-20 현대차 출하량 증가율 (YoY) 　　　　　　　　　　단위 : %

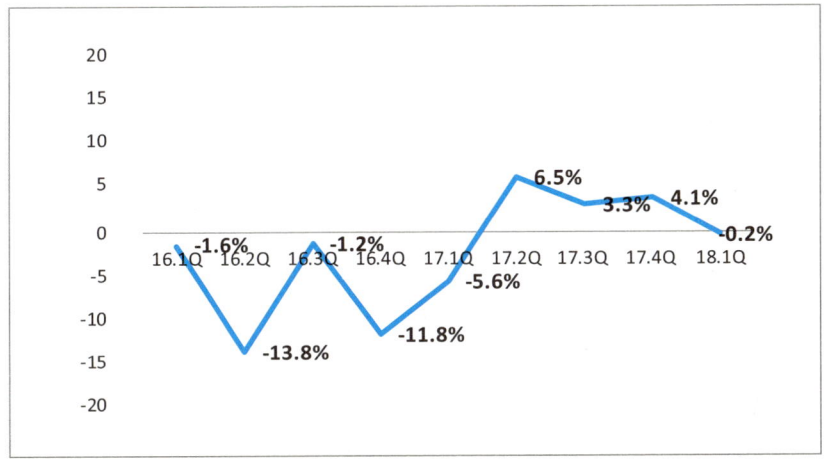

출처 : 현대차 사업보고서에서 인용하여 저자가 새롭게 그림

2 자동차 51

그림 2-21 현대차 OP(M)　　　　　　　　　　　　　　　　단위 : 억 원, %

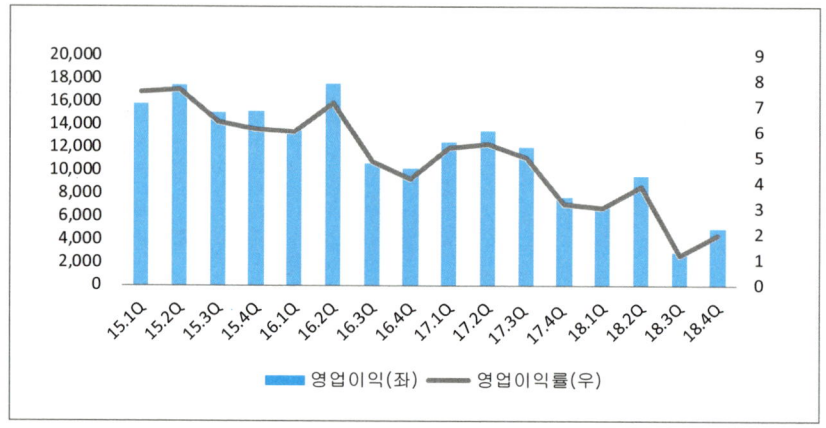

출처 : 현대차 사업보고서에서 인용하여 저자가 새롭게 그림

그림 2-22 감가상각비용　　　　　　　　　　　　　　　　단위 : 100만 원

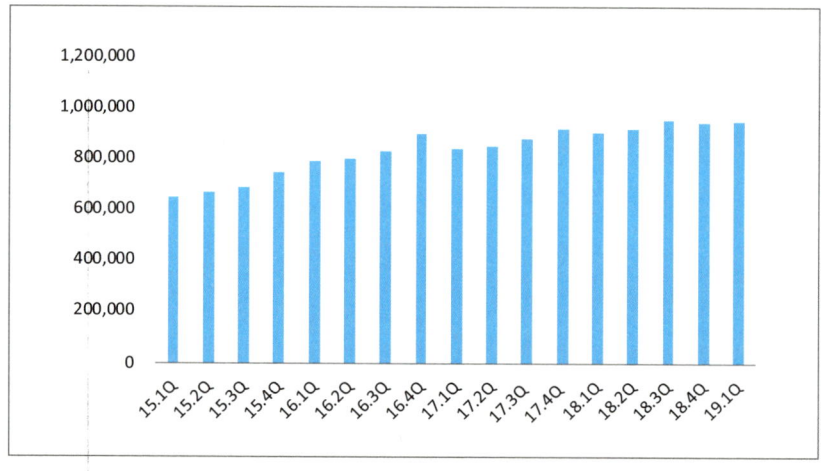

출처 : 현대차 사업보고서에서 인용하여 저자가 새롭게 그림

52 현명한 투자자의 지표 분석법

표 2-2 실적 추정 주요 포인트 : 현대차

매출증가율 YoY	-4%	2%	1%	3%	7%	
(단위:억 원)	18.1Q	18.2Q	18.3Q	18.4Q	19.1Q	
매출액	224,365	247,118	244,337	252,306	239,870	
매출원가	189,690	207,853	207,412	211,750	203,410	①
매출총이익	34,675	39,265	36,925	40,556	36,460	출하량
판관비	27,862	29,757	34,036	35,545	28,107	추이
영업이익	6,813	9,508	2,889	5,011	8,249	
당기순이익	6,680	7,006	2,692	-1,297	8,295	
매출이익률	15.5%	15.9%	15.1%	16.1%	15.2%	
판관비 비율	12.4%	12.0%	13.9%	14.1%	11.7%	
영업이익률	3.0%	3.8%	1.2%	2.0%	3.4%	
순이익률	3.0%	2.8%	1.1%	-0.5%	3.5%	
국내+해외 출하	1,028,924	1,180,216	1,107,306	1,267,108	1,026,652	
국내공장출하	386,671	454,877	409,034	483,931	407,995	
해외공장출하	642,253	725,339	698,272	783,177	618,657	
출하 YoY	-5.6%	6.5%	3.3%	4.1%	-0.2%	
(단위: 100만 원)	18.1Q	18.2Q	18.3Q	18.4Q	19.1Q	
감가상각비	570,647	576,043	600,276	610,921	599,179	
무형자산상각비	343,700	352,430	364,315	343,137	360,885	
감가상각비 계	914,347	928,473	964,591	954,058	960,064	
판매비:						
판매수수료	169,155	184,949	170,757	201,404	169,155	
판매보증비용	408,147	474,948	753,328	361,720	408,147	

② 감가상각, 판매보증비

출처 : 현대차 사업보고서에서 인용하여 저자가 새롭게 그림

인한 충당금 설정과 판매 촉진 차원에서 보증기간을 늘리는 경우 반영된다. 판매보증비용의 급증은 리콜 또는 판매 부진에 따른 반영이라고 해석할 수 있으며 영업이익에 미치는 영향이 크다.

따라서 현대차의 실적 체크는 글로벌 자동차 출하와 RV 판매비율을 통해 매출증가율을 추정할 수 있다. 자동차 판매 증가에 따른 매출 증가가 가장 중요하다. 일정 규모의 감가상각비를 감안하면 매출의 정체는 매출이익률의 감소, 영업이익의 감소로 이어진다. 덧붙여 판매보증비용의 효율적 관리 역시 중요한 체크포인트이다.

현대자동차

매출: 글로벌 자동차 출하 수(전년 동기 대비 증감률), RV차량 판매 비율

> 현대차 홈페이지 IR자료, 철강 애널리스트 리포트 : 공장별 출하

비용: 감가상각비, 판매수수료, 판매보증비용

> 현대차 사업보고서 – 연결재무제표 주석 – 비용의 성격별 분류 / 판매비와 관리비

〈참고〉 **자동차 지표 관련 사이트**

그림 2-23 현대·기아차 공장별 출하

그림 2-24 전기차 글로벌/미국 판매 수

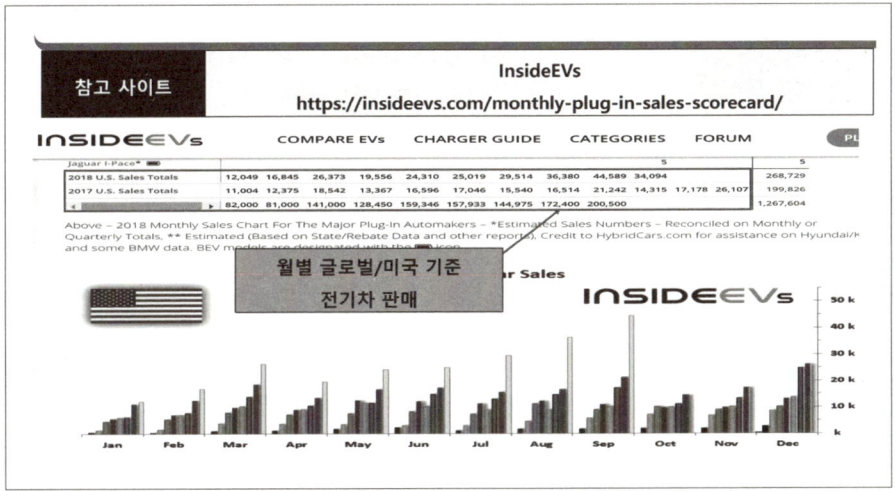

<참고> **자동차 지표 관련 사이트**

그림 2-25 현대차 차종별 판매 현황

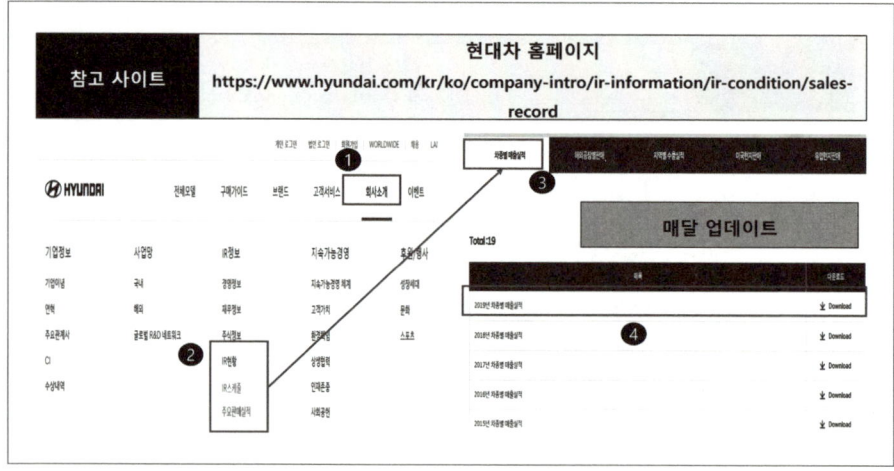

그림 2-26 원피(소가죽) 가격

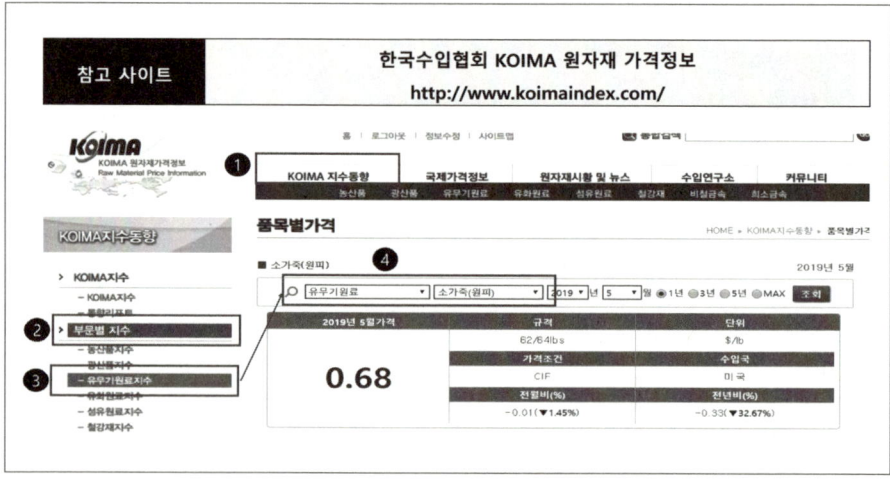

핵심 포인트

1 현대·기아차의 글로벌 공장 출하 추이를 주기적으로 체크하자.

2 특히 현대·기아차의 중국, 미국 시장 자동차 판매 회복 여부에 관심을 갖자.

3 전기차 시장의 판매 추이를 파악하고, 미국과 중국의 보조금 정책 변경으로 인한 전기차 판매 변화 추이를 확인하자.

재콩의 투자 이야기
'이익이 증가하는 기업' 찾는 지름길은?

투자의 방식은 다양하다. 하지만 투자의 본질은 동일하다. 바로 매출과 이익이 증가하는 기업에 투자하는 것이다. 매출과 이익 중에서도 이익이 증가하는 기업이 중요하다.

자산주, 배당주, 경기민감주, 성장주 투자는 별개가 아니라고 생각한다. 이익이 증가하는 기업을 찾다 보면 자산주일 수도 있고, 배당주, 경기민감주, 성장주일 수도 있다. 두부 자르듯 별개 덩어리로 구분할 필요는 없다.

자산주 투자는 청산가치 또는 보유 유형자산 가치를 시가총액 이상 보유한 기업을 주로 대상으로 한다. 자산 가치가 높다는 것은 오랜 시간 EPS(주당순이익) 증가가 BPS(주당순자산) 축적으로 이어졌다는 의미이기도 하다. 자산주 투자의 출발점은 낮은 PBR이다. 그러나 꾸준한 이익 창출이라는 상수를 고려하지 않을 경우 오랜 인내의 시간이 필요할 수 있다.

배당주 투자는 시장의 시그널을 활용한다. 대상 기업이 꾸준히 배당을 할만큼 충분한 현금을 보유하고 있고, 앞으로도 이익을 창출할 것이라는 시그널 말이다. 이 관점에서 매력이 있다. 뒤집어 보자면, 이익이 들쭉날쭉한 기업은 지속적인 배당을 보장하기 어렵다는 말과 같다. 꾸준한 이익이 전제이다.

경기민감주 투자는 큰 규모의 설비투자가 필요한 산업군의 기업들이 주요 대상이다. 경기민감주의 특성상 대규모 설비투자는 파급력이 있다. 이익이 드라마틱하게 감소하거나 증가하는 사이클을 타게 된다. 이익이 감소로 돌아서면 업황 회복까지 오랜 시간이 소요된다. 투자 스타일에 따라 PBR이 역사적 저점까지 하락하는 시점에 투자할 수 있다. 또는 PBR이 저점을 딛고 반등하더라도 이익이 증가하는 시점(고PER에서 저PER로 이동)에 투자할 수도 있다. 어떤 방식이든 저PBR의 개선은 이익 증가와 함께 한다.

성장주 투자는 높은 ROE(자기자본이익률)를 보여주는 기업이 주요 대상이다. 성장주는 ROE가 높은 기업 가운데에서도 특히 매출 규모와 순이익률이 증가하는 기업이 대상이 된다. 매출 규모가 줄어들거나 순이익률이 감소하게 되는 경우 ROE는 감소하게 된다. 대개의 경우 매출 규모의 증가는 이익률 증가로 이어진다. 매출 규모가 증가함에도 이익률이 감소하는 경우는 주로 원가 상승에 기인한다. 역시 이익 증가가 중요한 체크 포인트이다.

자산주, 배당주, 경기민감주, 성장주라는 프레임으로 산업과 기업을 바라보는 관점은 상당히 유용하다. 그러나 나 스스로를 자산주 투자자, 배당주 투자자, 또는 경기민감주나 성장주 투자자라고 생각해 본 적은 없다. 기업 이익을 좇다 보면 자산주를 투자할 수도 있고 경기민감주에 투자할 수도 있다. 가장 중요한 건 이익 증가이다. (물론 이익이 증가하는 기업도 종종 시총이 감소하면 소외 받는 경우가 있다. 기업 이익 증가만을 고려해 투자하다 보면 이럴 경우 기대하는 적정 가치까지 시간이 오래 걸릴 수도 있다.)

그래서 업황을 볼 필요가 있다. 업황이 좋은 업종과 기업은 대체적으로 같이 간다. 대개의 경우 기업 이익 증가는 업황 개선에 기인하기 때문이다. 기업 이익 증가를 추적하는 것은 업황 개선을 추적하는 것과 별개가 아니다.

업종 지표를 보라. 그러면 이익이 증가하는 기업이 보일 것이다.

3

철강

철강 산업을 보는 주요 지표

먼저 전 세계 조강생산량과 중국 조강생산량을 확인한다. 철강 관련 지표는 열연, 철근, 강관 제품별로 보는 지표가 제각각 다 다르다. 열연은 열연 가격과 재고, 원재료인 철광석, 유연탄 가격 그리고 철광석 선물 가격을 본다. 철근은 철근 가격과 원재료인 철스크랩 가격, 그리고 철스크랩 수입 추이를 보며, 마지막으로 강관은 주요 수출국인 미국향 강관 수출금액, 그리고 선행지표인 원유 시추 장비(RIG) 수를 본다.(참고 〈표 3-1〉)

조강생산량과 중국 철강사 감산 정책

전 세계 철강 산업의 흐름을 이해할 필요가 있다. 먼저 조강생산량이

표 3-1 철강 관련 주요 지표

다. 조강생산량은 세계철강협회를 통해 월 단위로 확인할 수 있다. 전 세계, 지역별, 국가별 조강생산량 데이터를 볼 수 있다.

전 세계 조강생산량은 2018년 기준 17억 9,000만 톤이며, 이 가운데 중국 조강생산량은 9억 2,000만 톤으로 52%를 차지하고 있다.(참고 〈그림 3-1〉, 〈그림 3-2〉) 조강생산량 기준 15대 철강사 순위에도 중국 철강사가 8개 포함된다.

중국은 적극적인 철강 산업 구조조정과 합병을 진행하고 있다. 허베이강철과 서우두강철이 합병을 추진하고 있으며, 바오산강철과 우한강철은 합병 이후 최근 마강그룹과 또다시 합병을 추진하고 있다. 허베이강철과 서우두강철의 조강생산량 합은 8,000만 톤에 가깝고 바오산강철과 우한강철, 그리고 마강그룹의 조강생산량 합은 9,000만 톤 수준이다.

〈그림 3-3〉에서 보는 바와 같이 중국 조강생산량은 꾸준히 증가하고 있다. 연도별 증가율은 2017년 7.6%, 2018년 6.8%에 달하고 2019년 역시

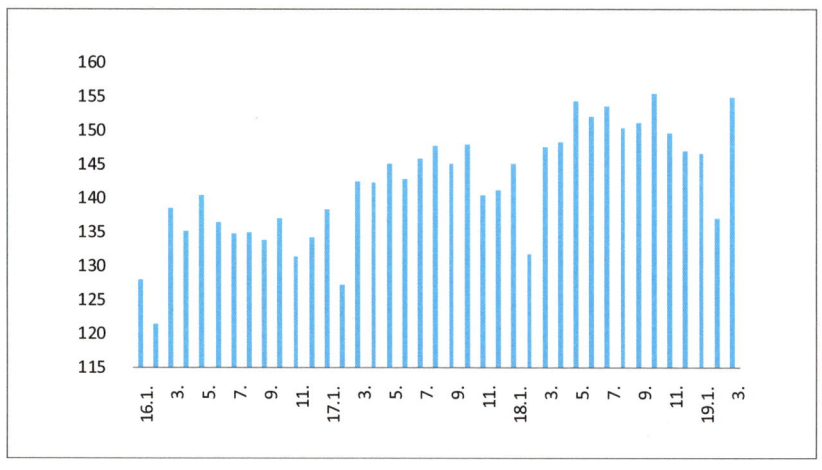

그림 3-1 　조강생산량 : 글로벌　　　　　　　　　　　단위 : 100만 톤

출처 : 세계철강협회(www.worldsteel.org)에서 인용하여 저자가 새롭게 그림

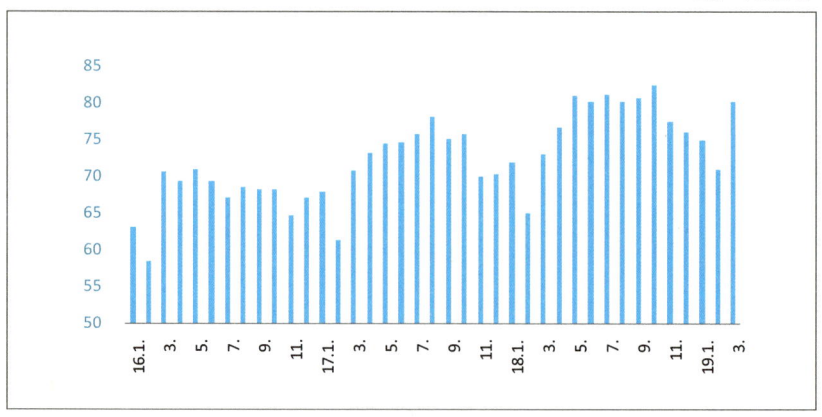

그림 3-2 　조강생산량 : 중국　　　　　　　　　　　　단위 : 100만 톤

출처 : 세계철강협회(www.worldsteel.org)에서 인용하여 저자가 새롭게 그림

그림 3-3 조강생산량 증감률(YoY) : 중국 단위 : %

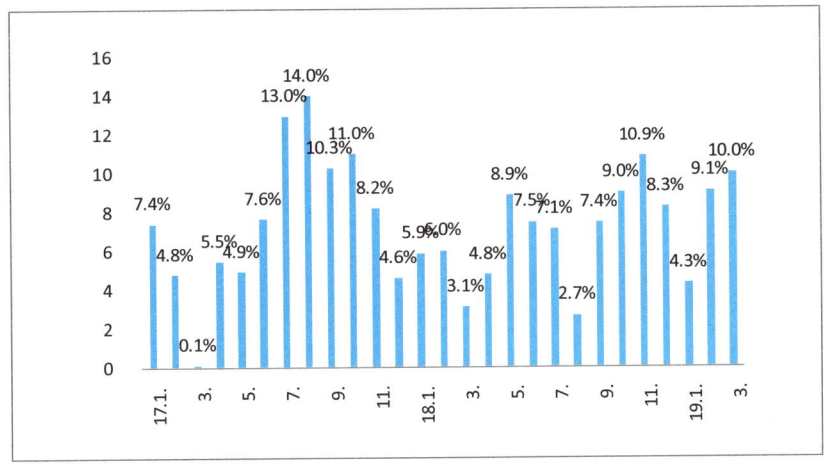

출처 : 세계철강협회(www.worldsteel.org)에서 인용하여 저자가 새롭게 그림

비슷한 추이를 보이고 있다.

동절기가 되면 중국 조강생산량은 상대적으로 감소한다. 환경오염 문제로 중국 정부에서 강력한 동절기 철강사 감산 정책을 추진해 오고 있다. 중국의 동절기 철강사 감산 정책은 철강 산업 흐름을 이해하는 데 중요한 관전포인트라는 점을 일단 기억해 두자.

철강 산업 밸류체인

〈그림 3-4〉는 철강 산업 밸류체인을 설명한 것이다. 철강 제품을 만드는 방식은 고로 방식과 전기로 방식이 있다. 고로 방식은 철광석과 유연탄을 원료로 열연, 후판, 선재를 생산한다. 열연은 다시 냉연, 강관으로 2차 가공된다. 후판은 조선에 사용된다. 선재는 기계와 교량에 활용된다. 전기로 방식은 고철(철스크랩)을 원재료로 철근과 봉강, 형강을 생산

그림 3-4 철강 산업 밸류체인

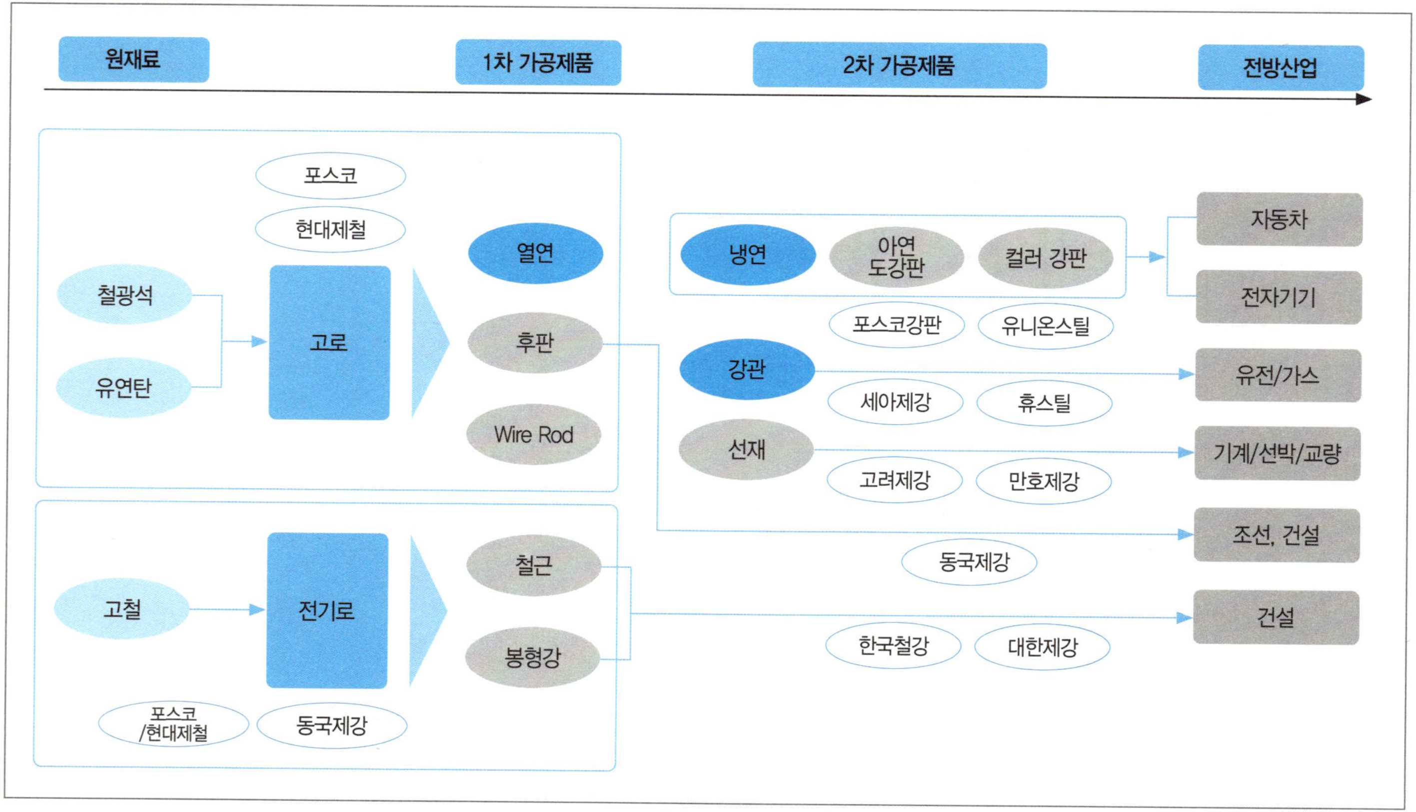

| 원재료 | 1차 가공제품 | 2차 가공제품 | 전방산업 |

원재료:
- 철광석, 유연탄 → 고로 (포스코, 현대제철)
- 고철 → 전기로 (포스코/현대제철, 동국제강)

1차 가공제품:
- 고로 → 열연, 후판, Wire Rod
- 전기로 → 철근, 봉형강

2차 가공제품:
- 냉연 (포스코강판, 유니온스틸)
- 강판 (세아제강, 휴스틸)
- 형재 (고려제강, 만호제강)
- 동국제강, 한국철강, 대한제강
- 아연도강판, 컬러 강판

전방산업:
- 자동차
- 전자기기
- 유전/가스
- 기계/선박/교량
- 조선, 건설
- 건설

한다. 주로 건설에 사용된다.

전방산업과의 연결고리를 이해하는 것이 중요하다. 철강 수요 비중은 건설, 자동차, 전자기기, 조선 순이다. 자동차와 전자기기 산업이 호황이면 냉연, 아연도강판, 컬러강판 수요가 증가한다. 유전/가스 업황이 좋아지면 강관 수요가 증가한다. 기계/선박/교량 업황이 개선되면 선재 수요가 증가하며, 건설업이 호황으로 돌아서면 철근과 봉형강 수요가 급증한다.

또 하나 잊지 말아야 할 것은 가격 전이력이다. 철광석, 유연탄 등 원재료 가격이 상승하면 고로 철강사는 열연 가격을 인상하게 되는데 구체적으로 중국 철강사의 열연 가격 인상이 중요하다. 그만큼 중국 영향력이 크다. 철스크랩 가격이 상승하면 전기로 철강사는 철근 가격을 인상해야 하는데, 고로 철강사에 비해서 가격 인상이 수월하지 않다. 고로 철강사와 전기로 철강사는 가격 전이력에서 차이가 난다. 실적 전망을 위해서는 원재료 가격 추이와 제품 가격 인상 여부를 주의 깊게 관찰해야 한다.

원재료 가격과 제품 가격 인상은 2차 가공제품을 생산하는 기업에게도 중요한 포인트이다. 사례를 들어보자. 아연도강판과 컬러강판을 생산하는 포스코강판의 경우 열연과 냉연 가격이 상승하면 제품 가격 인상을 위해 자동차, 전자기기 업체와 가격 협상을 한다. 자동차, 전자기기 업체의 수요가 증가하지 않는 이상 가격 인상이 용이하지 않고, 원재료 가격 부담으로 포스코강판의 매출원가가 증가할 수 있다. 반대로 가격 인상이 가능하다면 그 시점부터 이익이 증가할 수 있다. 철강사의 가격 전이력

보유 여부, 그리고 가격 인상 시점이 실적에 큰 영향을 준다는 점을 기억할 필요가 있다.

철강 제품 및 원재료 지표 확인

손쉽게 철강 제품 가격을 확인하는 방법은 철강 담당 애널리스트의 산업 리포트를 활용하는 것이다. 주간 단위로 업데이트되는 리포트에는 중국과 전 세계 철강 산업 주요 이슈 뿐만 아니라 주 단위 철강 제품 가격(열연, 냉연, 강관, 철근), 재고, 철강사 가동률 데이터까지 제공된다.

철광석, 유연탄 가격은 한국자원정보서비스에서 데이터를 제공한다. 일/월 단위 10년치 데이터를 활용할 수 있다.

열연 시장 : 1) 지난 시장의 흐름

일반적인 흐름을 보자면 원재료인 철광석 가격이 상승하고 열연 재고가 감소하면 열연 가격 인상으로 이어진다. 또 하나! 중국의 동절기 철강사 감산 정책이 2016년 이후 열연 가격에 영향을 미쳐왔다.

〈그림 3-5〉와 〈그림 3-6〉은 2016년 3분기부터 2019년 2분기까지 열연과 철광석 가격의 지난 3년 추이다.

그림에서 ①번 시기는 2016년 3분기부터 2017년 2분기까지이며 철광석 가격과 열연가격의 동행을 확인할 수 있다. 이러한 시장 흐름은 ②번 시기인 2017년 3분기부터 변화한다. 철광석 가격이 상승과 하락을 반복함에도 불구하고 열연 가격은 견조하게 유지되는 모습이다. 중국 정부의 동절기 철강사 감산 정책의 영향인데, 중국 철강사 감산은 공급 감소 전

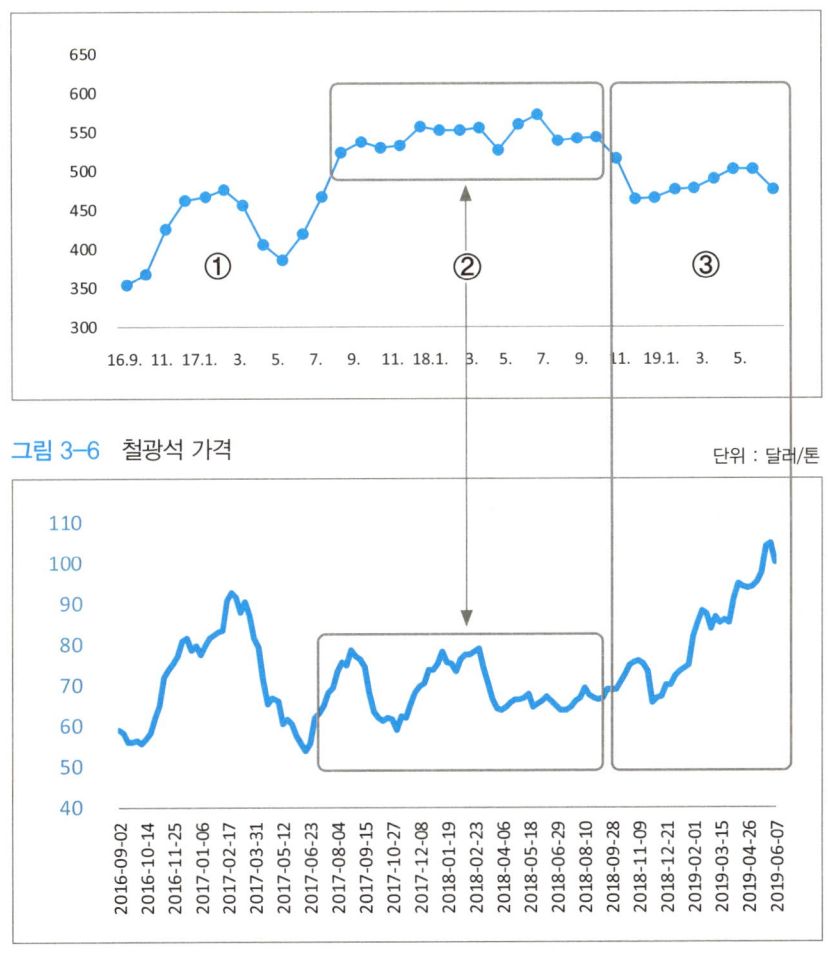

그림 3-5 출처 : 키움증권 철강 리포트에서 인용하여 저자가 새롭게 그림
그림 3-6 출처 : 광물자원공사(www.kores.net)에서 인용하여 저자가 새롭게 그림

망으로 연결되면서 열연 가격 지지를 이끌었다.

③번 시기는 2018년 3분기를 지나면서 2019년 현재까지의 모습이다. 철광석 가격 급등에도 열연 가격은 오히려 조정 받는 모습을 보이고 있다.

여기서 2가지를 봐야 한다. 하나는 철광석 가격이고, 다른 하나는 중국 정부의 철강사 감산 정책 변화이다.

열연 시장 : 2) 철광석과 중국 동절기 감산

먼저 2019년의 철광석 가격 상승은 브라질 발레 사의 댐 붕괴사고로 연간 9천만톤의 철광석 생산차질에 기인한다(전 세계 철광석 물동량의 약 6%). 정상적인 철광석 생산 회복까지는 2~3년 시간이 소요될 것이라는 시장 전망이다. 철광석 가격 강세는 고로 철강사 입장에서는 원가 부담 증가를 의미한다. 철광석 공급 감소는 2019년 1분기 BCI 지수의 큰 폭 하락과도 연계해서 생각할 수 있다.

철광석 가격이 상승하는 상황에서 열연 가격은 왜 약세를 보일까. 이것을 이해하는 것이 중요하다. 대기 환경 개선을 위한 중국 정부의 정책은 지난 몇 년간 강력하게 추진되었다. 중국 최대 조강 생산 지역인 허베이성 당산시는 매 동절기마다 가동률의 30~50% 감산을 해 왔다.

이 정책이 2018년 9월 접어들면서 달라졌다. 동절기 감산 관리가 중앙정부에서 지방정부로 이관되고, 여기에 환경설비와 고부가 제품 생산 철강사는 감산이 면제되기도 하면서 철강사 가동률이 상승하고 제품 생산이 증가하게 되었다. 이 시점부터 열연 가격 하락이 시작되었다.

여기에 미·중 무역분쟁이 심화되고 중국 철강 수요 부진과 재고 증가가 이어지면서 열연 가격 약세가 계속되고 있다. 역사적 추이를 보면 철광석 가격 강세는 열연 가격 인상으로 이어진다. 다만 2019년 철광석 가격 강세는 철광석 공급 차질에 따른 가격 상승이라는 점에서 차이가 있다. 향후 중국 내수 부양 정책, 즉 수요 증가 여부와 연결해서 열연 가격 추이를 볼 필요가 있다.

열연 시장 : 3) 포스코와 철광석 선물의 시사

또 하나, 철광석 선물 가격도 보자. 앞서 철광석 가격 데이터 확인은 한국자원정보서비스를 통해 가능하다고 소개했다. 철광석 현물 가격에 선행하는 철광석 선물 가격은 중국 대련선물거래소를 통해 확인할 수 있다.

철광석 선물 가격과 포스코 주가를 비교해 볼 수 있다. 〈그림 3-7〉을 보면 철광석 선물 가격과 포스코 주가는 동행하는 모습을 보이다가 2018년 3분기를 지나며 다른 모습을 보인다. 철광석 선물 가격은 급등하고 포스코 주가는 큰 폭 하락하는 모습이다. 이유는 앞서 설명한 바와 같다.

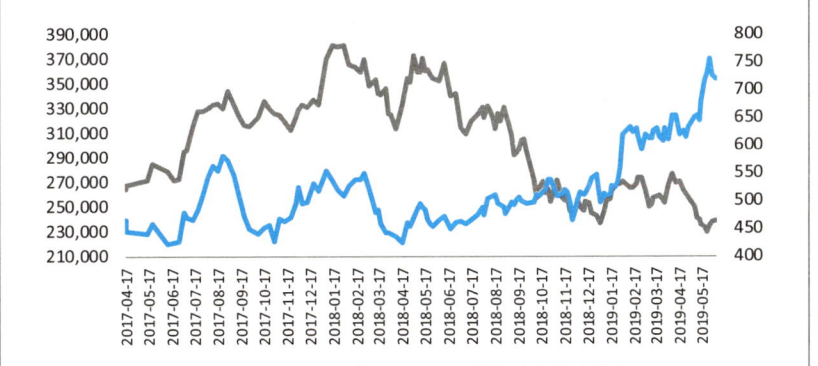

그림 3-7 철광석 선물 가격 vs 포스코 주가   단위 : 원, RMB/톤

출처 : 중국 대련선물거래소(www.dce.com.cn)에서 인용하여 저자가 새롭게 그림

철광석은 발레 사 댐 붕괴사고로 인한 공급 부족으로 가격이 상승하고 열연 가격은 중국 정부의 동절기 철강사 감산 정책 완화로 약세를 보이기 때문이다.

철광석 선물 가격은 철광석 현물에 영향을 주고 이는 철강 제품 가격에 다시 영향을 준다. 철강 제품 가격은 철강사 실적에 영향을 주고 철강사 주가에 반영된다. 그렇다고 철광석 선물 가격으로 철강사의 주가를 추정할 수 있다는 의미는 아니다.

핵심은, 철광석/유연탄 가격 흐름, 열연 가격과 재고 추이, 그리고 철광석 선물 가격 흐름, 마지막으로 중국 정부의 정책을 종합해서 철강 산업의 흐름을 읽는 것이 중요하다는 것이다.

철근 시장 : 1) 지난 시장의 흐름

철근 시장은 구조적인 변화가 눈에 띈다. 국내 철근 가격은 중국 철근 가격보다 높은 수준을 유지해왔고, 수출물량보다는 수입물량이 많은 편이다. 최근 몇 년의 흐름을 보면 흥미로운 변화를 보인다. 〈그림 3-8〉~〈그림 3-10〉을 통해 시기별로 살펴보자. 철근 데이터는 관세청 수출/수입 데이터이다(HS코드 7214).

그림에서 ①번 시기, 2017년 2분기부터 2018년 3분기는 수출이 증가하고 수입이 감소하는 모습을 보였다. 이유는 그림에서 보이듯이 중국 철근 가격이 급등하면서 국내 철근 가격보다 비싸졌기 때문이다. 그림에서 ②번 시기, 2018년 4분기부터 중국 철근 가격이 하락하면서 국내 철근 가격이 다시 비싸졌고, 국내 철근 수출은 감소하고 수입이 늘어나는 모

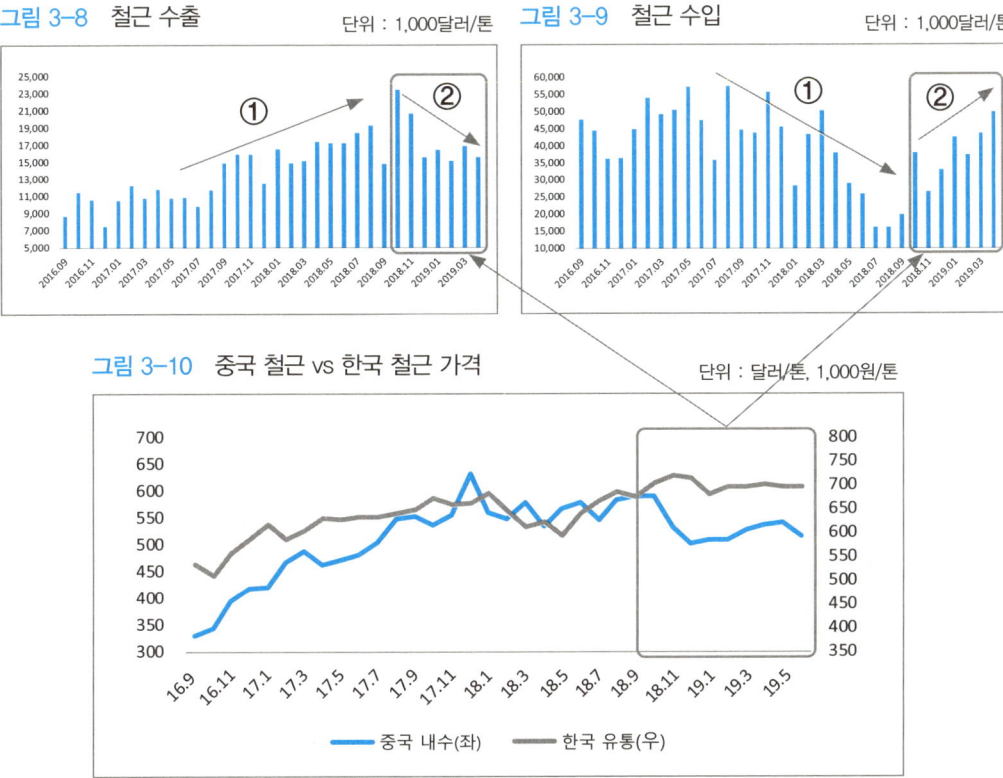

그림 3-8, 그림 3-9 출처 : 관세청 수출입 무역통계
그림 3-10 출처 : 키움증권 철강 리포트에서 인용하여 저자가 새롭게 그림

습을 보인다.

    중국 철근과 국내 철근 가격 차이는 철근 품질quality 차이도 있고 전방 산업 영향도 있다. 국내 건설 수주액이 감소하면서 국내 철근 가격이 하락하고 수요가 감소해온 영향이 반영된 모습이다.

철근 시장 : 2) 철근 가격 결정 방식의 변화

    여기서 또 하나 살펴봐야 할 중요한 점이 있다. 철근 가격 결정 방식이다. 이제 철근 가격 결정 방식 변화에 대해 이야기해 보자. 대개 철근 가격은 철스크랩 가격 변동분을 반영하는데 건설사와 철강사 간 분기 단위 협상을 통해 가격 반영분을 결정해 왔다. 철강사보다는 건설사 입김이 더 많이 작용하는 구조였다.

이 같은 사업 구도의 변화가 2018년 하반기에 발생했다. 2018년 9월 공정거래위원회는 철근을 생산하는 6개 철강사에 대해 과징금 1,194억 원을 부과했다. 가격 담합 때문이다. 현대제철이 417억 원, 동국제강 302억 원, 한국철강 175억 원, 대한제강 73억 원 등인데 상대적으로 가격 결정권이 낮은 철강사 입장에서는 억울할 만한 상황이라고 할 수 있다.

2019년부터 월 단위 가격고지제, 즉 철강사가 철근 가격을 월 단위로 건설사에 고지하는 방식으로 변경되었다. 현대제철이 월초에 가격을 고지하면 대부분의 철강사가 가격을 따라가고 있다. 이렇게 되니 예전 분기 단위로 갑의 위치에서 협상했던 건설사 입장에서는 또 다른 담합이라고 펄쩍 뛰는 현상이 발생하고 있다.

반면 철강사는 그동안 철스크랩 가격 인상분을 철근 가격에 제대로 반영하지 못했다는 입장이고, 여기에 과징금이라는 뺨까지 맞다 보니 다소 강경한 모습을 보이고 있다.

그렇다면 앞으로 건설사는 어떻게 대응할까. 이 대목이 체크포인트다. 값싼 중국 철근 수입을 확대할 수 있을 것이나 운송비용 고려가 필요하다. 건설사가 중국 철근 수입을 확대할수록 국내 철강사는 수요 감소 상황으로 몰리게 된다. 반면 건설사의 철근 수입이 제한적이라면 철강사는 지난 몇 년과는 다른 실적을 보일 가능성이 있다.

철근 시장 : 3) 철스크랩 시장의 변화

이제 철스크랩 시장을 살펴보자. 먼저 〈그림 3-11〉부터 보자. 철근-철스크랩 롤마진이 좋았던 시절은 2017년 5월부터 7월 사이(참고 〈그림 3-11〉 ①)이고, 이후 철스크랩 가격이 지속 상승했다. 그럼에도 불구하고 철근 가격은 인상되지 못했다. 2018년 3분기와 4분기 접어들면서 시장은

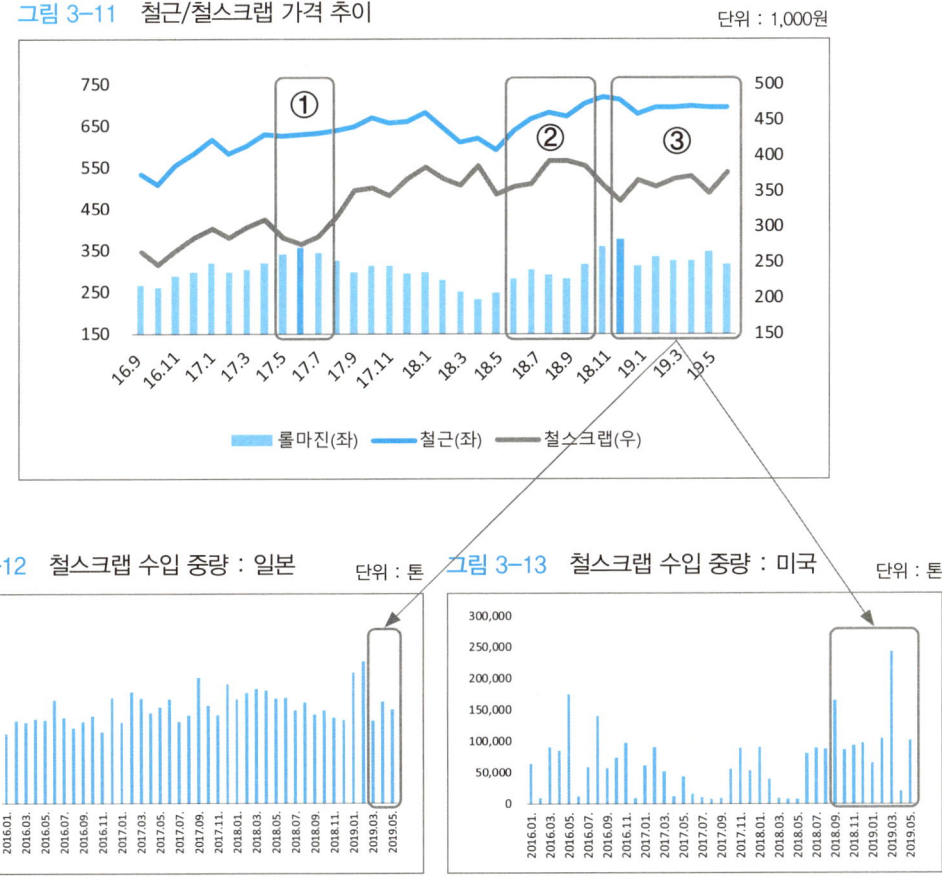

그림 3-11 출처 : 키움증권 철강 리포트에서 인용하여 저자가 새롭게 그림
그림 3-12, 그림 3-13 출처 : 관세청 수출입 무역통계

다시 변화하고 있다. 철근 가격은 점차 상승하고 철스크랩 가격은 안정화되는 모습을 보인다.(참고 〈그림 3-11〉 ②) 철스크랩 가격 안정화는 철근을 생산하는 철강사 입장에서는 이익 증가로 이어진다.

철스크랩 가격 방향에는 몇 가지 관전포인트가 있다. 우리나라가 가장 많이 철스크랩을 수입하는 나라는 일본, 러시아, 미국 순이다. 중국의 철

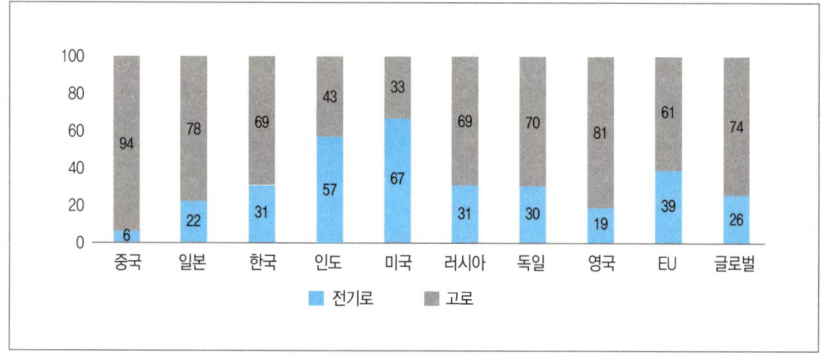

그림 3-14 2016년 주요 국가의 고로와 전기로 생산 비중   단위 : %

출처 : 이베스트증권 철강 리포트

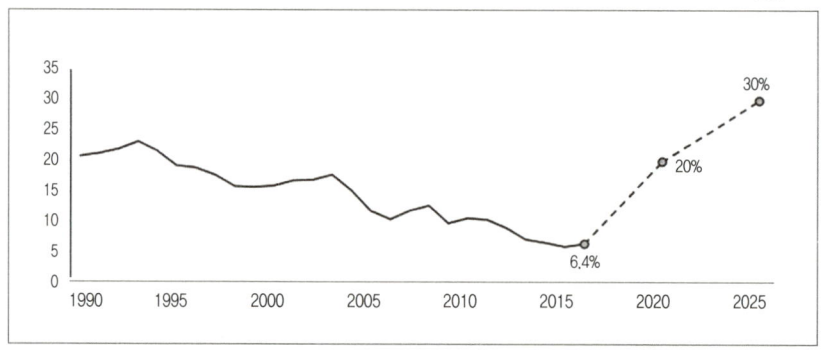

그림 3-15 중국의 전기로 비중과 향후 목표   단위 : %

출처 : 이베스트증권 철강 리포트

스크랩 주요 수입국은 미국이다.

중국의 정책 방향이 중요한데, 중국은 전기로를 늘리고 미국산 철스크랩 수입을 규제하는 정책을 추진하고 있다. 〈그림 3-15〉에서 보듯이 중국 전기로 비중은 2016년 6.4% 수준에서 2020년 20%까지 늘려서 2025년에는 30%선까지 확대해 나가겠다는 계획이다. 전기로 비중 확대를 통해 소규모 투자로 조업 유연성을 확보하고 환경 오염 문제를 해결하겠다는 방향으로 이해할 수 있다.

따라서 중국의 철스크랩 수입 규제는 중국으로 향하던 미국산 철스크랩의 국내 유입량 증가와 철스크랩 가격의 상대적 안정으로 이어질 개연성이 있다. 〈그림 3-13〉에서 보듯이 실제 2019년 접어들면서 미국산 철스크랩 수입이 증가하고 있다.(참고 〈그림 3-11〉 ③) 이 추이가 지속된다면 철강사 입장에서는 원재료 부담이 경감될 것이다.

철근 시장 : 4) 눈여겨 볼 시장변화 2가지

정리해보면, 철강사는 철스크랩 가격이 지속 상승해 온 지난 2년 동안 철근 가격 상승을 주도하지 못했다. 이제 시장 상황이 변화하고 있다. 건설사와 철강사 간 힘겨루기가 한창이다.

눈여겨 볼 시장 변화는 2가지이다. 하나는 중국이 철스크랩 수입을 규제하고 전기로를 확대하면서 국내 수입 철스크랩 가격 안정이 이어질 것이냐이다. 다른 하나는 월 단위 철근 가격 고지제 시행으로 철강사 주도의 가격 주도권 확보가 가능할 것인가이다.

철근의 선행지표는 건설수주액이다.(참고 〈그림 3-16〉, 〈그림 3-17〉)

건설수주액 증가는 1년 이후 철근 생산량에 반영된다. 따라서 건설 업황의 방향이 철근의 생산물량을 결정한다는 점도 기억할 필요가 있다.

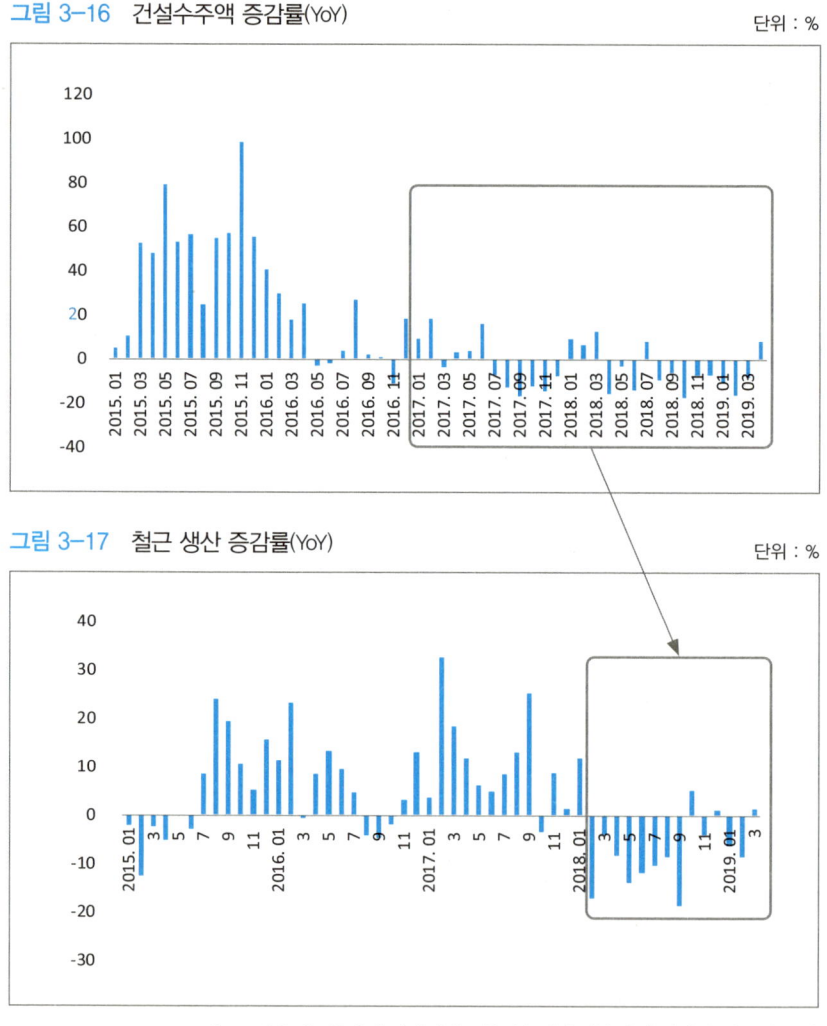

그림 3-16 출처 : 통계청 경기선행종합지수에서 인용하여 저자가 새롭게 그림
그림 3-17 출처 : 한국철강협회(www.kosa.or.kr)에서 인용하여 저자가 새롭게 그림

강관 시장 : 미국 정책 방향이 관건

강관 시장은 2017년 수출 금액이 큰 폭 증가했다. 그러나 2018년부터 미국 정부의 규제 정책으로 수출 금액이 큰 폭 감소하고 있다. 유정에서 원유나 가스를 끌어올리는 용도로 사용되는 유정용 강관과 원유나 가스를 운반하는 용도로 사용되는 송유관에 대해 미국 정부는 세이프가드를 적용했다. 세이프가드는 최근 3년 평균 수출금액 기준으로 51% 수출쿼터를 적용한다. 정책 리스크로 인해 시장을 전망하기 어려운 상황이다.

〈그림 3-18〉과 〈그림 3-19〉는 베이커휴즈 사에서 매주 발표하는 원유 시추 장비(RIG) 수와 관세청에서 제공하는 미국향 강관 수출 금액을 비교한 것이다(HS코드 7305, 7306).

원유 시추 장비 수 증가는 강관 수요 증가로 이어진다. 국제 유가 하락으로 미국 셰일 가스/오일 생산이 큰 폭 하락하던 2015~2016년 시점에 국내 강관 기업의 수출 역시 큰 폭 하락한 게 눈에 띈다. 2017년 이후 국제 유가 회복, 미국 원유 시추 장비 수 증가는 강관 기업에게는 다시 찾아온 기회였다. 하지만 2018년 이후 현재는 미국의 규제 정책에 막혀 있는 상황이다. 미국 정책 방향을 주시할 필요가 있다.

앞으로 철강 제품별 관전포인트

열연 시장은 원재료인 철광석 가격과 중국 정부의 환경규제 강화에 따른 동절기 철강사 감산 지속 여부, 그리고 열연 가격을 관찰할 필요가 있다. 철근 시장은 중국의 전기로 확대와 맞물린 미국산 철스크랩의 국내 수입 확대를 통한 철스크랩 가격 안정화, 그리고 건설사와의 철근 가격 협상력 제고를 주시할 필요가 있다. 강관 시장은 선행지표인 원유 시추 장비 수 추이와 함께 미국 정부의 유정용 강관과 송유관 규제 정책을 주목할 필요가 있다.

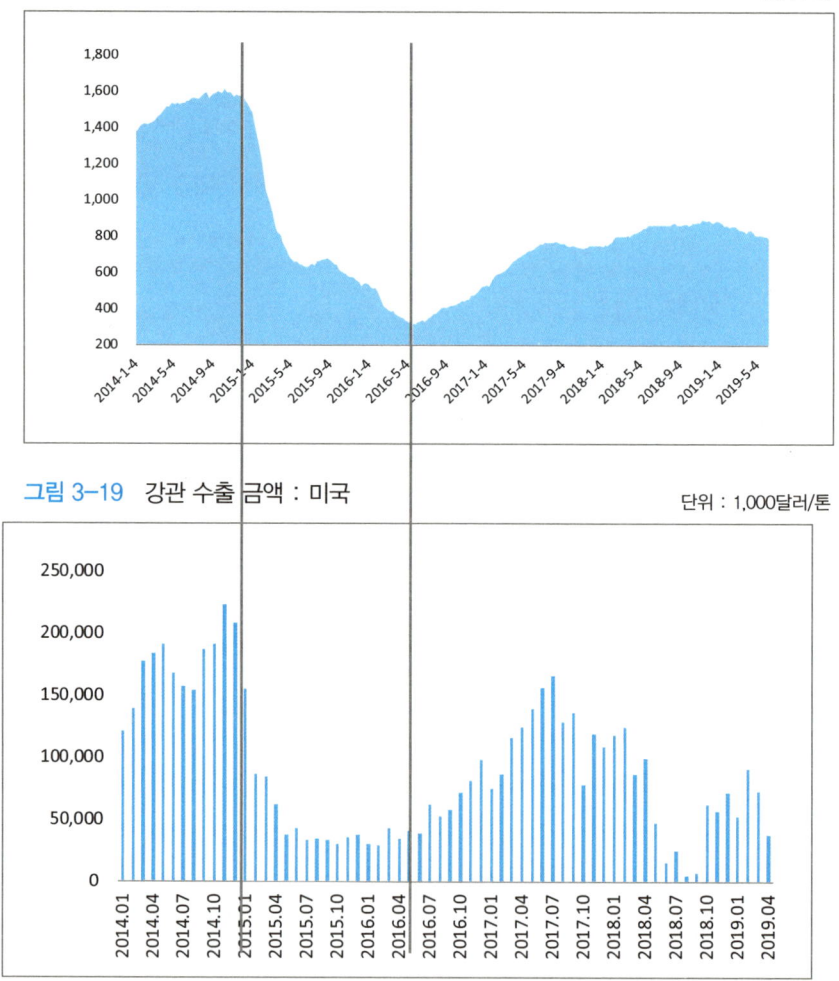

그림 3-18 원유 시추 장비(RIG) 수   단위 : 대

그림 3-19 강관 수출 금액 : 미국   단위 : 1,000달러/톤

그림 3-18 출처 : 인베스팅닷컴(kr.investing.com)
그림 3-19 출처 : 관세청 수출입 무역통계

기업 분석 : 포스코

포스코 연결 기준 매출 비중은 철강 : 무역 : 건설 = 50 : 35 : 15이다. 개별 기준으로 포스코 실적을 추정해 보자.

핵심 지표는 열연, 철광석 가격, 그리고 조강생산량이다. 열연은 중국 열연 가격을 기준으로, 철광석 가격은 국제 LME(런던금속거래소) 기준으로 분기별 평균 가격을 활용할 수 있다. 조강생산량은 사업보고서의 생산실적을 보면 된다.

지난 4년간 포스코 매출액, 그리고 매출이익률과 열연-철광석 스프레드를 비교한 것이 〈그림 3-20〉, 〈그림 3-21〉이다. 매출액은 2017년부터 점차 회복, 열연-철광석 스프레드는 2017년 하반기부터 회복되는 모습이다. 따라서 실질적인 실적 개선은 2017년 하반기부터 시작되었고, 이 추이가 2018년 3분기까지 이어졌다. 하지만 2018년 4분기부터는 매출액과 스프레드가 다시 부진해지고 있다.

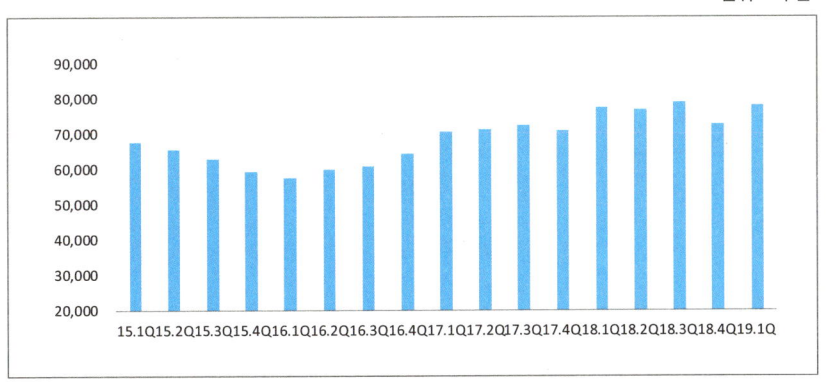

그림 3-20 포스코 매출액(분기)　　　　단위 : 억 원

출처 : 포스코 사업보고서와 광물자원공사에서 인용하여 저자가 새롭게 그림

그림 3-21 매출이익률, 열연-철광석 스프레드

단위 : 달러/톤, %

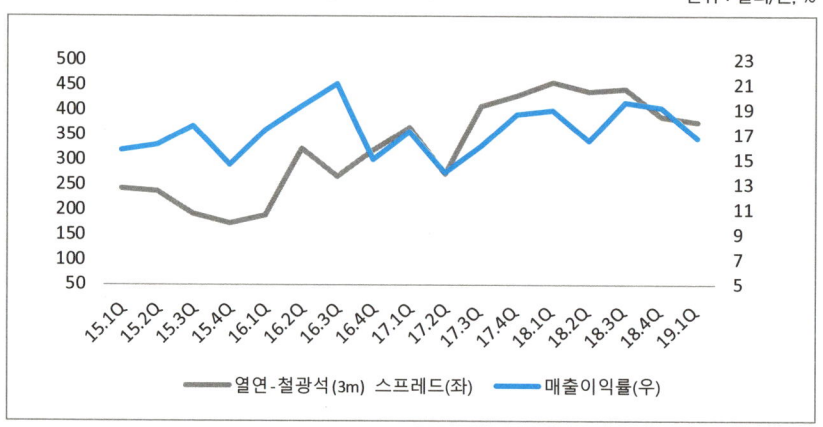

출처 : 포스코 사업보고서와 광물자원공사에서 인용하여 저자가 새롭게 그림

표 3-2 실적 추정 주요 포인트 : 포스코

매출액 증가율(YoY)	10%	8%	9%	3%	1%
개별 기준 (단위:억 원)	18.1Q	18.2Q	18.3Q	18.4Q	19.1Q
매출액	77,609	77,048	79,055	72,882	78,165
매출원가	62,901	64,306	63,535	58,886	65,064
매출총이익	14,708	12,742	15,520	13,996	13,101
판관비	4,549	4,521	4,572	5,230	4,776
영업이익	10,159	8,221	10,948	8,766	8,325
당기순이익	7,687	5,803	8,911	-11,675	6,712
매출이익률	19.0%	16.5%	19.6%	19.2%	16.8%
판관비 비율	5.9%	5.9%	5.8%	7.2%	6.1%
영업이익률	13.1%	10.7%	13.8%	12.0%	10.7%
순이익률	9.9%	7.5%	11.3%	-16.0%	8.6%
중국 열연 가격	554	548	541	488	482
철광석 가격 (3m lagging)	65.1	74.6	65.9	66.8	71.3
열연-철광석(3m) 스프레드	456	436	442	388	375
조강생산량(1,000톤)	10,495	10,666	10,919	10,787	10,634

① 열연 × 조강생산량

② (열연-철광석) × 조강생산량

출처 : 포스코 사업보고서에서 인용하여 저자가 새롭게 작성

2019년 1분기 실적을 살펴 보자. 개별기준 포스코 매출은 분기 평균 열연 가격과 조강생산량을 곱한 값(참고 〈표 3-2〉 ①)이 되고, 매출이익은 열연 가격에서 철광석 가격을 뺀 값에 조강생산량을 곱한 값(참고 〈표 3-2〉 ②)이다. 이렇게 가정한 후 전 분기 값의 변동폭을 당 분기 매출과 이익으로 추정하면 포스코 실적 방향을 추정할 수 있다. 2019년 1분기 실적은 열연 가격 하락과 철광석 가격 상승의 영향을 받고 있다는 걸 보여 준다.

포스코 관전포인트는 중국 열연 가격, 철광석 가격 방향이다. 철광석 가격 상승 시 열연 가격 인상으로 이어질 수 있는지 주목해야 한다. 또한 중국 정부의 철강사 감산 정책 지속 여부를 함께 체크한다면 좋은 투자 기회를 찾을 수 있다.

포스코

매출: 열연가격 × 조강생산량

열연 가격 : 철강 애널리스트 리포트
조강생산량 : 포스코 사업보고서 – 사업의내용 –
생산 실적 및 가동률(전년 동기 비교)

이익: (열연 – 철광석 스프레드) × 조강생산량

철광석 : 한국광물자원공사 분기 평균가(3개월 lagging 기준)

<참고>
철강 지표 관련 사이트

그림 3-22 조강생산량

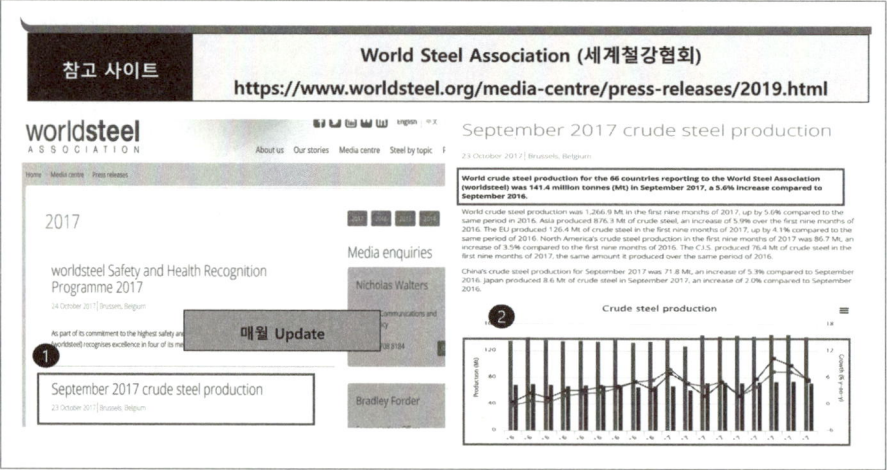

그림 3-23 중국 열연, 냉연 가격

<참고> **철강 지표 관련 사이트**

그림 3-24 철광석, 유연탄 가격

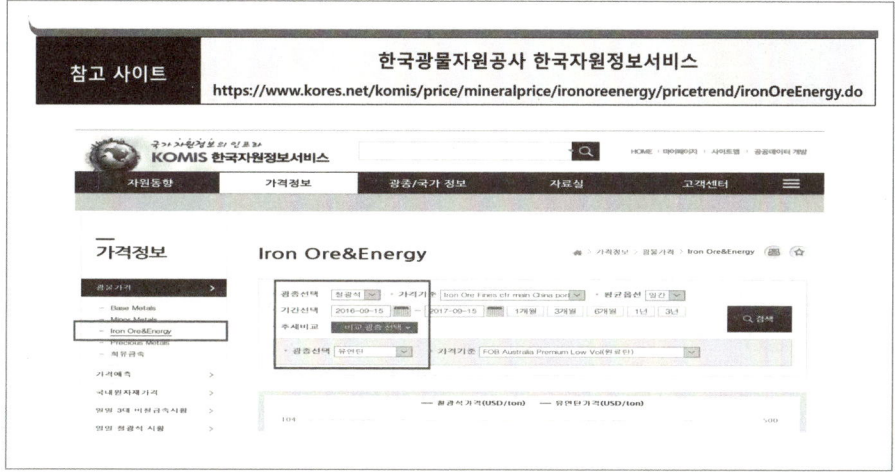

그림 3-25 철광석 선물 가격

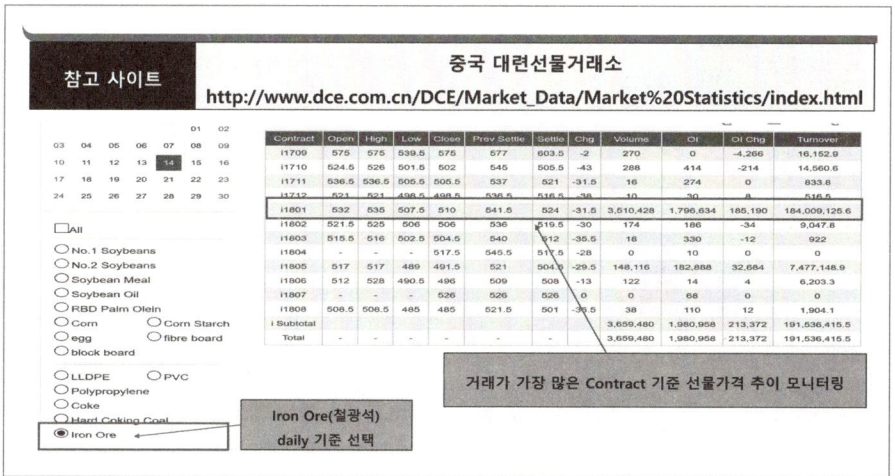

<참고> 　　　　　　　　　　**철강 지표 관련 사이트**

그림 3-26 철근 수출입

그림 3-27 강관 – 미국 수출 현황

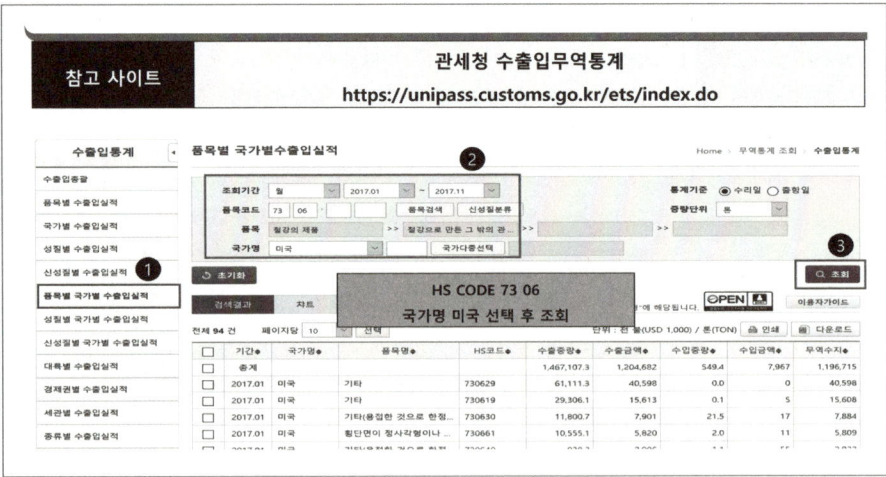

<참고> **철강 지표 관련 사이트**

그림 3-28 국내 철강제품별 생산통계

그림 3-29 중국 PMI(구매관리자지수)

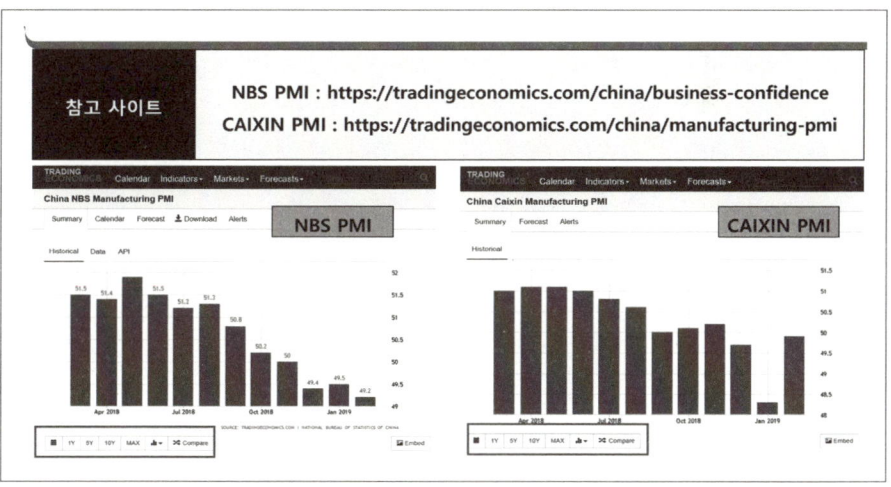

핵심 포인트

1 중국의 조강생산량과 가동률, 환경오염에 따른 중국 정부의 정책 변화를 주목하자.

2 열연 시장은 열연 가격과 재고, 원재료인 철광석과 유연탄 가격 추이, 그리고 중국 철강사의 동절기 감산 강도를 체크하자.

3 철근 시장은 철근 가격과 원재료인 철스크랩 가격 그리고 철근 가격 결정 방식 변화에 따른 철강사의 가격 전이력 발휘 여부를 확인하자.

4 강관시장은 주요 수출국인 미국향 강관 수출금액과 미국 정부의 규제 정책 변화를 주시하자.

재콩의 투자 이야기

'잃지 않는 투자', 이것부터 시작하라

투자의 대전제 가운데 하나는 '기업의 내재가치보다 할인된 가격에 주식을 매수하고, 그 가치가 실현될 때까지 보유하는 것'이다. 이 대전제를 부정할 사람은 거의 없다고 생각한다. 여기서 문제는 '내재가치'에 대한 해석이다. 내재가치는 현재가치로 볼 수도 있고 미래가치로 볼 수도 있다.

내재가치를 현재가치로 해석하는 투자자는 현재가치 대비 할인된 가격에 매수해 적정 가치에 팔아야 한다고 주장한다. 내재가치를 미래가치로 해석하는 투자자는 경제적 해자를 보유한 성장성 있는 기업을 합리적인 가격에 매수해 동행해야 한다고 주장한다.

저평가된 기업을 현 시점의 내재가치로 취하느냐, 또는 기업의 성장과 함께 동행하느냐하는 것은 사실 투자자 자신의 성향과 기질의 문제로 귀결된다.

미래의 불확실성보다는 과거의 실적을 근거로 현재를 판단하는 것과, 미래의 성장성을 근거로 현재를 판단하는 것은 각각 장단점이 있다.

과거를 근거로 하든, 미래를 지향점으로 삼든 이 모든 것은 투자자 자신이 지향하는, 세상을 바라보는 성향과 기질에 근거한다. 다만 투자 기간에는 일시적 또는 장기간에 걸친 손실을 피하기 어렵다. 장부상의 손실 기간을 최소화하는 가장 좋은 방법은 결국 '최대한 싸게 사는 것'이다.

하지만 싸게 사는 것은 생각보다 쉽지 않다. 매수 기회를 기다리는 것은 심리적으로 굉장한 압박이다. 투자자 저마다의 방법이 있겠지만, 5년 이상의 PBR 밴드를 그려놓고 역사적 저점을 기다리는 것도 하나의 방법이다. 덧붙여 실적이 더 나빠지기 어렵거나 이익이 증가하는 시점이면 더욱 효과적인 접근이 될 것이다. 최대한 싸게 사는 것은 성공 투자의 첫걸음이다.

4

비철금속

비철금속을 보는 주요 지표

비철금속 주요 지표는 비철금속의 가격과 수급 전망이다.(참고 〈표 4-1〉) 이 지표에 덧붙여 수요와 공급 관점에서 비철금속 시장을 이해할 필요가 있다. 수요 관점에서는 중국 PMI(구매관리자지수) 방향을 살펴보고, 공급 관점에서는 4대 광산업체의 움직임을 관찰할 필요가 있다. 그리고 전기차 시장과의 연계성을 이해하는 게 중요하다.

비철금속 가격 데이터는 한국광물자원공사 자원정보서비스에서 제공하는 가격 정보를 활용할 수 있다. Base Metal은 아연, 니켈, 구리, 납, 알루미늄 가격을 일/월 단위로 알려주고, 희유금속은 코발트, 리튬 등의 가격을 LME(런던금속거래소) 기준으로 확인할 수 있다.

비철금속 동향은 조달청 비축물자웹사이트의 국제원자재 시장동향

표 4-1 비철금속 관련 주요 지표

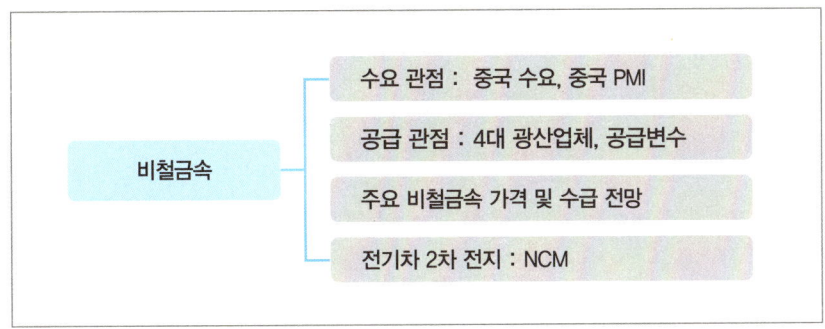

리포트를 정기적으로 읽는 것도 시장 이해를 위한 좋은 방법 중 하나이다. 국제원자재 시장의 주간/월간 데이터와 시장 동향을 파악할 수 있다.

비철금속 수요와 공급 시장의 이해

전 세계 비철금속 수요의 40~50%를 중국이 차지하고 있다. 예를 들어 아연의 사용 용도는 아연도금 50%, 아연합금 17%, 청동제작 17% 등인데 가장 큰 사용비중을 차지하는 아연도금은 건축자재 철강 도금용으로 사용된다. 중국 인프라 투자 수요와 밀접하다. 납의 용도는 80% 이상이 배터리로 사용된다. 자동차 및 산업용 배터리 수요인데 역시 중국 수요와 연결된다. 다시 말해 중국 인프라 투자 수요가 비철금속 가격을 이끈다고 볼 수 있다.

공급 관점에서 보자. 전 세계 4대 광산업체가 있다. 스위스에 본사를 둔 글렌코어, 호주 BHP빌리턴과 리오 틴토, 그리고 브라질의 발레이다. 전 세계 아연광산을 가장 많이 보유한 광산업체는 글렌코어이며, 전 세계 구리 매장량 1위국은 칠레인데 BHP빌리턴과 리오 틴토의 합작사가 광산을 보유하고 있다.

　비철금속의 수요공급은 세계 경제흐름과 밀접하게 연결되어 있다. 과거 중국 자동차와 건설 호황은 철강 수요 증가로 유연탄과 철광석 가격 상승을 이끌었다. 자동차 경량화 이슈는 알루미늄 수요 증가와 가격 상승으로 이어지며, 필리핀에서 니켈 광산을 폐쇄하면 공급 감소로 니켈 가격 상승으로 연결된다. 한때 중국 경제 호황은 구리 수요가 먼저 알려줬다.

고려아연은 왜 실적 전망치를 하향했나

　비철금속 시장의 이해도를 높이기 위해 고려아연의 사례를 이야기해볼까 한다.(참고 <그림 4-1>) 2017년 2월 고려아연 주가가 큰 폭 하락했

그림 4-1　고려아연 주가　　　　　　　　　　　　　　　　단위 : 원

출처 : 네이버 금융

다. 당시 어떤 이유가 고려아연 주가의 급락, 그리고 다시 회복을 야기했는지 정리해 보자.

고려아연은 2017년 실적 전망 공정공시에서 영업이익이 전년 대비 약 1,000억 원 감소할 것이라는 전망을 했다. 개별 기준 2016년 실적은 매출 5조 원, 영업이익 6,883억 원이었고, 고려아연이 전망한 2017년 실적은 매출 4조 8,000억 원, 영업이익 5,709억 원이었다. 그런데 전년 대비 영업이익이 1,000억 원 이상 감소할 것이라는 공시로 인해 시장은 화들짝 놀랐다. 결국 기관투자자를 중심으로 대규모 매도가 진행되면서 주가가 큰 폭 하락했다.

고려아연의 실적을 결정하는 변수는 3가지가 있다. 아연정광 공급량, 제련수수료, 아연 가격이다. 고려아연은 글렌코어와 같은 아연 광산업체로부터 아연정광을 공급받아 제련을 해서 아연을 생산·판매하는 사업모델을 갖고 있어서다.

당시 고려아연은 3가지 우려가 있었다. 첫번째는 글렌코어의 생산통제로 아연정광 확보가 어려워 전년 대비 20% 공급이 감소할 것이라는 전망이 있었다. 두 번째는 제련수수료의 감소였다. 아연정광을 광산으로부터 구매할 때 제련수수료를 제외한 금액을 광산에 지불한다. 2016년 제련수수료는 톤당 210달러였지만 광산 측의 요구사항은 100달러로의 인하였다. 세 번째 우려는 아연 가격 전망이었다. 2017년 1분기 평균 아연 가격은 톤당 2,780달러였는데, 고려아연의 2017년 평균 아연 가격 전망은 2,200달러에 그쳤다.

고려아연의 실적 하향 전망은 이같은 3가지 우려가 복합적으로 작용한 결과였다. 그러나 실제는 이와 다르게 나타났다. 제련수수료는 톤당 172달러로 결정 났고, 무엇보다 2017년 아연 가격은 지속 상승하면서 3,300달러를 넘어서기도 했다.

고려아연 사례와 같이 비철금속 기업에 투자할 때는 수요 확대 뿐만 아니라 광산업체와의 공급 관계도 함께 살펴봐야 한다. 비철금속 가격과 기업의 동행을 보면, 가격과 실적이 동행하는 기업이 있는 반면 그 반대의 경우도 있다. 고려아연 경우는 아연가격 상승 → 실적 개선 → 주가 상승이며, 풍산의 경우 역시 구리가격 상승 → 실적 개선 → 주가 상승이 가능하다.

그 반대의 경우는 비철금속을 원재료로 사용하는 기업이다. 알루미늄 가격 상승은 남선알미늄의 원가 부담으로 이어지며, 납 가격 상승은 아트라스BX, 세방전지의 원가 부담으로 나타난다.

원가 상승분을 제품 가격 인상으로 전이할 수 있는 기업, 또는 원재료 하락 시 이익이 증가하는 기업을 구분해서 시장 흐름을 파악할 필요가 있다.

중국 PMI와 비철금속 가격

앞에서 비철금속 가격은 중국 수요와 관련이 깊다는 이야기를 했다. 중국 PMI와 비철금속 가격 추이를 보면 좀 더 명확하게 눈에 들어온다.(참고 〈그림 4-2〉~〈그림 4-6〉)

그림에서 ①번 시기는 중국 PMI가 들쭉날쭉 하던 시기였고 비철금속 가격 역시 비슷한 흐름을 이어가고 있다. ②번 시기는 중국 PMI의 부진

그림 4-2, 4-3, 4-4, 4-5, 4-6 중국 PMI와 비철금속 가격 추이

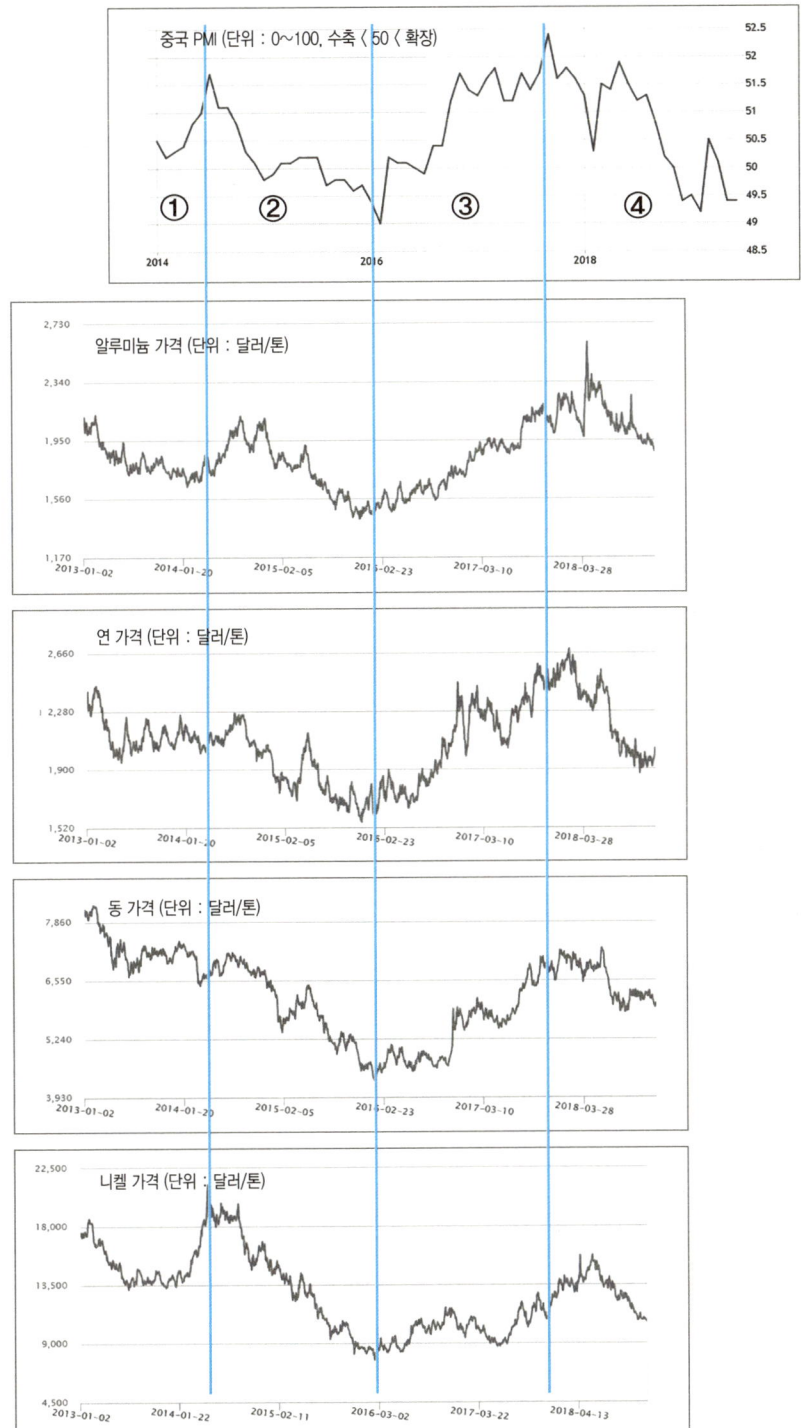

그림 4-2 출처 : tradingeconomics.com
그림 4-3, 4-4, 4-5, 4-6 출처 : 광물자원공사에서 인용하여 저자가 새롭게 그림

이 이어지고 알루미늄, 납, 구리, 니켈 가격이 모두 하락하는 모습이다. ③번 시기는 PMI가 다시 회복되면서 비철금속 가격이 전반적인 상승으로 돌아섰다. ④번 시기는 PMI 부진과 비철금속 가격 하락이 함께하는 시기이다.

이처럼 비철금속 가격은 세계 경기 흐름, 특히 중국 경기 흐름과 밀접하게 움직인다. 여기에 메이저 광산업체의 공급량 조절, 달러의 방향이 또한 영향을 미치는 시장이라는 점에서 예측보다는 대응이 중요한 시장이라는 점도 기억해 둘 필요가 있다.

전기차 시장 성장과 비철금속 수요

전기차와 비철금속의 연계성에 관심 가질 필요가 있다. 전기차 배터리는 셀, 모듈, 팩으로 구성된다. 배터리 셀은 양극과 음극, 전해액, 분리막으로 구성되며, 모듈은 배터리 셀을 외부 충격과 열, 진동으로부터 보호하기 위해 프레임에 넣은 배터리 조립체이다. 배터리 팩은 전기차에 장착하는 배터리 시스템의 최종 형태를 일컫는다.

배터리 셀은 리튬이온을 저장하는 양극과, 양극에서 나오는 리튬이온을 흡수/방출하는 음극, 그리고 양극과 음극 사이 리튬이온의 이동 매개체 역할을 하는 전해액, 양극과 음극을 물리적으로 막는 역할을 하는 분리막으로 구성된다. 양극을 활성화시키는 양극활물질이 있는데 NCM(니켈, 코발트, 망간)이며, 음극을 활성화시키는 음극활물질은 흑연이 있다.

비철금속은 배터리 셀의 양극활물질로 활용된다. NCM의 니켈 : 코발트 : 망간 비중이 1 : 1 : 1 에서 6 : 2 : 2로 니켈의 비중이 높아지고 있는데,

앞으로 8 : 1 : 1까지 비중이 높아질 것으로 보인다. 2019년부터 변화되는 중국 전기차 보조금 정책도 영향을 미치고 있다. 전기차 보조금 대상의 최소 주행거리가 250km로 지정되면서 전기차 배터리의 에너지 밀도 강화가 필수적으로 요구되고 있다. 이에 따라 에너지 밀도가 높은 니켈 비중이 점점 높아지고 있다.

전기차 성장에 따라 비철금속별 수요 영향도가 달라지고 있다. 납과 코발트 수요는 상대적으로 감소하고, 니켈과 구리의 수요가 증가하고 있다. 전기차 시장 성장에 따른 비철금속의 수요 변화 역시 관전포인트이다.

<참고> **비철금속 지표 관련 사이트**

그림 4-7 아연, 니켈, 구리, 납 가격

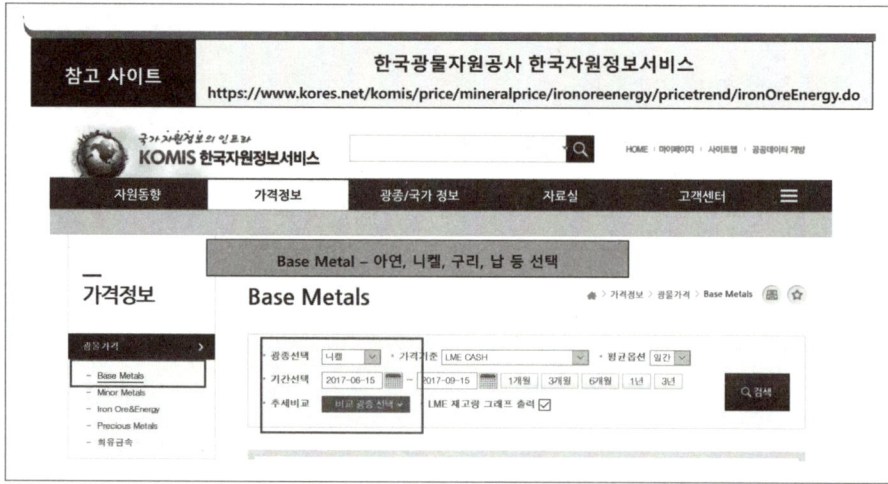

그림 4-8 비철금속 시장 동향

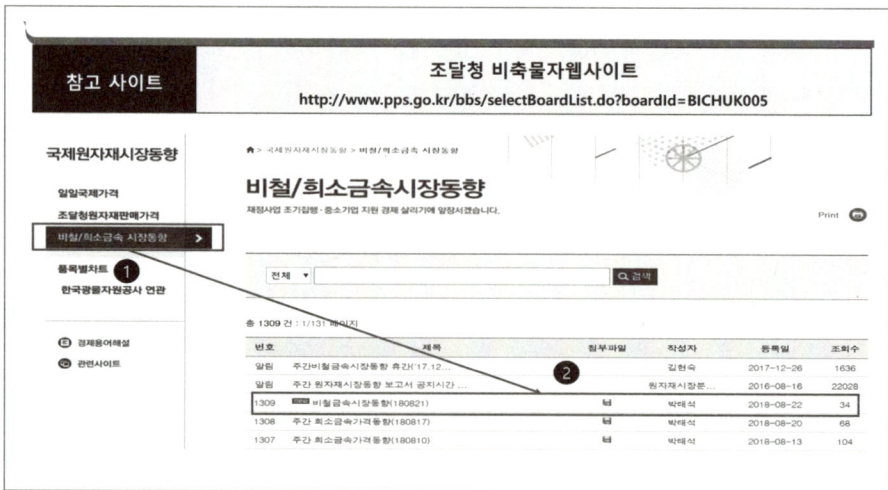

핵심 포인트

1 수요 관점에서는 중국 PMI 방향, 공급 관점에서는 4대 광산업체의 공급 정책 방향을 관찰하자.

2 전기차 시장의 성장에 따른 NCM(니켈, 코발트, 망간)과 구리 가격 변화를 체크해 두자.

재콩의 투자 이야기
ROE와 PBR 100% 활용법

알다시피 ROE = 순이익÷순자산이다. 즉 순이익을 순자산(=자본총계)으로 나눈 값이다. 듀퐁 ROE를 많이 활용한다. 듀퐁 ROE를 통해 조금 더 세밀하게 기업을 들여다 볼 수 있다.

ROE = 순이익÷순자산에서 산수를 활용할 수 있다. 분자와 분모에 동일한 항목을 대입한다. 듀퐁 ROE = (순이익÷매출) X (매출÷자산) X (자산÷순자산)으로도 볼 수 있다.

순이익률 = 순이익÷매출, 매출 회전율 = 매출÷자산, 레버리지 = 자산÷순자산이 된다. 따라서 듀퐁 ROE를 보면 해당 기업의 순이익률, 매출 회전율, 레버리지를 파악하게 된다. 다시 말해 이익률과 매출 규모와 부채 수준을 파악할 수 있다.

높은 ROE가 반드시 좋은 건 아니다. 이익률과 매출은 제자리인데 부채가 많아져서 ROE가 증가할 수도 있기 때문이다. 반면 이익률은 정체이지만 매출과 레버리지가 증가해서 ROE가 증가할 수도 있다. 레버리지가 매출 또는 이익률에 영향을 주는지가 중요하다. ROE는 기업의 과거 변화와 현재를 보여주는 간단하지만 유용한 툴이다.

ROE는 PBR과 연결된다. 알다시피 PBR = 시총÷순자산이다. 다시 산수를 도입해 보자. 분자와 분모에 순이익을 대입하면, PBR = (시총÷순이익) X (순이익÷순자산)이 된다.

PER = 시총÷순이익, ROE = 순이익÷순자산이다. 즉 PBR = PER X ROE이다. ROE는 PBR과 연결된다. PBR은 PER과 ROE에 정비례한다. 반면 PER은 ROE와 서로 반비례한다. 기업 성장에 대한 다양한 해석이 가능하다.

만약 시총이 일정 수준에 머물러 있는데 순이익이 증가하는 상태라면 ROE는 높아지고 PER은 낮아져서 저PER이 될 것이다. PER와 ROE가 모두 높아진다면 당연히 고PBR 성장주가 될 것이고, 반대의 경우는 저PBR주가 될 것이다.

한편 ROE와 PER이 모두 낮아 저PBR주이지만 일정 수준의 순이익이 꾸준히 나오면서 시총과 순자산의 불균형을 보이는 기업이라면 오히려 투자 기회를 고민해 볼 수도 있다. 이 경우 ROE를 좀더 자세히 살펴볼 필요가 있다. 낮은 ROE의 원인이 이익률인지, 매출 규모인지, 레버리지인지 다시 확인해 보는 것이 필요하다.

요약하면, ROE 분석을 통해 해당 기업의 과거 변화와 현재를 확인할 수 있다. 순이익, 매출 규모, 레버리지 가운데 어떤 요소가 ROE를 높이는지(또는 낮게 하는지) 확인할 수 있다.

ROE는 PBR과 연결된다. 고ROE는 고PBR 성장주로 연결된다. 고ROE 임에도 저PBR이라면 시총 대비 낮은 PER로 평가받고 있으므로 시총과의 불균형은 좋은 투자 기회가 될 수 있다. 반대로 낮은 ROE 임에도 고PER로 평가받는다면 상대적으로 PBR은 높아진다. 이 경우 시총과의 불균형은 조심해야 하는 시그널이다.

결국 핵심은 ROE가 PBR과 동행한다는 사실이다. 시장에서 시총과 순자산 간의 불균형을 보일 때 ROE 분석을 통해 해당 기업의 현재를 확인하고 투자 기회를 모색할 수 있다.

5

건설

지난 10년 주택 정책 흐름

먼저 지표를 소개하기 전에 지난 10년 주택 정책의 큰 뼈대를 짚어볼 필요가 있다. 이명박 정부 시절에는 수도권 주변 대규모 택지개발과 임대주택 공급을 의욕적으로 추진했다. 이로 인해 사업주체였던 토지공사와 주택공사의 부실과 구조조정으로 이어졌다. 과도한 부채를 짊어지게 되면서 LH공사로 합병하게 되고 정부 주도의 대규모 택지개발이 어려워졌다. 여기에 또 하나, 수도권 DTI 규제 완화와 그린벨트를 풀어 만든 보금자리 반값아파트 공급이 있다. 주택 가격 상승은 잡았지만 수도권 주택 가격 하락에 따른 내수 경기 침체가 이어지고, 반대로 규제가 없던 부산과 대구를 중심으로 지방의 주택 가격이 상승하면서 불균형 문제가 발생했다.

박근혜 정부 시절은 LH의 과도한 부채를 고려해서 서울과 수도권을 중심으로 민간 위주의 재개발 재건축 사업이 본격 시행되었다. 재건축은 '주택건설촉진법'에 근거해서 건물 소유주들이 조합을 구성해 노후 주택을 헐고 새로 짓는 것이다. 재개발은 '도시재개발법'에 근거, 주거환경이 낙후된 지역에 기반시설을 정비하고 주택을 신축하여 재정비하는 것을 말한다. 재개발 재건축의 활성화로 분양이 증가하고 수도권을 중심으로 주택가격이 큰 폭 상승했다.

문재인 정부가 들어서면서 정책 방향은 다시 바뀌게 된다. 수도권을 중심으로 공급규제와 수요억제를 근간으로 하는 주택가격 안정을 정책 우선 방향으로 잡았다(2017년 8.2 부동산 대책). 이후 서울을 중심으로 수요 대비 공급 부족 현상으로 인해 주택가격이 상승하게 된다. 이에 정부는 2018년 9.13 부동산 대책을 통해 3기 신도시 30만 호 신규 주택 공급과 GTX 광역 교통망 확충으로 정책 방향을 공급 확대로 바꾸고 있다.

건설 업종을 보는 주요 지표

건설 업종을 보는 지표는 크게 국내주택사업 부문과 해외수주사업 부문으로 나눌 수 있다.(참고 〈표 5-1〉)

국내주택사업은 인허가, 입주, 착공, 미분양 물량을 본다. 이 추이를 통해 2~3년 이후 주택시장의 공급 규모, 다시 말해 건설사 먹거리를 예상할 수 있다. 심리지수/매매지수, M2(광의의 통화)와 주택담보대출 추이를 통해 정부 정책 방향과 현 시장 참여자의 주택시장에 대한 반응을 이해할 수 있다.

표 5-1 건설 관련 주요 지표

해외수주사업 부문은 미청구 공사금액 규모, 해외건설 수주, 그리고 두바이유 추이를 본다. 미청구 공사금액은 해외수주사업의 저가 경쟁에 따른 손실을 확인해 보는 의미이다. 해외건설 수주액은 지역별, 공종별, 국가별 추이를 확인할 수 있다. 그리고 두바이유의 움직임은 중동 지역의 플랜트 발주 움직임과 연결해서 해석할 수 있다.

추가적으로 SOC 투자도 챙겨봐야 한다. 건설수주액 추이를 통해 흐름을 이해할 수 있다.

국내주택사업 부문 : 1) 인허가와 미분양

주택사업은 인허가, 분양, 착공, 입주의 과정을 거치며, 대략 2~3년 이상의 기간이 소요된다. 현 시점의 인허가와 분양 물량은 2~3년 후 입주(=공급) 물량이 된다는 의미이다. 인허가와 착공 추이는 국토교통부 통계누리를 통해 월 단위 확인이 가능하다.(참고 〈그림 5-1〉, 〈그림 5-2〉)

2015년을 정점으로 꾸준히 인허가와 착공이 감소하고 있는 모습이다.

그림 5-1 인허가 추이(전국, 월별)   단위 : 호

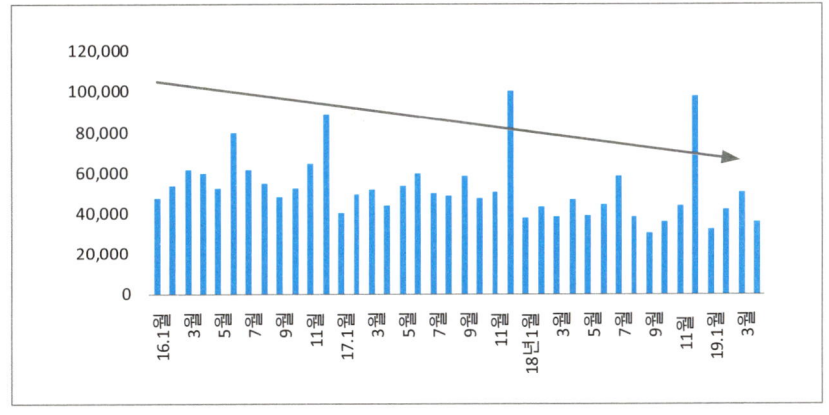

출처 : 국토교통부

그림 5-2 착공 추이(전국, 월별)   단위 : 호

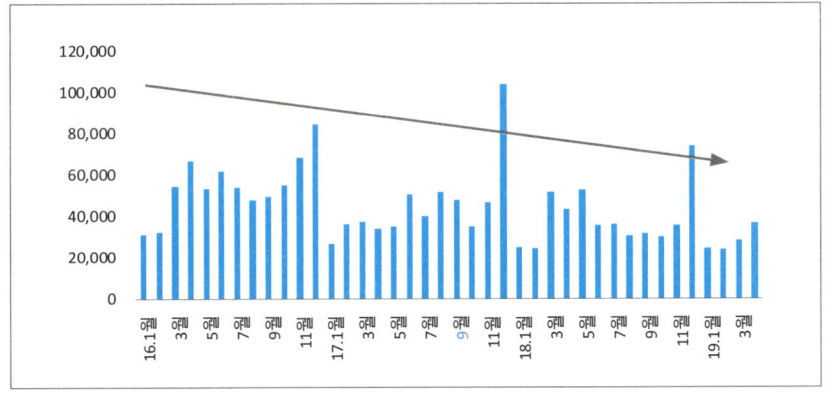

출처 : 국토교통부

인허가는 2015년 76만 5,000호에서 2016년 72만 6,000호, 2017년 65만 3,000호, 2018년 55만 4,000호까지 하락해 있다. 착공 역시 2015년 71만 6,000호, 2016년 65만 7,000호 2017년 54만 4,000호, 2018년 47만 호로 지속 하락하고 있다. 향후 주택 공급 물량 감소로 이어질 것이고, 이는 국내 건설사의 미래 먹거리에 대한 우려로 연결된다.

미분양 추이 역시 국토교통부 통계누리를 통해 월 단위 확인이 가능하다. 미분양은 수도권과 지방이 다르게 움직여 왔다. 서울을 중심으로 수도권 미분양은 감소하는 반면, 지방 미분양은 증가하고 있다.(참고 〈그림 5-3〉~〈그림 5-5〉)

왜 수도권과 지방의 미분양은 다른 모습을 보일까. 주택시장 역시 수요와 공급에 의해 결정되는 시장이다. 필요 물량 대비 실제 공급되는 주

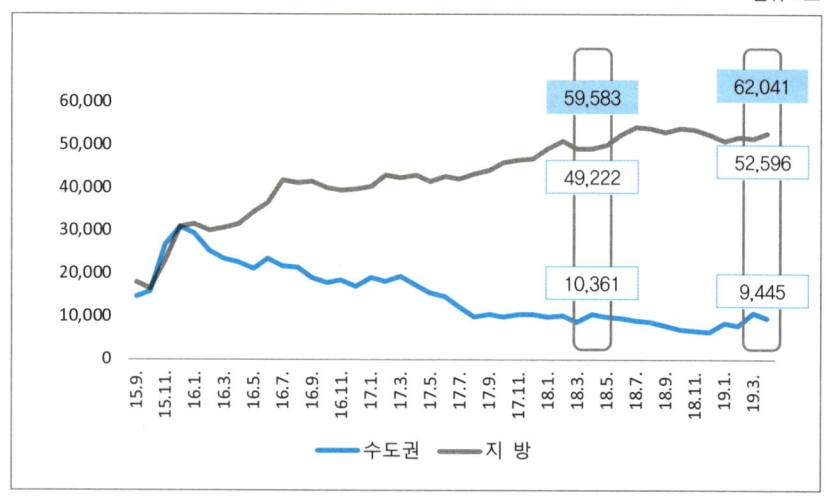

그림 5-3 미분양 (수도권/지방) 단위 : 호

출처 : 국토교통부에서 인용하여 저자가 새롭게 그림

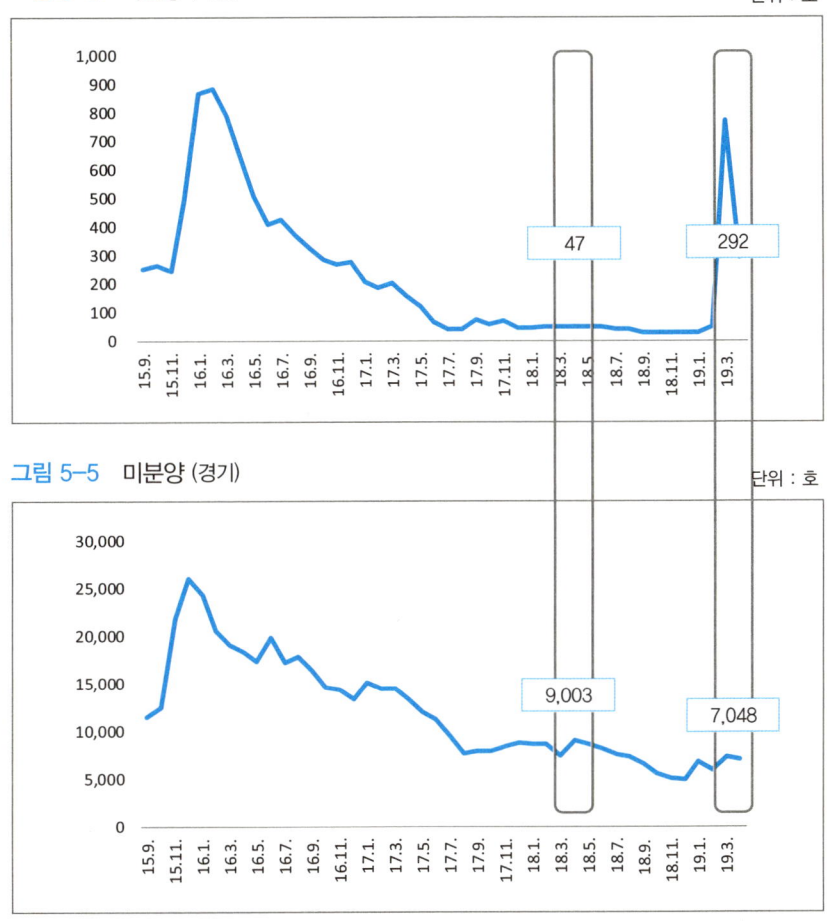

그림 5-4, 그림 5-5 출처 : 국토교통부에서 인용하여 저자가 새롭게 그림

택 물량이 초과하는 경우 필연적으로 미분양과 주택가격 하락 현상이 발생한다. 〈그림 5-6〉과 〈그림 5-7〉은 2016년부터 2019년까지 아파트 공급물량이다. 일견 수도권과 지방 모두 아파트 공급 물량이 필요 물량을 초과하는 것처럼 보인다(인구 수의 0.5~0.55%를 연간 공급이 필요한 주택물

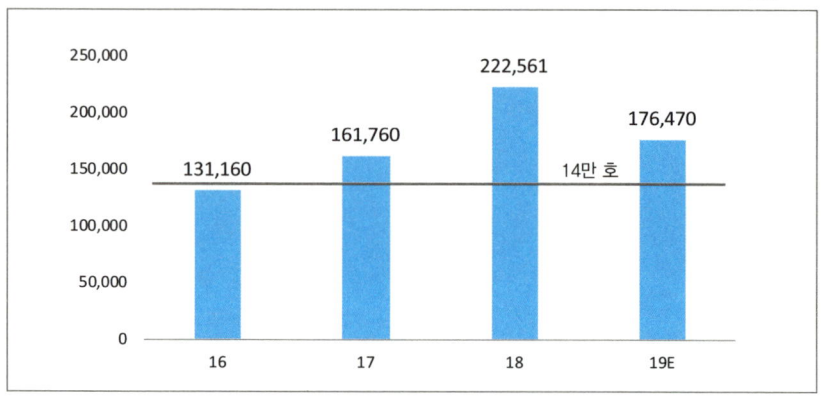

그림 5-6 아파트 공급 물량 : 수도권

출처 : 국토교통부

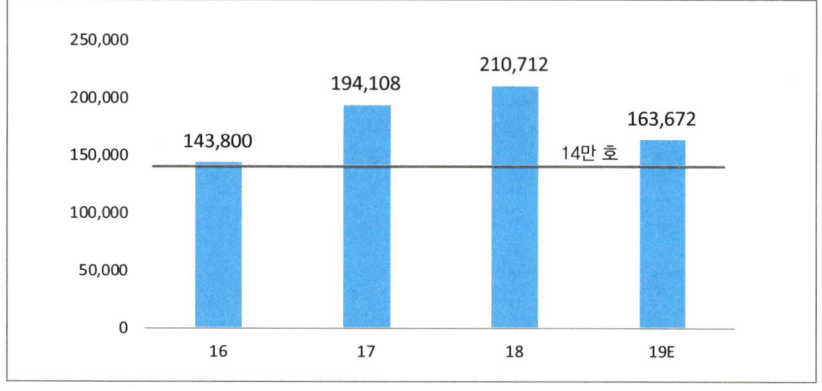

그림 5-7 아파트 공급 물량 : 지방

출처 : 국토교통부

량으로 가정).

    그러나 이를 지역별로 나눠보면 필요 물량과 공급 물량이 확연하게 다르다. 먼저 수도권을 보면 서울은 연간 2만호 안팎의 추가 공급이 필요하다. 경기도는 초과 공급물량이 훨씬 많으나 서울의 공급 부족 영향을 받

그림 5-8 초과 공급 물량 (2018, 2019년) : 수도권 단위 : 호

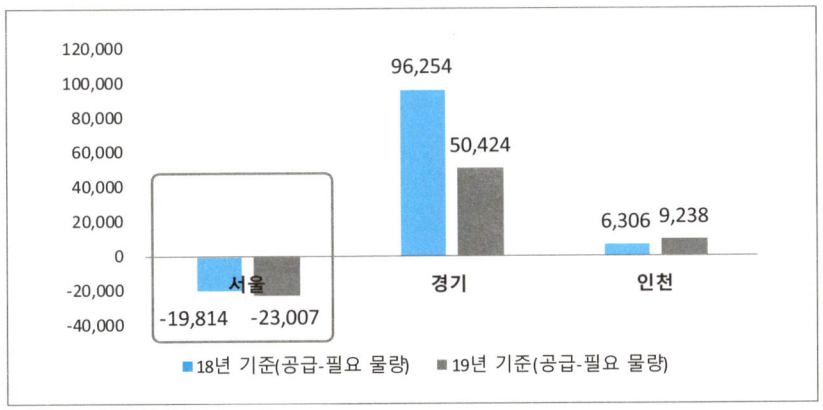

출처 : 국토교통부에서 인용하여 저자가 새롭게 그림

으면서 함께 시장이 움직이고 있다.(참고 〈그림 5-8〉)

지방은 경남/경북, 충남/충북, 강원을 중심으로 초과공급 물량이 꾸준하게 증가해 왔다.(참고 〈그림 5-9〉) 이는 지방의 미분양 증가와 연결된다. 다만 초과공급 물량은 2018년을 정점으로 점차 감소할 것으로 보인

그림 5-9 초과 공급 물량 (2018, 2019년) : 지방 단위 : 호

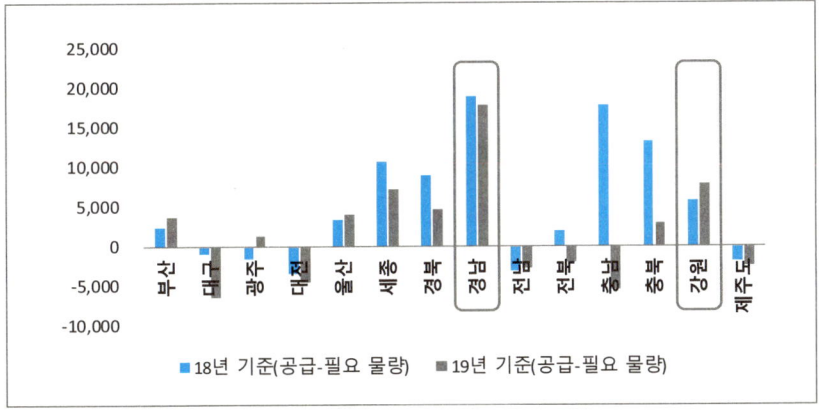

출처 : 국토교통부에서 인용하여 저자가 새롭게 그림

다.

앞서 설명한 2016년부터 이어져오는 인허가와 착공 물량 감소 영향이다. 정부가 2018년 9.13 부동산 대책을 통해 서울권을 중심으로 주택 공급 확대 정책으로 방향을 선회한 것 또한 마찬가지다.

향후 서울권을 중심으로 주택 공급 확대와 수도권과 지방의 양극화 완화에 관심을 가지고 살펴볼 필요가 있다.

국내주택사업 부문 : 2) 심리지수, 매매지수

현 주택 시장의 흐름을 이해할 수 있는 지표를 살펴보자. 심리지수와 매매지수이다. 지역별로 볼 수 있다. 심리지수는 한국감정원 등에서 지역별 주택 매수심리와 매도심리를 주 단위로 시장조사한 후 지수화하여 발표한다. 매매지수는 지역별 아파트 가격을 지수화하여 역시 주 단위로 발표한다.*

서울의 심리지수와 매매지수 추이를 중심으로 살펴보자.(참고 〈그림 5-10〉, 〈그림 5-11〉) 크게 4시기로 나눠 볼 수 있다. 그림에서 ①번 시기는 매도와 매수심리가 들쭉날쭉하던 시기로 매매지수 역시 횡보하는 모습을 보인다. ②번 시기는 이명박 정부가 들어서면서 정부 주도의 공급 확대 정책을 추진하던 시기이다. 매도심리가 늘어나고 매수심리가 감소하면서 매매지수는 조정을 받는 모습이다. ③번 시기는 박근혜 정부가 들어서면서 민간 건설사 주도의 재개발 재건축이 활발하게 진행되던 시

---

* KB부동산을 통해서도 주 단위로 데이터를 확인할 수 있다.

그림 5-10   심리지수 : 서울   단위 : 매수우위지수 기준 100 초과 시 매수자 많음,
100 미만일 경우 매도자 많음

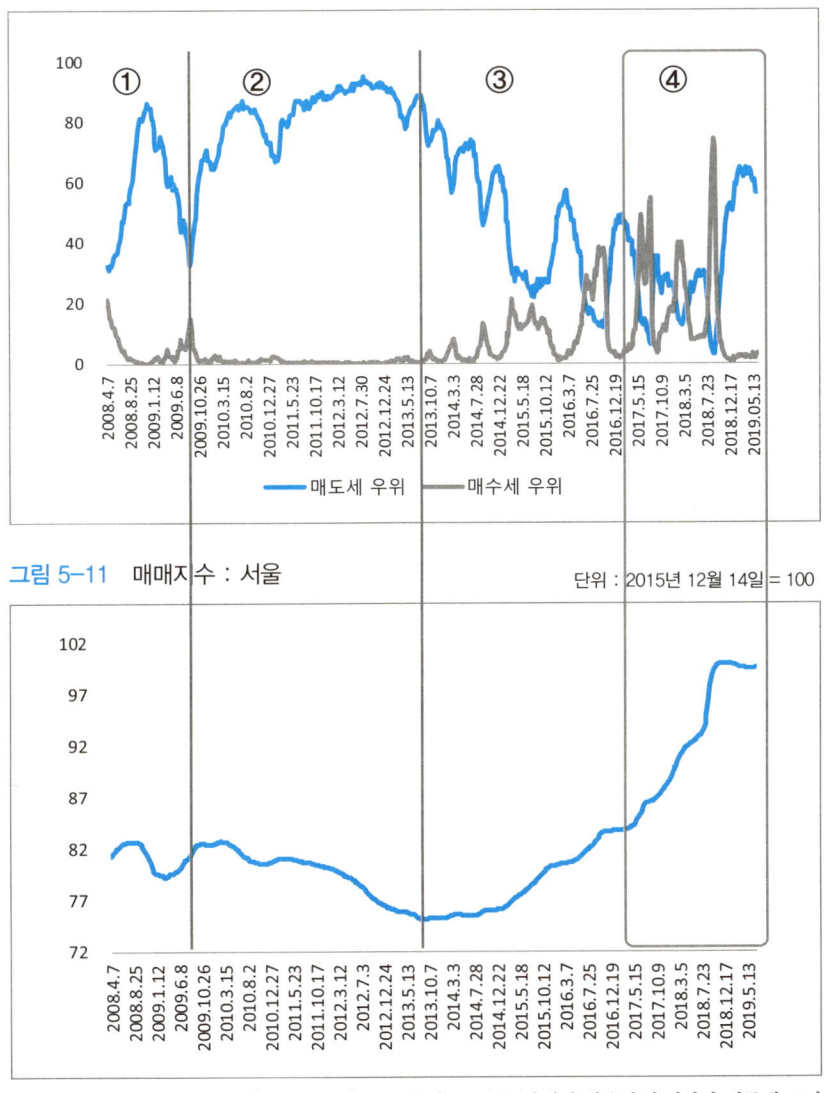

그림 5-11   매매지수 : 서울   단위 : 2015년 12월 14일 = 100

그림 5-10, 그림 5-11 출처 : KB부동산에서 인용하여 저자가 새롭게 그림

기이다. 매도심리는 감소하고 매수심리가 큰 폭 증가하면서 매매지수가 큰 폭 상승하는 모습이다. ④번 시기는 문재인 정부가 들어서면서 제한적 공급과 수요 억제 정책을 시도하는 시기이다.

문재인 정부는 두 차례 주택 안정화 정책을 발표했다. 2017년 8.2부동산 대책은 수요 억제를 목표로 한 정책이다. 서울권에 공급 물량이 부족한 상황에서 공급 확대보다 수요 억제에 집중한 정책은 시장의 매수 심리를 자극하고 주택 가격 상승으로 이어졌다.

2018년 9.13대책은 정부 정책의 변화를 보여준다. 정부는 3기 신도시 30만 호 신규 주택 공급과 GTX 광역 교통망 확충을 통해 공급 확대 정책으로 방향을 변경했다. 시장의 주택가격 안정화를 이루기 위해서는 향후 정부의 적극적 공급 확대 정책이 필요하다.

국내주택사업 부문 : 3) M2, 주택담보대출

우리나라는 GDP에서 건설업이 차지하는 비중이 OECD 평균보다 높은 수준을 유지해 왔다. 또한 건설업의 성장 기여도가 큰 만큼 건설업의 취업자 증가 기여율은 전체 취업자 증감률의 40% 안팎을 차지한다는 분석도 있다. 이와 같이 건설업은 내수경기 방어에 중요한 역할을 하고 있다. 이제 정부 정책 방향에 대해 확인해 보자.

한국은행 통계사이트에 가면 M2(광의의 통화) 추이와 주택담보대출 추이를 볼 수 있다. 이를 통해 정부가 갖고 있는 정책 방향을 확인할 수 있다.

M2(원계열, 평잔기준) 통화량은 전년 대비 기준 2019년 3월 6.8% 수준

그림 5-12 M2 추이 (2008년 1월~2019년 3월) −원계열, 평잔 기준   단위 : 10억 원, %

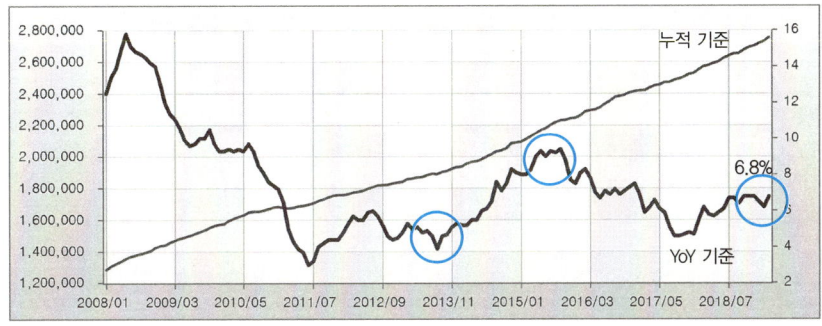

출처 : 한국은행에서 인용하여 저자가 새롭게 그림

그림 5-13 주택담보대출 추이 (2008년 1분기~2019년 1분기)   단위 : 10억 원, %

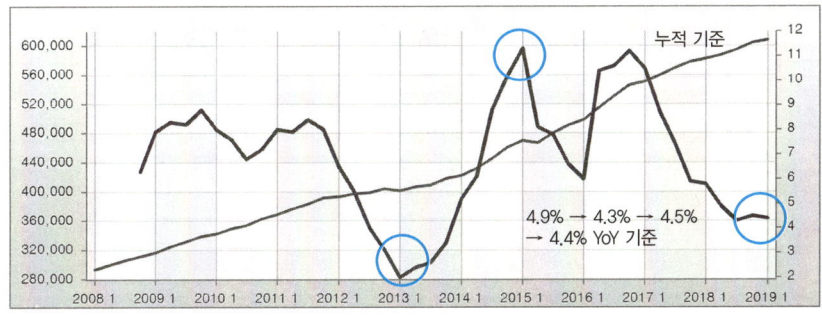

출처 : 한국은행에서 인용하여 저자가 새롭게 그림

을 유지하고 있다.(참고 〈그림 5-12〉)

　주택담보대출은 분기별 기준이다. 누적 기준 600조 원을 넘어서 있으며 전년대비로 보면 2018년 2분기 4.9%, 3분기 4.3%, 4분기 4.5%, 2019년 1분기 4.4%로 점차 증가율이 완만해지는 것을 볼 수 있다.(참고 〈그림 5-13〉) 정부의 통화와 가계부채 안정화 방향을 읽을 수 있다.

5 건설 117

주택 시장과 건설 업황의 향방

인허가와 착공, 미분양 물량을 통해 2~3년 후 주택사업부문 매출 규모를 예측할 수 있다. 심리지수와 매매지수, M2와 주택담보대출 추이를 통해 현재의 주택시장 방향 그리고 정부 정책에 대한 시장의 반응을 이해할 수 있다.

인허가와 착공은 2015년을 정점으로 이후 지속 하락해 왔으며, 미분양은 지방을 중심으로 증가하고 있다. 인허가, 분양, 착공, 입주의 사이클이 2~3년이 소요된다는 점을 감안하면 앞으로 국내 주택사업 부문의 매출이 감소할 것이라는 시장 우려가 팽배한 이유를 이해할 수 있다. 정부의 정책 방향이 건설을 통한 내수부양보다는 통화와 가계부채 안정화에 있다는 점과도 연결되는 지점이다.

건설업의 주요 지표는 지속 하락해 왔다. 앞으로가 관건이다. 2018년 발표한 9.13 부동산 대책을 통해 정부의 정책 방향이 주택 공급 확대와

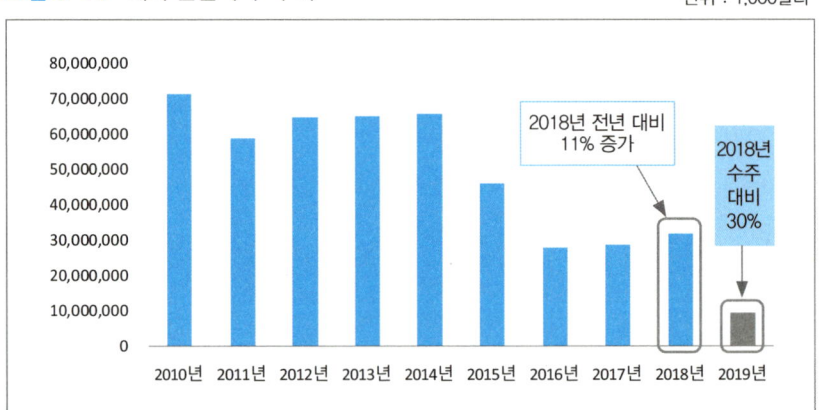

그림 5-14 해외 건설 수주 추이 단위 : 1,000달러

출처 : 해외건설종합정보서비스(www.icak.or.kr) 에서 인용하여 저자가 새롭게 그림

광역 교통망 확충으로 바뀌고 있다. 지난 3년간의 공급 억제는 향후 주택 공급 부족으로 연결될 가능성을 높이고 있다. 오랜 침체기를 보내고 있는 건설 업황이 점차 방향을 바꿀지 앞으로 건설 주요 지표 변화를 확인할 필요가 있다.

해외건설 수주사업 부문 : 1) 연도별/지역별 수주 추이

해외건설 수주는 해외건설협회를 통해 수주 데이터를 확인할 수 있다. 일 기준 해외건설 수주 총액뿐만 아니라 지역별, 공종별, 국가별, 업체별 데이터까지 확인이 가능하다.

해외건설 수주는 2014년을 정점으로 지속 하락했다.(참고 〈그림 5-14〉) 2017년부터 다시 회복하는 모습을 보이고 있기는 하다. 2018년 수주는 전년 대비 11% 증가 수준이며, 2019년 수주는 아직 기대에 미치지 못하는 수준이다(2019.6.5 기준).

해외건설 수주 부진은 주로 중동 지역 수주 부진과 연결된다. 두바이유와 해외건설 수주를 보면 동행해 왔다는 걸 알 수 있다.(참고 〈그림 5-15〉, 〈그림 5-16〉) 두바이유 가격 상승은 중동 국가의 플랜트 발주 증가와 국내 대형 건설사 수주 확대로 이어져 왔다. 그러나 2014년을 지나면서 두바이유가 큰 폭 하락하면서 해외건설 수주 금액 역시 큰 폭 하락하게 된다.

2018년 상반기 두바이유 가격 상승에도 불구하고 2018년 중동 수주 금액은 전년 대비 오히려 37% 감소하는 모습을 보여줬다. 이는 이란 경제 제재와 연결된다. 2017년 국내 건설사의 해외수주 1위국은 이란으로 수주금액은 52억 달러다. 하지만 이란 경제 제재로 인해 2018년부터 수

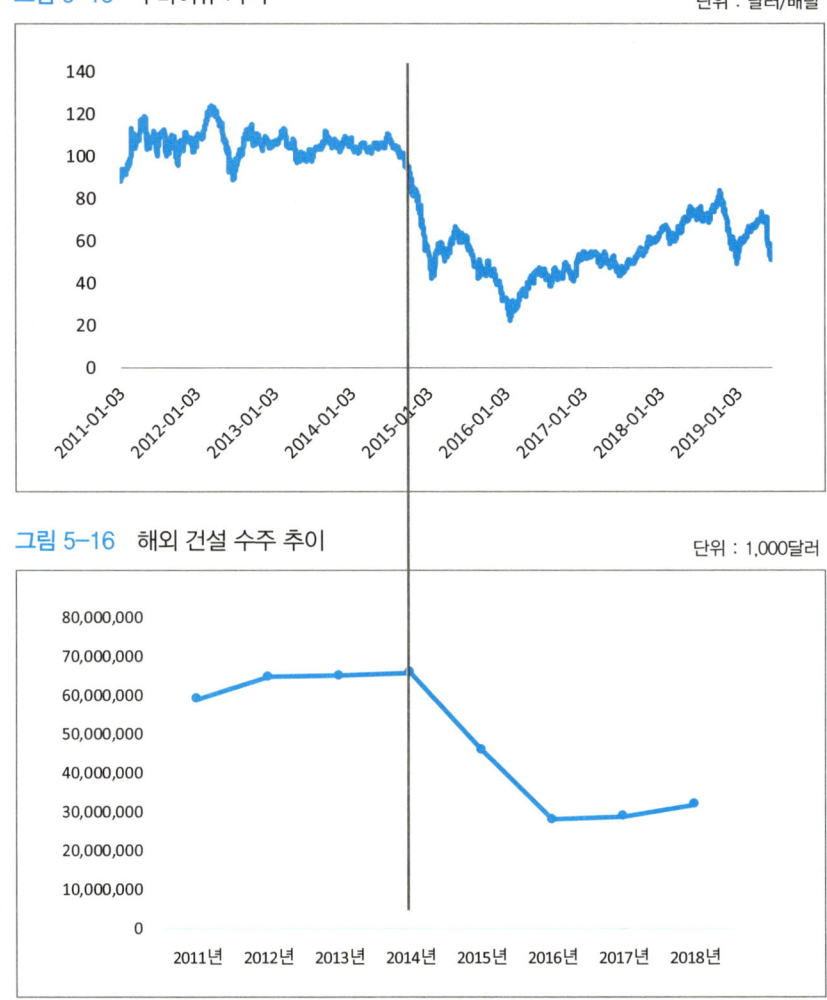

그림 5-15 출처 : 산업통상자원부
그림 5-16 출처 : 해외건설종합정보서비스에서 인용하여 저자가 새롭게 그림

주가 사라진 상황이다.

중동 수주액 감소분을 아시아 지역 수주액 증가로 일정 부분 만회하고 있다.(참고 〈그림 5-17〉, 〈그림 5-18〉) 2018년 아시아 지역 수주액은 전년

그림 5-17 해외 건설 수주 : 지역별   단위 : %

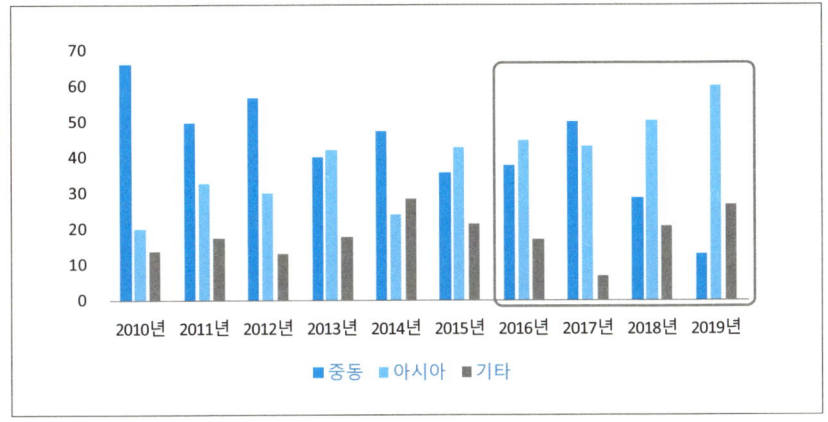

출처 : 해외건설종합정보서비스에서 인용하여 저자가 새롭게 그림

그림 5-18 아시아 지역 수주 추이   단위 : 1,000달러

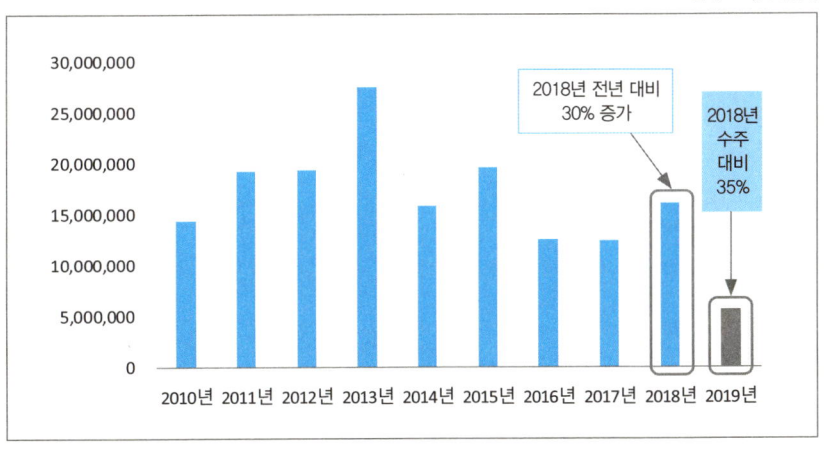

출처 : 해외건설종합정보서비스에서 인용하여 저자가 새롭게 그림

대비 30% 증가했다. 2019년 역시 아시아 지역 수주액이 증가하고 있다. 중국, 인도네시아, 싱가포르를 중심으로 토목, 건축, 산업설비가 증가하고 있다(2019.6.5 기준).

해외건설 수주사업 부문 : 2) LNG 액화플랜트 프로젝트

앞으로 중동 수주액 증가 가능성은 LNG 수요와 연결해서 생각해 볼 필요가 있다. 현재 전 세계 LNG 생산 1위는 카타르이며 연간 7,700만 톤을 유지하고 있다. 호주와 미국이 LNG액화플랜트 설비를 증설하면서 조만간 카타르를 넘어설 가능성이 부각되자, 카타르는 2023년까지 액화플랜트 증설을 통해 생산규모를 1억 1,000만 톤까지 늘릴 계획이다. 이는 국내 조선사와 건설사에게 영향을 준다.

LNG 밸류체인은 '가스 시추 – 액화플랜트로의 운반 – 액화플랜트 – 선박 – 기화플랜트'로 구성된다. 액화플랜트는 시추된 가스를 선박으로 운송 전 가스 처리, 액화, 저장하는 역할을 담당한다. 기화플랜트는 운송된 LNG를 저장, 기화해서 수요처로 보내는 역할을 한다. 액화와 기화 사이 운반을 담당하는 역할은 LNG선으로 조선사의 먹거리가 되고, LNG 플랜트 건설 시장은 건설사의 먹거리가 된다.

LNG 수요 관점에서 보면 LNG 수입의 70% 이상은 아시아이다. 현재 최대 수입처는 일본, 우리나라, 중국 순이다. 환경오염 이슈로 중국, 인도, 동남아시아의 LNG 수입은 큰 폭 증가하고 있다. 카타르 외에 미국, 모잠비크 등에서 대규모 LNG액화플랜트 프로젝트가 추진 중이다. 앞으로 대형건설사의 중동 수주액 증가는 LNG 수요 공급 증가와 연결해서 관심 있게 볼 필요가 있다.

해외건설 수주사업 부문 : 3) 미청구 공사금액

해외건설 수주사업을 볼 때는 미청구 공사금액 추이를 확인할 필요가 있다. 2010년 이후 이어진 고유가는 중동 지역 수주 증가로 이어졌다. 하지만 국내 중공업 기업과 건설사 간 저가 수주 경쟁이 치열하게 전개되면서 문제를 낳았다. 저가 수주 경쟁은 결국 잠재적 부실 채권인 미청구 공사금액으로 반영되고 매년 4분기 큰 폭의 손실 처리가 발생하기 때문이다.

금융감독원이 2016년 1분기부터 미청구 공사금액을 사업보고서에 명기하도록 하면서 건설사의 잠재적 부실 규모 확인이 가능하게 되었다. 현재는 과거에 비해 많이 개선되는 모습이다. 다만 주기적인 미청구 공사 금액 증감에 대해서는 확인할 필요가 있다. '사업보고서-사업의 내용'

표 5-2 미청구 공사금액 현황사례

단위 : 100만 원

구 분 ('18년 4분기)	계약일	완성기한(*)	진행률 (%)	미청구공사 총 액	미청구공사 대손충당금	공사미수금 총 액	공사미수금 대손충당금
쿠웨이트 쉐이크 자베르 코즈웨이	2012-11-14	2019-04-30	99	50,116	-	1,668	-
쿠웨이트 알주르 엘엔지 공사	2016-03-30	2021-02-12	49	-	-	58	-
카타르 루사일 고속도로	2012-05-21	2019-12-15	99	149,359	-	-	-
싱가폴 주롱 지하암반 유류비축기지 1단계	2009-06-15	2019-02-28	99	42,152	-	384	-
힐스테이트 리버시티	2018-04-01	2020-07-31	14	-	-	212	-
개포8단지 개발사업	2018-06-01	2021-07-21	8	-	-	5,408	-
U.AE 원전	2010-03-26	2020-12-31	93	110,945	-	-	-
베네수엘라 푸에르또라크루스 정유공장	2012-06-27	2020-09-30	91	-	-	23,793	-
이라크 카르발라 정유공장	2014-04-15	2022-04-02	61	-	-	21,738	-
U.AE 사브 해상원유 및 가스처리시설	2013-03-18	2019-02-28	99	31,078	-	-	-
우즈베키스탄 천연가스 액화정제시설	2014-01-07	2020-04-30	53	270,918	-	170,507	-
리비아 트리폴리 웨스트 화력발전소	2010-07-19	2019-12-31	49	-	-	-	-
U.AE 미르파 담수복합화력발전	2014-07-02	2019-03-31	99	107,010	-	118,805	-
우즈베키스탄 UKAN Project	2015-02-13	2019-01-31	100	69,034	-	-	-
Turkmenistan Ethane Cracker and PE PP Pl	2014-01-29	2019-02-28	98	-	-	2,947	-
Melaka 1,800MW-2,400MW CCGT Power	2017-05-30	2021-05-01	21	-	-	4,437	-
Ain Arnat 1200MW CCPP Project	2012-11-25	2019-04-20	94	-	-	5,207	-
합계				830,612			

출처 : 현대건설 사업보고서(2018년 기준 미청구 공사금액 현황)

에서 미청구 공사금액을 찾을 수 있으며 분기별 추이 변화를 확인할 수 있다.(참고 〈표 5-2〉)

건설 업종 관전포인트 : 1) 공급물량

앞으로 건설 업종은 어떤 방향으로 움직일까? 인허가 → 분양 → 착공 → 입주까지 대략 2~3년 기간이 소요된다. 이는 2018년 인허가/분양 물량이 2020~2021년 건설사 실적에 반영된다는 의미이다. 연도별 인허가 추이를 보면 인허가 물량은 2015년을 정점으로 2016년부터 2018년까지 지속 하락해 오고 있다는 걸 보여준다.(참고 〈그림 5-19〉, 〈그림 5-20〉)

연도별 인허가 추이와 통계청 기준 건설 수주액을 비교해 보면 인허가와 건설 수주액은 동행하는 모습이다.(참고 〈그림 5-21〉, 〈그림 5-22〉) 앞으로가 중요하다. 연도별 인허가가 증가하면 건설 수주액은 증가할 것이고 이는 건설사의 실적에 반영될 것이다. 인허가와 착공 숫자를 확인할 수 있으므로 이를 통해 건설사의 2~3년 이후 실적 방향을 짐작할 수 있다.

또 하나, 현재 주택시장은 공급 초과일까, 공급 부족일까에 대한 시각도 정리해 볼 필요가 있다. 미분양이 증가하고 있고, 수도권과 지방의 양극화가 진행 중이다. 그러나 〈그림 5-23〉, 〈그림 5-24〉에서 보듯이 인허가 물량은 2~3년 이후 공급 물량으로 반영된다.

2018년 이후 공급되는 주택 물량은 2016년 이후 인허가 된 물량이다. 2016년부터 인허가 물량이 지속 감소해 왔다는 것은 향후 아파트 공급 물량이 부족해질 수 있다는 것을 의미한다. 다시 말해 앞으로 오히려 공급 물량 확대가 필요한 시기라는 것을 반증한다.

그림 5-19 연도별 인허가 추이   단위 : 호

그림 5-20 연도별 착공 추이   단위 : 호

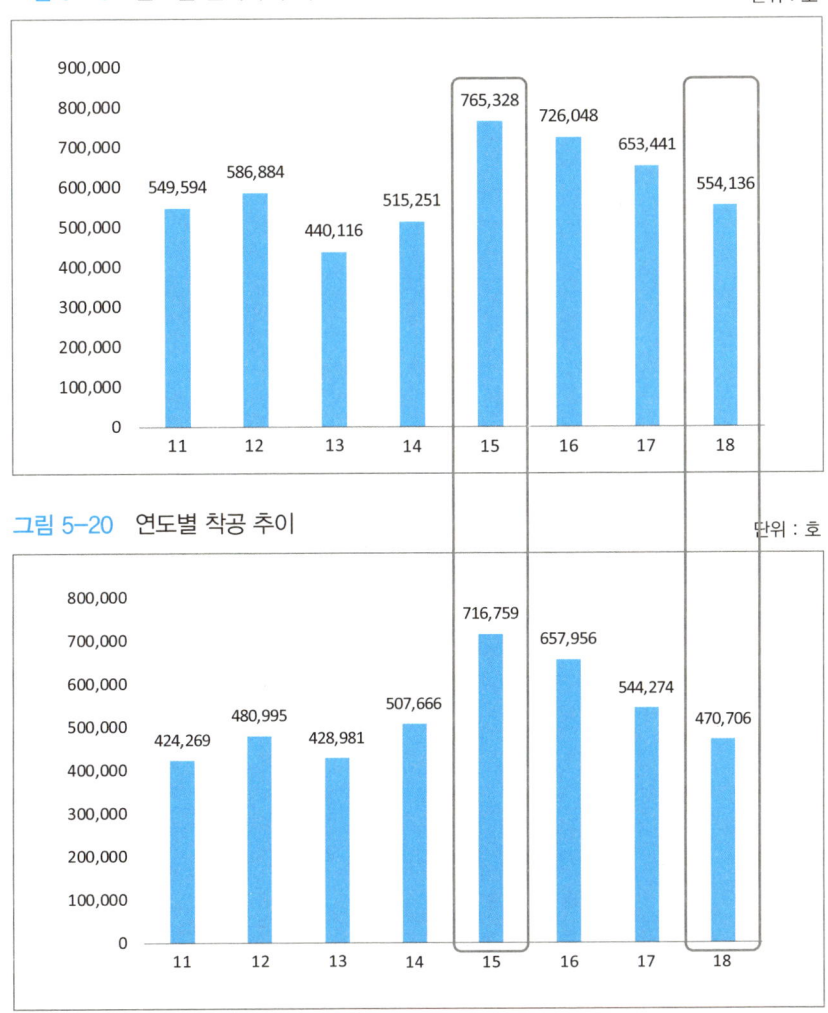

그림 5-19, 그림 5-20 출처 : 국토교통부

그림 5-21   연도별 인허가 추이   단위 : 호

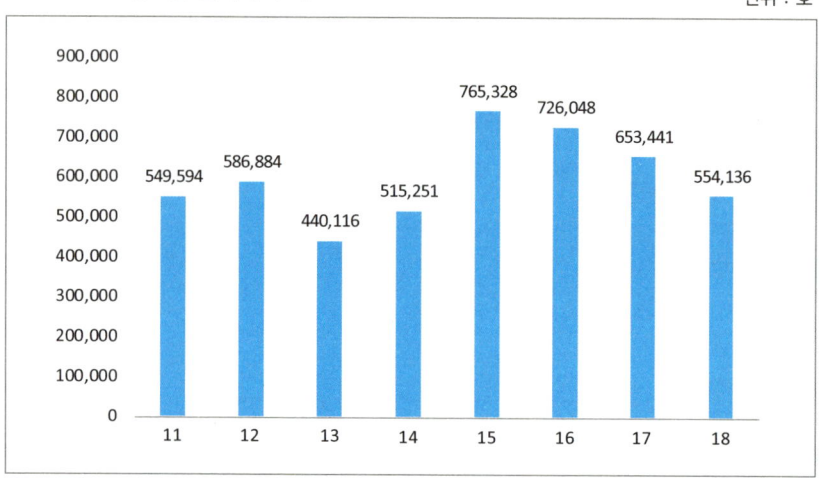

그림 5-22   건설수주액(실질)   단위 : 10억 원

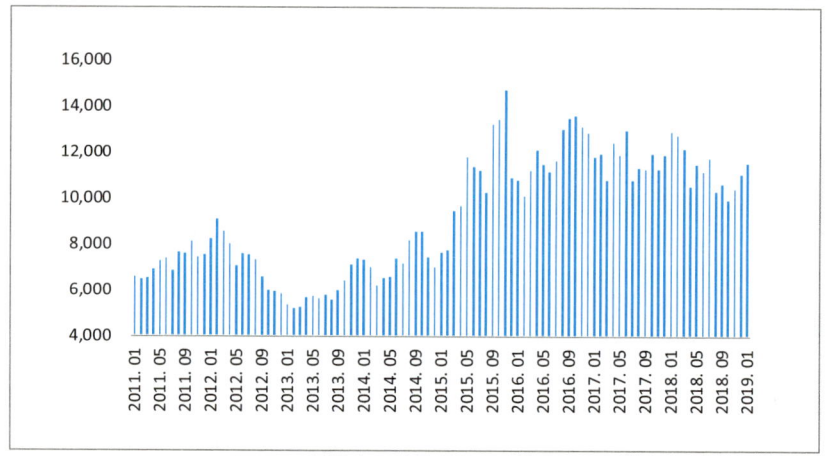

그림 5-21 출처 : 국토교통부
그림 5-22 출처 : 통계청 경기선행종합지수

그림 5-23 연도별 인허가 추이   단위 : 호

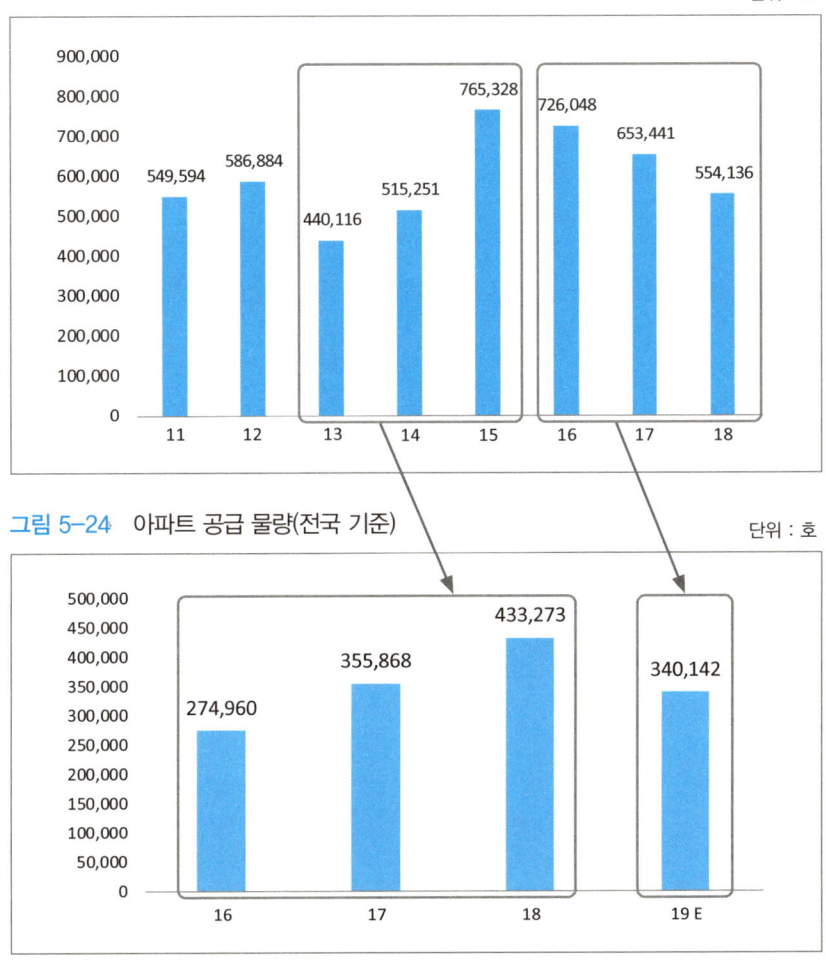

그림 5-24 아파트 공급 물량(전국 기준)   단위 : 호

그림 5-23, 그림 5-24 출처 : 국토교통부에서 인용하여 저자가 새롭게 그림

건설 업종의 관전포인트 : 2) 다양한 후방산업과의 연결고리

건설 업종은 전방산업으로서 다양한 업종에 영향을 미친다. 철강과 페인트, 건자재, 시멘트 등 후방산업의 실적과 연결된다.

건설수주액 증감률과 철근 생산량 증가율을 비교한 것이 〈그림 5-25〉, 〈그림 5-26〉이다. 건설수주액은 2015년 정점을 찍고 2017년부터 본격적으로 감소하기 시작했다. 철근 생산량은 2018년부터 감소하는 모습을 보인다. 건설수주액의 감소가 1년 뒤부터 철근 생산량 감소로 이어지는 모습이다.

주택 인허가 추이와 연도별 주택 매매거래지수를 비교해보면 역시 비슷한 모습을 보인다.(참고 〈그림 5-27〉, 〈그림 5-28〉) 주택 매매거래지수는 건자재/인테리어 기업 실적과 연결된다. 역시 인허가 증가는 주택시장 활성화와 연결되고, 이는 매매거래 증가와 다시 이어진다는 것을 보여준다.

건설 업종 : 지난 10년의 추이

먼저 해외건설 수주와 대형건설사의 주가 추이다.(참고 〈그림 5-29〉, 〈그림 5-30〉) 해외수주가 활발하던 2010~2012년까지 주가는 큰 폭으로 상승했다. 이후 해외건설 수주금액이 감소하면서 조정이 이어지고 있다.

〈그림 5-31〉, 〈그림 5-32〉는 연도별 주택인허가 추이와 중소형 건설사 주가 추이다. 인허가가 큰 폭으로 증가하던 2013년부터 2015년 중반까지 주가가 큰 폭으로 상승했다. 이후 인허가가 감소하면서 주가 역시

그림 5-25 건설수주액 증감률(YoY) 　　　　단위 : %

그림 5-26 철근 생산량 증감률(YoY) 　　　　단위 : %

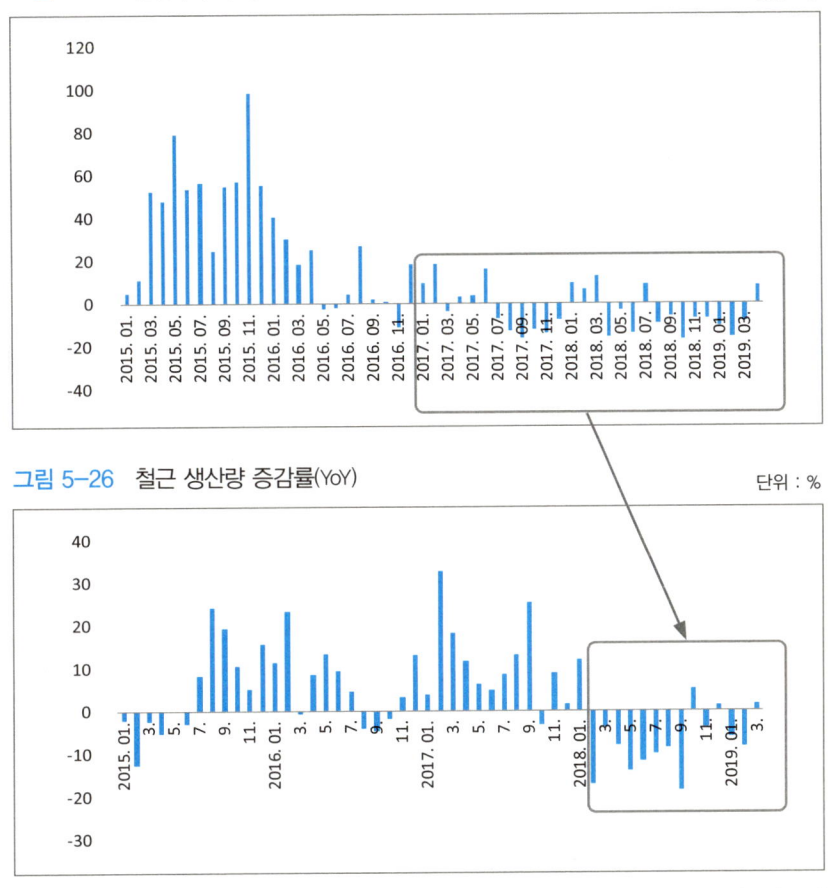

그림 5-25 출처 : 통계청 경기선행지수에서 인용하여 저자가 새롭게 그림
그림 5-26 출처 : 한국철강협회에서 인용하여 저자가 새롭게 그림

그림 5-27　연도별 인허가 추이　　　　　　　　　　　　　　　　　　　단위 : 호

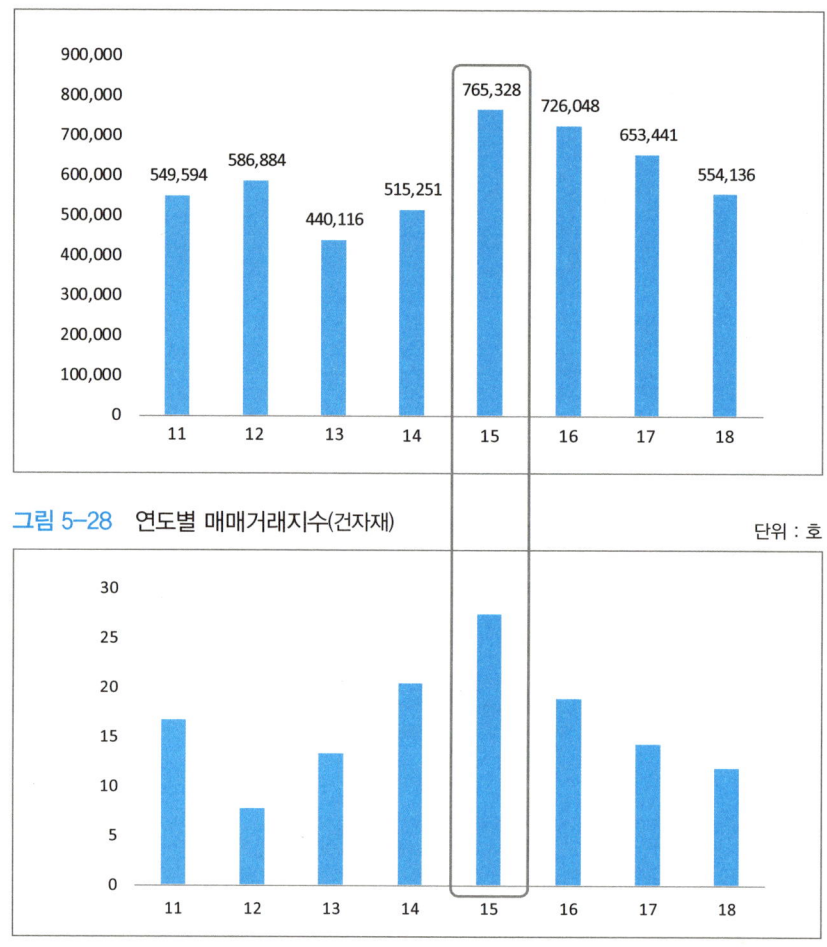

그림 5-28　연도별 매매거래지수(건자재)　　　　　　　　　　　　　　단위 : 호

그림 5-27 출처 : 국토교통부
그림 5-28 출처 : KB부동산

그림 5-29 해외 건설 수주 추이   단위 : 1,000달러

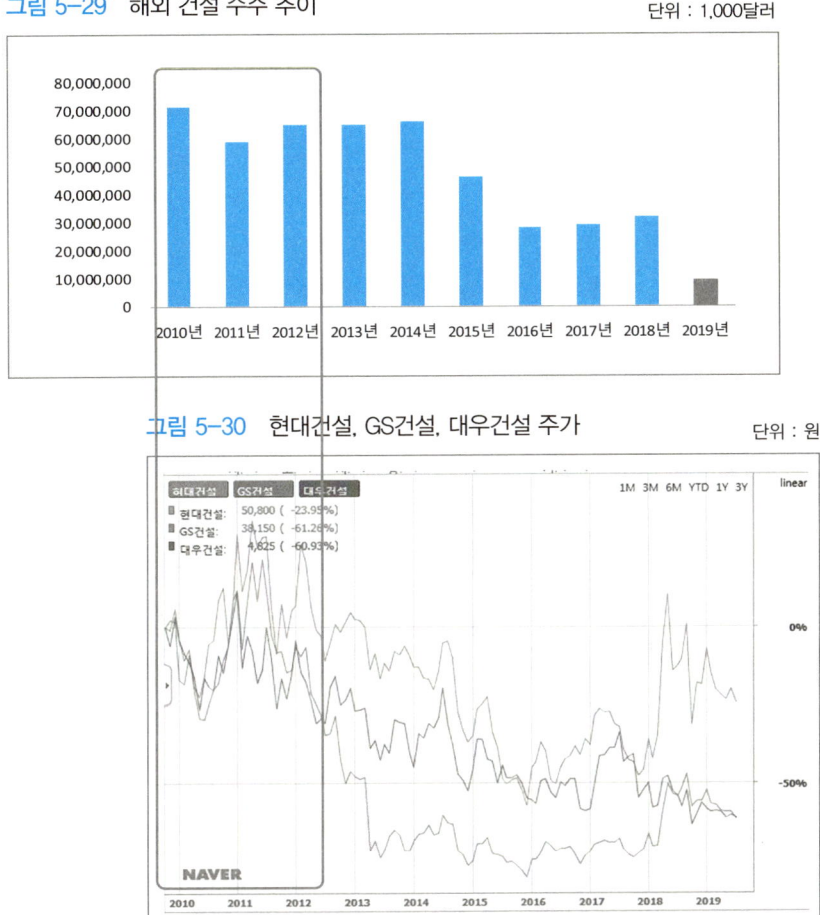

그림 5-30 현대건설, GS건설, 대우건설 주가   단위 : 원

그림 5-29 출처 : 해외건설종합정보서비스
그림 5-30 출처 : 네이버 금융

그림 5-31 연도별 인허가 추이   단위 : 호

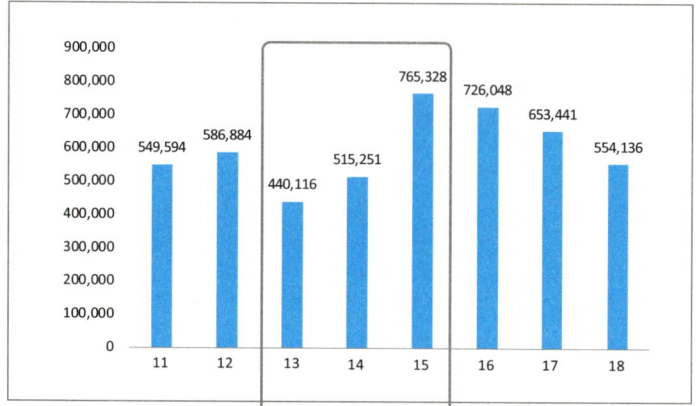

그림 5-32 화성산업, 서한, 한신공영, 아이에스동서 주가

그림 5-31 출처 : 국토교통부
그림 5-32 출처 : 네이버 금융

힘을 받지 못하는 모습이다(중소형 건설사뿐만 아니라 대형건설사도 포함된다).

그렇다면 앞으로는 어떤 모습을 보일까? 국내 사업부문의 건설수주액, 해외수주 사업부문의 중동과 아시아 지역의 수주금액이 실적 방향을 알려줄 것이다. 이런 지표들을 통해 건설사의 향후 모습을 그려볼 수 있다.

자체 분양 사업 매출 인식

분양 사업에 관한 부분도 간략히 짚고 넘어가자. 이 부분은 건설사 매출 예측과도 연관된다.

건설사가 자체 분양사업을 하는 사업장의 경우 매출은 '수주액 × 공정률 × 분양률'로 계산할 수 있다. 좀더 정확하게 말하자면 '수주액 × (당기 누적공정률 × 분양률 − 전기 누적공정률 × 분양률)'이다.

공정률과 분양률은 해당 기업의 홈페이지 또는 주식담당자, 사업보고서 등을 통해 파악이 가능하다. 따라서 공정률과 분양률을 파악하면 자체 분양사업의 매출을 예측할 수 있다.

분기 매출 = 수주액 × 공정률 × 분양률

  = 수주액 × (당기 누적공정률 × 분양률 − 전기 누적공정률 × 분양률)

다만 2018년부터 적용된 IFRS 변경(수주산업 회계 기준변경 : 기업회계기준 1115호)에 대한 확인이 필요하다. 회계기준 변경으로 2018년부터는 매출 인식 기준이 진행률과 중도금 납부 시점에 따라 달라지게 되었다. 진행률 기준 10% 시점과, 분양 후 1차 중도금 납부 시점을 비교한다. 중도금 납부 시점이 먼저 도래하면 진행률 기준으로 매출을 인식하고, 중도금 납부 시점이 나중이면 인도 기준으로 매출을 인식한다.

<참고>

건설 지표 관련 사이트

그림 5-33 인허가

그림 5-34 착공

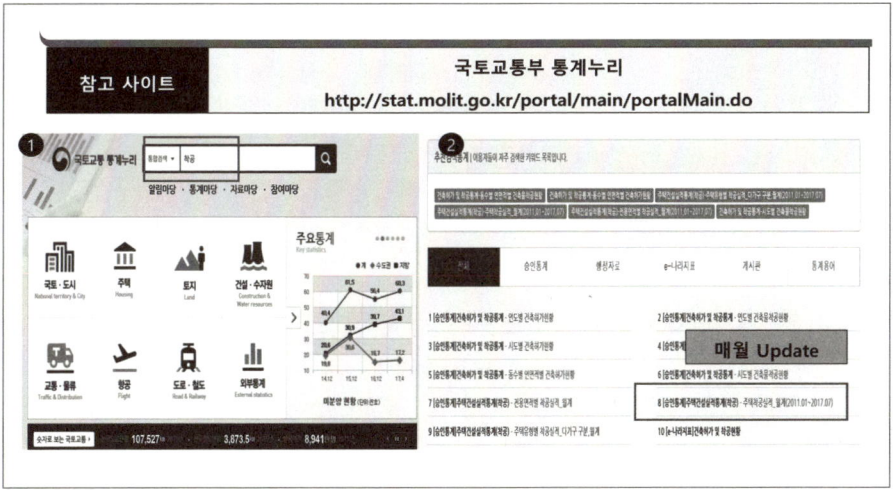

<참고> 건설 지표 관련 사이트

그림 5-35 미분양

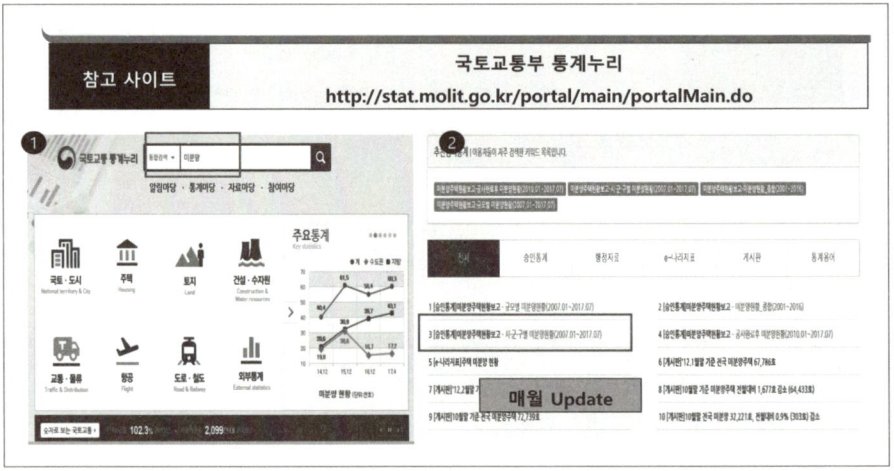

그림 5-36 심리지수/매매지수

<참고> **건설 지표 관련 사이트**

그림 5-37 M2(광의의 통화)

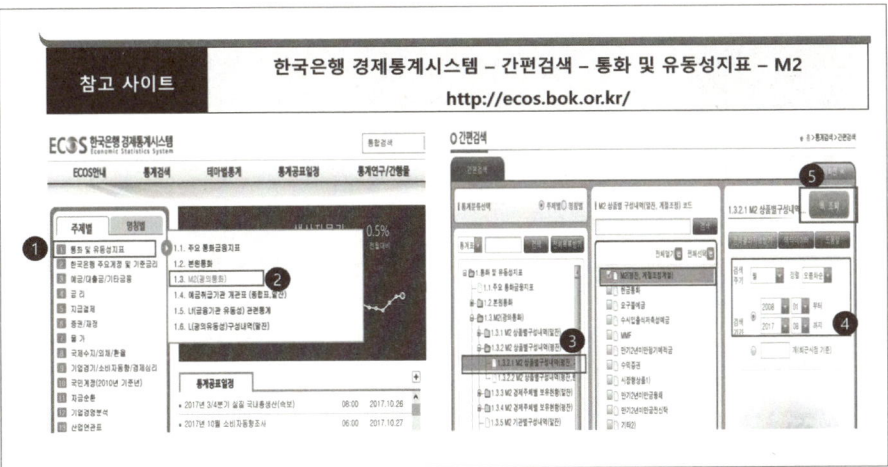

그림 5-38 주택담보대출

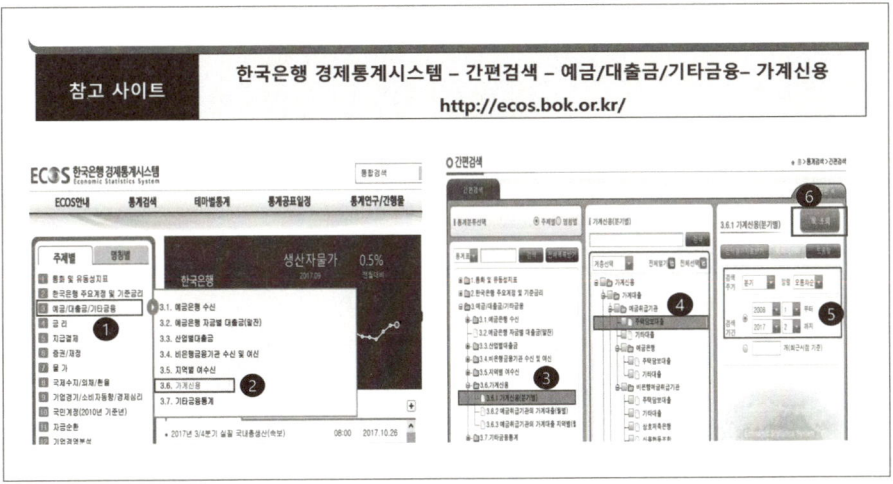

〈참고〉 **건설 지표 관련 사이트**

그림 5-39 해외건설 수주

핵심 포인트

1 국내주택사업은 먼저 인허가와 착공 추이를 통해 2~3년 이후 주택 시장의 공급 규모를 확인하자.

2 심리지수/매매지수, M2와 주택담보대출 추이를 통해 정부 정책 방향과 현 시장 참여자의 시장 반응을 이해하자.

3 해외수주사업 부문은 지역별, 국가별, 기업별 추이를 통해 대형건설사의 수주 현황을 파악하자.

4 전방산업으로서의 건설 업종과 후방산업인 시멘트/건자재/인테리어/철근 등 다양한 업종과의 연계고리를 체크하자.

> 재콩의 투자 이야기
> ## 기업 가치를 결정하는 요소

기업 가치는 이익가치, 자산가치 그리고 미래가치의 합이다. 이 가운데 가장 중요한 것은 이익가치라고 생각한다. 이익가치에 대한 시장 평가(멀티플)는 미래가치에 달려 있다. 이 이야기를 해 보자.

기업의 이익가치는 매출과 이익에 관한 이야기이다. PBR = PER×ROE이다. 기업이 얼마나 매출 규모를 늘리고 이익으로 연결하고 있느냐를 보여주는 지표가 ROE이고 PBR인 셈이다. 기업의 이익가치와 직결된다.

기업의 자산가치는 얼마나 안전마진을 갖고 있느냐와도 연결된다. 보유 현금성 자산, 유형자산은 조정과 하락을 거듭하는 변동성 높은 주식시장에서 든든한 버팀목이다. 안전마진을 확보한 기업이 이익가치까지 높다면 이보다 좋은 조합은 없을 것이다.

한편, 높은 ROE를 가진 기업에 대한 시장 평가가 상이한 경우를 자주 보게 된다. 예를 들어 보자. PBR = PER x ROE라는 공식을 대입해 보자.

호텔신라 : PBR(4.8) = PER(24) x ROE(20%)
신대양제지 : PBR(0.6) = PER(3.8) x ROE(17%)

2018년 호텔신라와 신대양제지의 ROE는 각각 20%, 17%로 높은 이익 증가를 보여줬다. 그럼에도 호텔신라의 PBR은 4.8배, 신대양제지 PBR은 0.6배로 현격한 차이를 보였다. 이는 PER의 차이 때문이다. 호텔신라의 PER이 24배나 되는데 신대양제지는 3.8배에 머물러 있다.

　왜 이런 현상이 일어날까. 미래가치에 대한 시장 평가가 다르기 때문이다. 즉 이익가치의 시장 평가는 미래가치가 결정한다는 말이다. 시장은 호텔신라의 미래가치는 향후 24년간 벌어들일 순이익 가치로 평가한 반면 신대양제지의 미래가치는 향후 3.8년 순이익 가치로 평가했다. 다시 말해 호텔신라는 현재보다 미래 순이익 규모가 증가할 것이라는 평가이고, 신대양제지의 경우는 미래 순이익에 물음표가 있는 평가로 볼 수 있다.

　여기부터 투자자마다 생각이 갈릴 것이다.

　호텔신라의 미래가치보다 신대양제지의 미래가치를 높게 평가하는 투자자가 있을 것이고, 반대 경우도 있을 것이다. 신대양제지의 미래 전망을 확신하는 투자자에게는 현재의 PER 3.8배는 큰 투자 기회가 될 것이다. 또한 호텔신라의 미래가치를 확신하는 투자자는 앞으로 거둬들일 이익 규모에서 투자 기회를 가질 것이다. 미래를 어떻게 전망하고 평가할 것인가! 아마도 투자의 성패를 결정하는 분기점이 여기에 있지 않나 싶다.

　가장 중요한 것은 기업 '이익'의 증가라고 생각한다. 꾸준히 이익이 증가하면 자산도 증가할 것이고 미래가치도 높게 평가 받을 것이다.

　기업 이익에 영향을 주는 핵심 요소가 있다. 매출일 수도 있고, 원재료 가격 인상 또는 하락일 수도 있다. 이 핵심 요소를 지표로 확인 가능하다면 실적을 추정할 수 있다.

　이처럼 꾸준히 실적이 개선되어 이익이 증가하는 기업을 선택하는 것이 중요하다. 결국 이런 기업의 ROE는 증가할 것이며, 꾸준한 이익 증가는 미래가치가 높아져서 PER의 시장 평가도 증가할 것이다.

　시장은 기업이 보여주는 '지금, 여기'의 실적보다는 '미래' 실적에 더 관심을 갖고 있다. 현재 실적이 좋아도 미래 전망이 명확하지 않으면 시장의 관심을 받기 어렵다. 투자자의 역량은 결국 (가까운) 미래의 실적 전망을 얼마나 정확하게 하느냐에 달려 있다.

굉장히 어려운 문제이다. 당장 다음 분기 실적 예측도 틀리기 일쑤인데 향후 1~2년 뒤의 미래 실적을 예측하는 것은 너무나 변수가 많은 것이 사실이다. 그러다 보니 역발상으로 접근하는 경우도 있다. 즉 더 이상 나빠질 가능성이 낮은 업종과 기업을 대상으로 투자한 후 턴어라운드로 시장 관심이 집중될 때까지 기다리는 방식이다. 이 역시 좋은 접근이라고 생각한다.

또 다른 방식은 꾸준하게 실적이 개선되는 기업과 함께 동행하는 접근이다. 충분히 안전마진을 가진 기업이 꾸준한 ROE까지 보여준다면 시장의 평가는 우호적일 것이다.

어떤 방식이든 기업 가치는 결국 이익가치에 달려 있다. 이익이 꾸준히 증가하거나, 이익이 바닥을 치고 턴어라운드를 하거나.

이제 처음 이야기로 돌아가 보자.

기업 가치는 이익가치, 자산가치 그리고 미래가치의 합이다. 가장 중요한 것은 이익가치이다. 이익가치에 대한 시장 평가는 미래가치에 달려 있다. 미래가치는 결국 기업 이익의 미래 전망이다. 이익이 증가하는 기업은 꾸준한 ROE를 보이고, 미래가치도 높은 평가를 받게 된다.

결국 투자라는 것은 기업 이익이 얼마나 증가할 것인가를 확인하고 전망하고, 이를 통해 확신을 갖고 인내하는 과정이다.

6

시멘트

시멘트 업종을 보는 주요 지표

이제 건설 업종과 관련도가 높은 시멘트 업종을 살펴보자. 건설수주액과 시멘트 출하량은 상관관계를 갖는다. 건설수주액, 건축허가면적은 시멘트 업종의 선행지표이다. 시멘트 업종의 핵심 지표는 시멘트 가격과 시멘트 출하량, 그리고 원료로 사용되는 유연탄 가격이다.(참고 〈표 6-1〉)

시멘트 가격은 생산자물가지수로 가격 추이를 살펴볼 수 있다. 생산자물가지수는 통계청을 통해 확인이 가능하다. 시멘트 시장 유통 가격과는 차이가 있지만 추이를 본다는 점에서는 유용하다. 시멘트 출하량의 과거 데이터는 한국시멘트협회를 통해 연도별, 월별 생산실적을 파악할 수 있으며, 시멘트 기업의 사업보고서를 통해서도 확인이 가능하다.

표 6-1 시멘트 관련 주요 지표

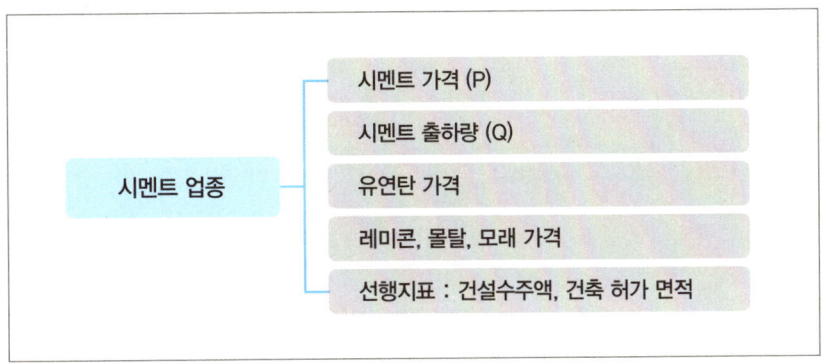

통계청 생산자물가지수에서 시멘트 뿐만 아니라 레미콘, 모래 가격을 확인할 수 있다. 시멘트, 레미콘, 모래 가격 추이를 함께 펼쳐서 보면 좀 더 흐름이 눈에 잘 들어온다. 유연탄 가격은 호주 원료탄 수입 가격 기준으로 한국자원정보서비스를 통해 확인 가능하다. 월 단위로 꾸준히 원료탄 가격을 업데이트해 둘 필요가 있다. 시멘트 기업의 원가를 파악할 수 있다는 점에서 유용하다.

시멘트 업종 : 지난 5년의 흐름

〈그림 6-1〉~〈그림 6-4〉는 지난 5년간의 시멘트, 유연탄, 레미콘, 모래 가격 추이다. 유연탄은 시멘트 가격에 영향을 미친다. 시멘트와 모래는 다시 레미콘 가격에 영향을 준다.

그림에서 ①번 시기는 2016년부터 2018년 상반기에 해당된다. 유연탄 가격의 큰 폭 상승에도 불구하고 시멘트 단가가 하락하고 있는 것이 눈에 띈다. 레미콘의 경우 가격 인상을 했다. 남해와 서해 EEZ(배타적 경제

그림 6-1 생산자물가지수 : 포틀랜드 시멘트 단위 : 2010=100

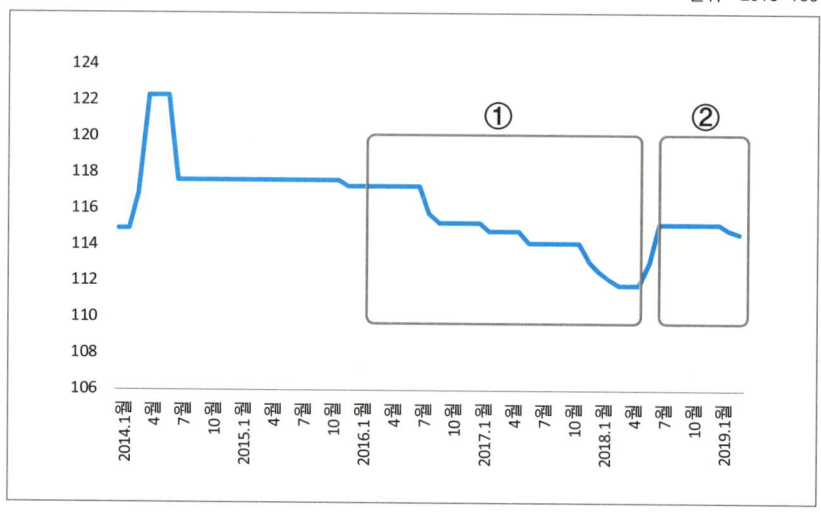

출처 : 통계청 생산자물가지수에서 인용하여 저자가 새롭게 그림

그림 6-2 유연탄 가격 단위 : 달러/톤

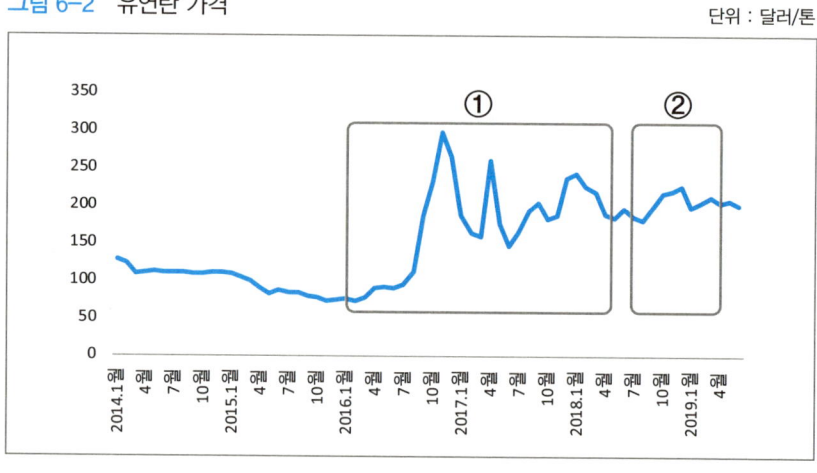

출처 : 통계청 생산자물가지수에서 인용하여 저자가 새롭게 그림

그림 6-3 생산자물가지수 : 레미콘 단위 : 2010=100

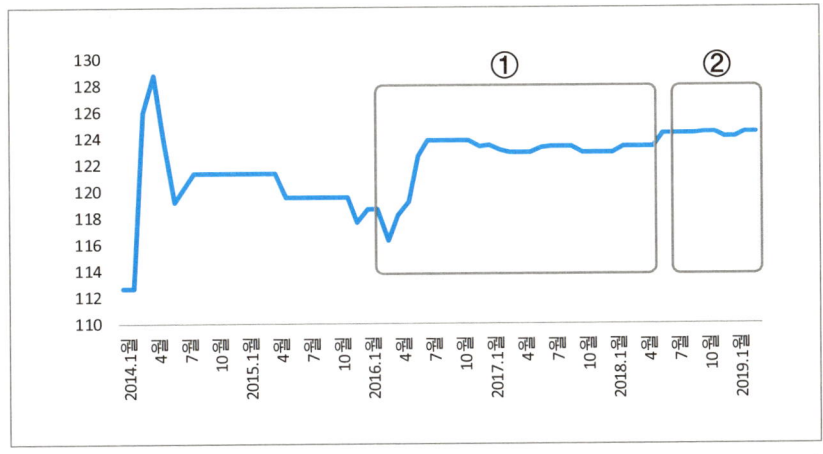

출처 : 통계청 생산자물가지수에서 인용하여 저자가 새롭게 그림

그림 6-4 생산자물가지수 : 모래 단위 : 2010=100

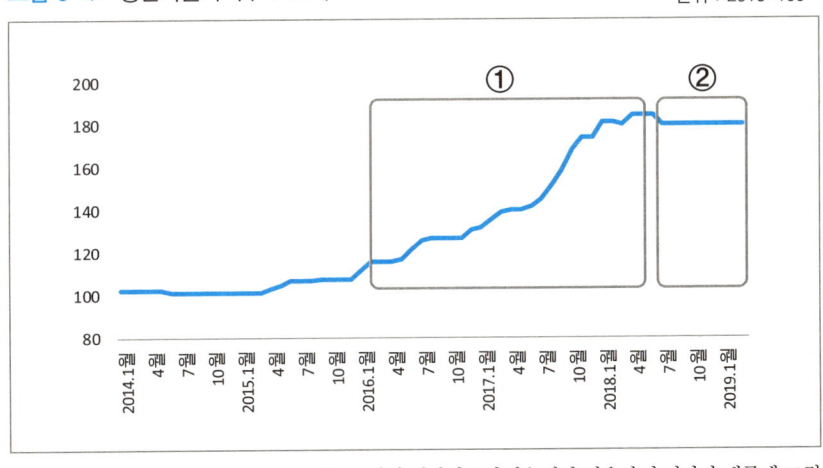

출처 : 통계청 생산자물가지수에서 인용하여 저자가 새롭게 그림

6 시멘트   147

수역) 바다 모래 채취가 중단되면서 모래 가격이 상승하고 레미콘 단가 상승으로 이어졌다.

②번 시기는 2018년 하반기부터 현재까지이다. 5년만에 시멘트 단가가 인상되었다. 반면 모래 가격과 레미콘 단가는 안정적인 모습을 보이고 있다.

시멘트 가격이 지난 5년간 줄곧 약세를 보이다가 2018년 하반기부터 인상이 가능했던 배경을 이해할 필요가 있다. 앞으로 시멘트 업종을 보는 중요한 관전포인트가 될 수 있다.

산업구조 재편을 통해 다수 사업자가 소수 사업자로 과점화되고, 이를 통해 가격 전이력을 갖는 구조는 시장의 관심을 받는다. 골판지 산업이 이런 과정을 거쳤고, 최근 시멘트 산업이 이 과정을 지나고 있다.

2014년까지 시멘트 시장은 7개 사업자가 치열한 경쟁을 펼쳤다. 이후 사업자 간 M&A가 진행되면서, 2015년 9월 삼표가 동양시멘트를, 2016년 4월에는 PEF(사모펀드)인 한앤컴퍼니가 쌍용양회를, 2017년 8월엔 한일시멘트가 현대시멘트를, 그리고 2017년 12월엔 아세아시멘트가 라파즈한라를 인수했다.

이를 통해 시멘트 시장은 2018년부터 5개 사업자(시장점유율 : 쌍용양회 24%, 한일+현대 28%, 아세아+한라 19%, 삼표시멘트 16%, 성신양회 13%)로 과점화되었다. 그리고 드디어 2018년 하반기 시멘트 단가를 인상했다. 5년만의 단가 인상이다.

전방산업 건설수주액과 시멘트 출하량

시멘트는 P(가격)와 Q(물량)를 함께 봐야 한다. Q는 건설수주액과 연결된다. 〈그림 6-5〉, 〈그림 6-6〉은 건설수주액과 시멘트 출하량의 지난 10년 추이다. 시멘트 출하량은 건설 수주액 대비 6개월에서 1년 정도 후

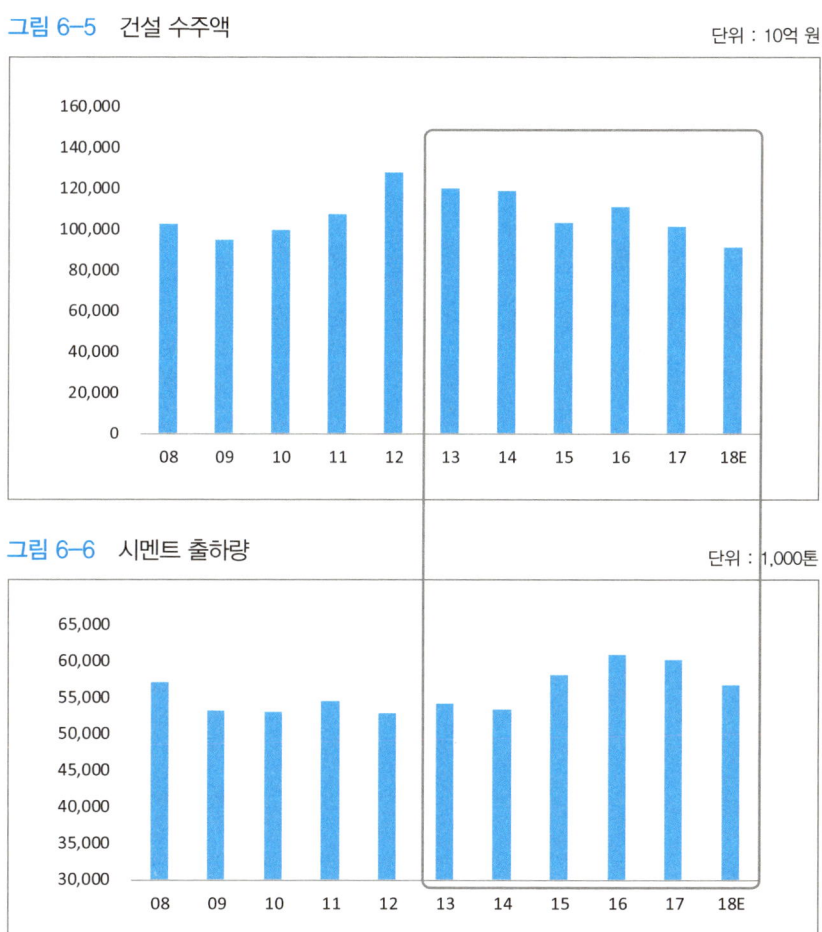

그림 6-5 건설 수주액 (단위: 10억 원)

그림 6-6 시멘트 출하량 (단위: 1,000톤)

그림 6-5 출처 : 통계청
그림 6-6 출처 : 한국시멘트협회(www.cement.or.kr)

행하는데 큰 방향에서 보면 동행하는 것을 확인할 수 있다.

건설수주액이 2016년부터 감소해 오고 있으므로 시멘트 출하량에 영향을 미치고 있다. 그러나 2019년을 지나면서 주택공급 확대, 정부의 SOC 투자 확대가 진행되고 있다. 따라서 시멘트 업황은 P를 중심으로 다시 볼 필요가 있는데 가장 중요한 포인트는 바로 가격 인상이다.

출하 경쟁 시대에서 기업별 강점 보유 시대로의 진화

우리가 아는 일반적인 시멘트는 포틀랜드 시멘트이다. 시멘트 단가 인상은 포틀랜드 시멘트 단가 인상을 의미하는데, 고로슬래그 시멘트 그리고 몰탈 단가에도 영향을 미친다. 레미콘 단가는 2016~2017년 모래 가격 급등으로 가격 인상을 진행했다. 시멘트 가격이 인상되면 레미콘 단가에 영향을 미친다.

5개 시멘트 기업의 제품 생산 비중을 보면 조금씩 다르다. 2018년 말 기준 쌍용양회는 시멘트 64%, 레미콘 22%, 한일시멘트는 시멘트 31%, 레미콘 24%, 몰탈 43%이며, 성신양회는 시멘트 72%, 레미콘 23% 등이다. 기업별로 강점이 다르다는 의미이다. 예를 들어 쌍용양회와 아세아가 인수한 한라시멘트는 고로슬래그 시멘트에 강점이 있고, 한일시멘트는 몰탈에 강점을 갖고 있다.

고로슬래그 시멘트 수요가 증가하고 있다. 이는 온실가스 배출 규제와 연결된다. 고로슬래그 시멘트는 용광로에서 선철을 제조할 때 생기는 부산물인 슬래그에 포틀랜드 시멘트와 석고를 혼합한 시멘트이다. 일반 시멘트는 채집과 가공 과정에서 오염물질을 배출하는 석회석을 섞은 반면, 고로슬래그 시멘트는 석회석 대신 슬래그를 섞으면서 온실가스 배출을 22% 가량 감소시킨다. 한라시멘트가 연 480만 톤 슬래그 시멘트를 생산하고, 쌍용양회에 편입된 대한시멘트 역시 연 450만 톤 생산이 가능하다.

몰탈은 시멘트와 모래를 배합한다. 레미콘은 주로 주택 등 건축물 골조용으로, 몰탈은 건축용 마감재 혹은 미장재로 주요 사용된다. 시멘트 기업이 레미콘과 몰탈 사업을 보유하면 자가소비로 가동률을 유지하고 건설공사 전 기간에 걸쳐 안정적인 수익 창출이 가능하다는 장점이 있다.

몰탈은 한일시멘트가 강점을 갖고 있다. 2018년 기준 1,000만 톤 생산 능력을 보유하고 있다. 삼표산업이 몰탈 공장 준공으로 업계 2위로 올라서면서, 한일시멘트와 삼표산업의 치열한 출하량 경쟁은 몰탈 단가 하락으로 이어졌다. 하지만 시장 구조가 재편되면서 점차 단가 경쟁이 사라지고 있다. 몰탈 시장점유율은 한일시멘트 65%, 삼표 22%, 아세아시멘트 13%이다.

시멘트 업종 당면 과제와 관전포인트

시멘트 생산의 주원료는 유연탄이고, 전력비용 역시 큰 비중을 차지한다. 전기료 문제를 해결하기 위한 방안 가운데 하나가 ESS(에너지저장시스템)와 HRSG(폐열회수 설비) 사용이다. 2018년 12월 아세아시멘트 제천공장에서 ESS 화재가 발생했다. 2019년 1분기 LG화학의 2차전지 부문이 큰 폭 적자를 기록했는데, 이것 역시 ESS 화재 충당금 영향이다. ESS

는 정부 주도의 보조금 지원 정책이다. ESS 화재 원인 조사 결과와 상관없이 ESS 활용, HRSG 사용을 통한 비용절감은 큰 방향으로 볼 수 있다.

또 하나 시멘트 업계의 이슈는 환경부담금 법제화이다. 지역자원시설세, 질소산화물 배출 부과금 등 다양한 법제화가 진행되고 있다. 주 52시간 근무, 전기세 인상, 탄소배출권 규제에 이어 환경부담금 법제화까지 구체화될 경우 시멘트 업계의 부담은 더욱 늘어날 개연성이 있다.

오랜 시간 시멘트 업계는 시멘트 기업 내부 경쟁, 시멘트 기업과 레미콘 기업 간 가격 줄다리기, 시멘트 기업과 건설사 간 가격 인상 다툼이 끊이지 않았다. 이제 시장이 재편되었다. 시멘트 기업 내부 경쟁은 더 이상 유효해 보이지 않는다. 앞으로 핵심 관전포인트는 시멘트 기업과 건설사 가운데 누가 가격 전이력을 갖느냐 하는 것이다.

시멘트 산업은 늘어나는 원가 부담을 제품 가격에 전이할 수 있는 구조가 점차 만들어지고 있다. 가장 좋은 그림은 건설 업황이 개선되면서 건설사 이익이 증가하고 자연스럽게 시멘트 단가 인상으로 이어지는 것이다. 차선은 건설 업황이 지지부진하더라도 시멘트 단가를 점진적으로 인상하는 그림이다.

이게 가능한 산업 환경이 만들어지고 있는지가 관전포인트이다. 예전에 비해 가능성이 높아지고 있다. 앞으로 지켜볼 포인트이다.

또 하나 관전포인트는 한앤컴퍼니의 쌍용양회 매각 시점이다. 한앤컴퍼니는 2016년 쌍용양회 지분 77.4%를 1조 4,000억 원에 인수한 바 있다. 한앤컴퍼니가 쌍용양회를 어느 기업에 매각하느냐에 따라 시장점유율 변화와 함께 시멘트 업계는 다시 한번 큰 지각 변동 가능성이 있다.

〈참고〉 **시멘트 지표 관련 사이트**

그림 6-7 도매가격 (생산자물가지수)

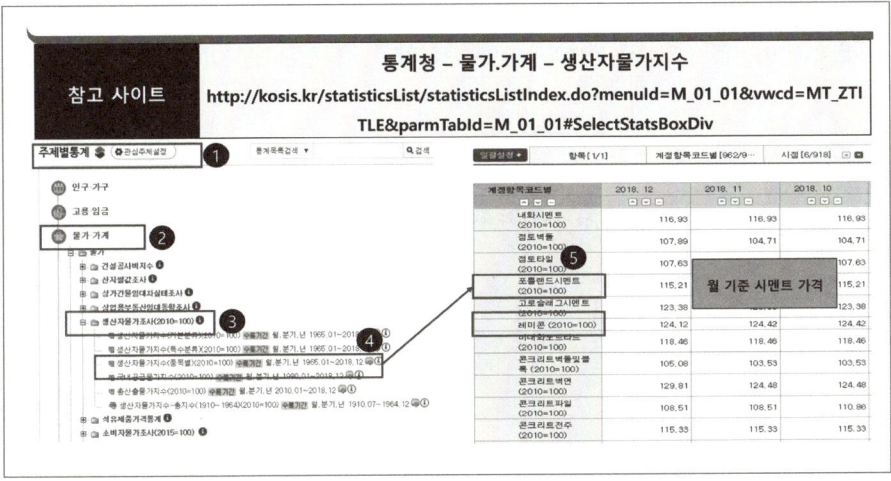

6 시멘트 153

핵심 포인트

1 전방산업인 건설수주액과 시멘트 출하량과의 상관관계를 이해하자.

2 5개 사업자로 과점화된 시멘트 업계 변화에 주목하고 향후 시멘트 기업 중심의 가격 전이력을 확보할 수 있는지를 체크하자.

재콩의 투자 이야기
투자와 연애의 상관관계

친구 중에 연애 고수가 몇 명 있었다. 연애 헛물만 켰던 나는 이 친구들이 참 부러웠다. 이들의 행동과 심리를 관찰하면서 느낀 바가 크다. 한때는 연애 고수 따라쟁이도 해봤다. 물론 먹힐 때보다 안 먹힐 때가 더 많았다. 연애 고수 친구는 3명이다. 편의상 친구 B, P, W 이렇게 부르겠다.

먼저 친구 B는 소개팅 때 주로 주목 받지 못하는 이성을 집중 공략한다. 전혀 눈에 띄지않아 한참 기억을 더듬어야 기억날 만큼 평범한 이성이다. 그런데 재미난 것은 친구 B와 연애를 시작하기만 하면 상대 이성의 대변신이 시작된다는 것이다. 멋지고 매력 넘치는 내면의 진면목이 유감없이 드러나기 시작한다. 이제 함께 소개팅에 참석했던 대부분 친구들의 아쉬운 탄식이 흘러나온다. 넘치는 내적 매력이 외부로 드러나 그제서야 내 눈에도 보이기 시작하는 것이다. 친구 B만이 가진 안목이다.

또다른 친구 P는 자신만만한 친구다. 대부분의 친구들이 곁눈질로 힐끔힐끔 바라보는 미인에게 그 친구는 공격적으로 다가간다. 그만의 자신감과 추진력은 연애를 성공으로 이끈다. 미모의 여자친구 역시 친구 P에 걸맞게 자신만만하며 유쾌하다. 연애를 하면서 친구와 그녀는 함께 성장하고 더욱 멋진 모습으로 이어진다. 친구 P는 자신감으로 충만하고, 그의 여자친구는 미모에 쿨함까지 겸비했다. 친구 P만이 가진 활기 넘치는 에너지다.

마지막 친구 W는 신중하다. 여자친구를 만나기에 앞서 먼저 많은 것을 고려한다. 여자친구의 외모, 취미, 특기 뿐 아니라 혈액형, 친척, 출신학교, 앞으로 받을 유산, 나아가 2세 계획까지 면밀하고 꼼꼼하게 체크한다. 그리고 '바로 이 사람이다'라는 판단이 들면 평생을 함께 하겠다는 각오로 연애에 돌입한다. 나는 친구 W를 볼 때마다 신중함과 주도면밀함에 혀를 내두른다. 친구 W는 짧게는 며칠, 길어야 1~2년 사이에 헤어지기 일쑤인 연애는 연애가 아니라고 생각한다. 평생 함께 하겠다는 마음으로 대하는 연애만이 참된 연애라는 것이다. 이런 마음으로 연애를 하게 되니 다툼과 불화가 연애 기간 닥치더라도 흔들리지 않고 굳건하다.

이미 다 눈치챘겠지만 B는 벤저민 그레이엄이고, P는 필립 피셔, 그리고 W는 워런 버핏이다. 사실 내 친구는 아니다. 내 주변에 연애고수는 한 명도 없다. 다들 어쩌다 보니 결혼하고 애기 낳고 산다.

각설하고! 나도 한때 벤저민 그레이엄, 필립 피셔, 워런 버핏의 투자책을 읽고 그들처럼 되고 싶었다. 저평가된 가치투자도 시도해 보고, 성장주 투자도 해봤으며, 평생을 함께할 마음으로 신중한 투자도 해봤다. 그런데 왜 시간이 지날수록 괴리감이 더 커지는 것일까. 나는 그것이 참 궁금했다.

투자를 연애론으로 바꿔서 생각해 보니 답을 알게 됐다. 소개팅 자리에서 지금은 주목받지 못하지만 내면의 매력이 철철 넘치는 이성을 한 눈에 알아볼 안목을 내가 갖고 있을까? 소개팅 자리에서 주위의 시선을 한 몸으로 받고 있는 이성에게 과감하게 사귀자고 말 건넬 자신감을 내가 갖고 있을까? 마지막으로, 이 여자랑 연애하면 평생 같이 살 것이라고 다짐할 만큼의 신중함을 내가 갖고 있을까?

돌이켜보니 나는 어떤 것도 갖고 있지 못하다. 안목도 자신감도 신중함도, 이들만큼의 그릇은 애시당초 아니라는 것을 깨닫게 되고 인정하게 되었다.

그렇다고 실망하지는 않았다. 인정을 하게 되니 다른 한편 대안도 떠올리게 되었다. 내 그릇의 크기! 이것을 현실적으로 인정하는 것이 첫걸음이라는 생각을 하게 되었다. 그런 생각을 하니까 주가가 하락하면 워런 버핏 흉내를 내지 않고 그냥 막 성질 내도 하나도 부끄럽지 않았다. 내가 감당할 투자 방법도 다시 한번 뒤돌아보게 되었다. 그렇게 하나씩 둘씩 만들어 보았다.

하나씩 인정하고 그리고 하나씩 만들어가는 것이 투자라고 생각한다. 내 그릇 크기에 맞는 투자방법 찾기! 나중에 언젠가는 진짜 벤자민 그레이엄의 안목과 필립 피셔의 자신감과 워런 버핏의 신중함이 내 그릇 속으로 들어올 수도 있겠지만 말이다.

투자는 연애와 같다고 생각한다. 내 그릇 크기를 인정하기, 그리고 하나씩 다시 만들어 가기.

7

반도체

반도체 업종을 보는 주요 지표

먼저 반도체 밸류체인과 주요 공정을 이해할 필요가 있다. DRAM과 NAND 가격, 삼성전자와 SK하이닉스의 설비투자 일정과 수요공급 전망을 본다. 동행지표로서 필라델피아반도체지수^{SOX}와 국제반도체장비재료협회^{SEMI}의 BBR 지수를 본다. 일본 공작기계 수출금액은 글로벌 제조업의 선행지표로 활용되는데 반도체 수출 금액과 동행하는 모습을 보인다는 점에서 참고할 수 있다. 선행지표로서 중국과 미국 PMI, 그리고 OECD 경기선행지수를 확인한다.(참고 〈표 7-1〉)

반도체 시장의 주요 키워드 및 밸류체인

반도체 시장은 수익성$^{Cash\ Cost}$와 재고^{Inventory} 그리고 설비투자^{Capex}가

표 7-1 반도체 관련 주요 지표

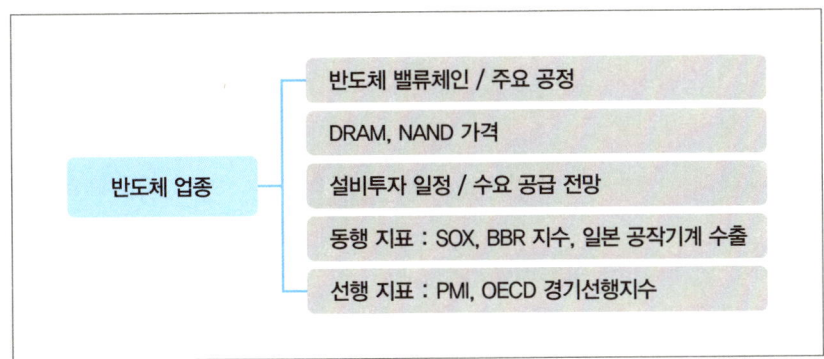

큰 사이클로 움직인다. 투자자 관점에서는 반도체 업종 개별 기업이 관심 대상일 것인데, 이들은 수익성, 재고, 설비투자 가운데 설비투자에 크게 의존적이다. 삼성전자와 SK하이닉스, 그리고 중국 반도체 기업의 투자 규모에 따라 실적과 주가가 움직인다.

과거에는 재고 증가와 단가 하락이 지속되는 상황에서 대규모 설비투자를 해야 하는 어려움을 겪었다. 치킨게임을 한 셈이다. 그러나 2016년 하반기 이후 상황이 달라졌다. 삼성전자와 SK하이닉스가 NAND 투자에 집중하고 DRAM 공급이 수요를 따라가지 못하면서, NAND가 주도하고 DRAM이 수혜받은 시장이 펼쳐진 것이다. 2018년 상반기까지 반도체 슈퍼 사이클의 정점을 찍었다.

〈그림 7-1〉은 반도체 밸류체인이다. 반도체 산업은 집적회로(IC) 설계, 제조, 패키징/테스트 이후 판매 과정을 거친다.

IDM^{Integrated Device Manufacturer}은 반도체 설계, 제조, 패키징, 테스트까지 자체 해결 가능한 종합 반도체 기업을 말한다. 삼성전자, SK하이닉스,

그림 7-1 반도체 산업 밸류체인

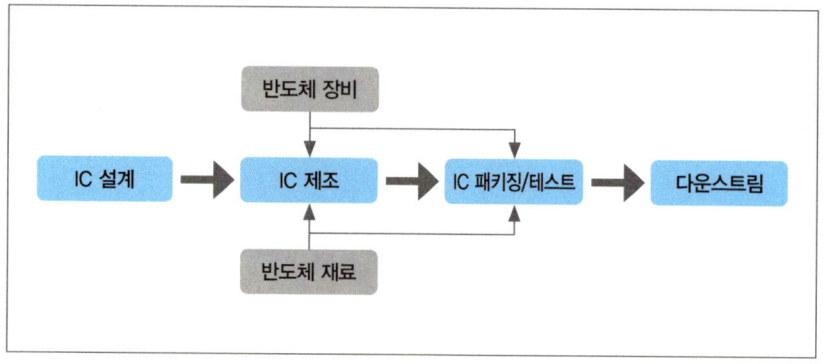

Micron 등이 여기에 해당한다. 팹리스Fabless는 생산은 하지 않고 반도체 설계만 하는 기업을 가리킨다. 퀄컴, NVIDIA, 텔레칩스 등이 여기에 해당한다. 파운드리Foundry는 다른 업체가 설계한 반도체를 생산, 공급하는 기업이다. TSMC, 삼성전자 파운드리 사업부, 동부하이텍 등이 있다.

반도체 공정의 이해 : 전공정과 후공정

반도체 공정에 대해 정리해 보자.(참고 〈그림 7-2〉) 반도체 공정은 반도체 설계 단계, 전공정 단계, 후공정 단계를 거친 후 집적회로를 출하한다. 전공정은 웨이퍼를 가공하여 칩으로 만드는 공정이고, 후공정은 칩을 보호하기 위해 패키징하는 공정이다.

전공정 단계는 이렇다. 먼저 웨이퍼 제작과 회로 설계 공정을 거친다. 산화 공정은 웨이퍼 표면에 산화제를 뿌려서 오염물질로부터 실리콘 표면을 보호하고 합선되지 않도록 절연막 역할을 한다. 마스크 공정은 웨이퍼에 그려 넣을 회로를 유리기판에 그려서 마스크를 만드는 공정이다.

그림 7-2 반도체 주요 공정

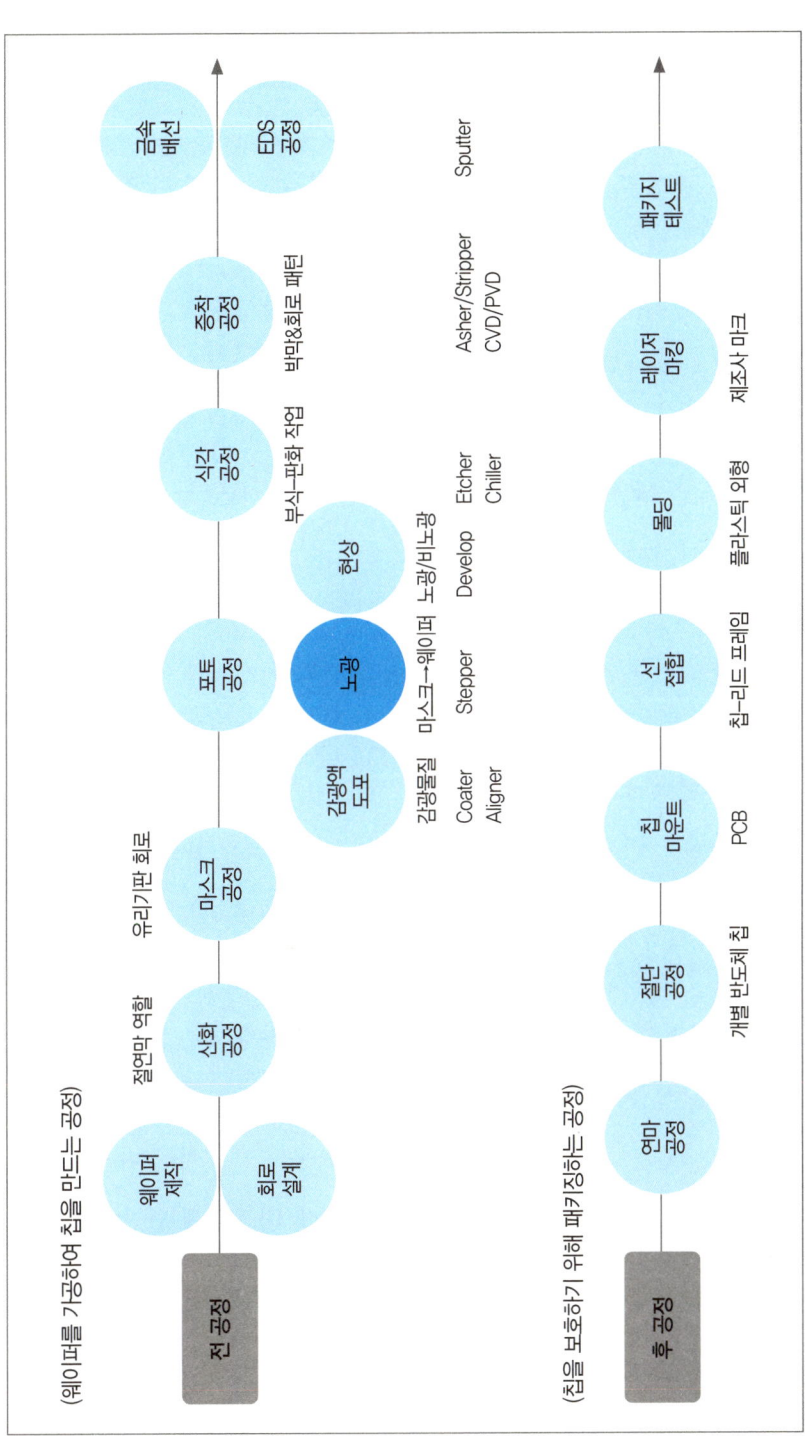

마스크 공정을 거쳐서 필름을 찍어내듯 회로 패턴을 그리는 공정이 포토 공정이다.

포토 공정은 우리가 카메라로 사진을 찍는 과정, 즉 카메라 렌즈를 닦고 사진을 찍고 현상을 하는 과정과 유사하다. 포토 공정은 필름을 잘 찍어야 하기 때문에 감광물질을 웨이퍼에 바르고(감광액 도포), 노광장비로 마스크를 웨이퍼에 쪼아서 회로를 옮기고(노광), 노광된 영역과 아닌 영역을 선택적으로 제거해 패턴을 만드는 단계(현상)를 거친다.

식각 공정은 일종의 판화 작업이다. 웨이퍼 표면을 부식시켜 필요한 회로만 남기고 나머지는 제거한다. 증착 공정은 웨이퍼 위에 박막을 입히고 회로 패턴을 그려내는 작업을 한다. 이 과정까지 거치면 작업은 거의 마무리된다. 이제 회로 패턴을 따라 전자가 이동할 수 있도록 금속배선 공정을 하고, 마지막 EDS$^{Electrical\ Die\ Sorting}$공정을 통해 수율을 체크하면 전공정은 마무리된다.

후공정은 먼저 연마 공정을 통해 웨이퍼 뒷면을 갈아낸다. 절단 공정을 통해 다이어몬드 톱으로 웨이퍼를 절단해 개별 반도체 칩으로 분리한다. 칩 마운트 공정을 통해 절단된 칩을 PCB$^{Printed\ Circuit\ Board}$에 옮겨 붙인다. 선 접합 공정을 통해 반도체 칩의 접착점과 리드 프레임의 접착점 사이에 금선을 연결해 전기가 통하게 한다. 몰딩은 플라스틱 조각 모양으로 외형을 만든다. 레이저 마킹 공정을 통해 제조회사 마크를 인쇄하고 마지막으로 패키지, 테스트 공정을 통해 내구성을 판단하는 과정을 거치면 후공정이 마무리 된다.

전공정과 후공정을 통틀어 가장 중요한 공정은 포토 공정이다. 포토 공정에서도 회로가 그려진 유리기판 마스크를 웨이퍼에 빛으로 쪼아서 회로를 옮기는 노광 공정이 중요하다. 반도체 공정이 미세화될수록 전력 소모가 적고 성능이 개선되는데, 노광 장비가 쏘는 빛의 파장이 짧아져야 한다. 네덜란드 기업 ASML이 독점적 시장 지위를 보유하고 있으며, 현재는 불화아르곤 액침 노광 방식에서 EUV(극자외선) 방식으로 진화하는 시기이다.

삼성전자의 시스템 반도체 세계 1위 비전과 EUV

EUV 시장의 개화, 그리고 삼성전자가 발표한 2030년까지 133조원 투자를 통한 시스템 반도체 세계 1위 비전의 의미를 이해할 필요가 있다. 메모리 반도체 1위 삼성전자가 시스템 반도체 세계 1위 석권까지 꿈꾸는 자신감은 어디에서 나올까. 이 이야기를 하기 위해서는 파운드리 시장을 이해할 필요가 있다.

2019년 1분기 기준 파운드리 시장에서 삼성전자 점유율은 19.1%까지 올라왔다. TSMC 48.1%, 글로벌파운드리스 8.4%, UMC 7.2%, SMIC 4.5% 이다. 삼성전자 파운드리 물량의 절반은 자사 물량이라는 점, 그리고 애플과 퀄컴 물량이 TSMC로 간다는 점에서 삼성전자의 파운드리 경쟁력이 평가절하되는 면이 있다. 일정 부분 합리적인 시각이기도 하다.

삼성전자의 자신감에는 EUV 장비 도입과 상용화 성공을 연계해서 볼 필요가 있다. EUV 장비 이야기를 하자면 반도체 공정을 다시 살펴봐야 한다. 앞서 반도체 전공정을 설명하면서 포토 공정이 감광액 도포, 노광, 현상 공정으로 이루어지며 여기서 핵심 역할을 하는 장비가 노광 장비라고 했던 걸 기억할 것이다.

노광 장비는 ASML에서 독점 공급하는데 최근 EUV 장비가 개발되어 삼성전자, TSMC 등으로 발주가 되었으며 시험생산과 양산 과정을 거치고 있다. EUV 장비가 중요한 이유는 반도체 공정이 미세화될수록 노광 장비가 쏘는 빛의 파장도 짧아져야 하기 때문이다. 공정이 미세화될수록 칩 크기와 전력 소모가 줄고, 같은 면적에 더 많은 집적회로를 넣을 수 있어 성능이 개선된다.

예전에는 파장 길이가 248나노인 불화크립톤(KrF)을 광원으로 썼고, 최근까지는 반도체 회로선폭 90나노에서 40나노까지는 파장이 193나노인 불화아르곤(ArF)를 사용했다. 이후 10나노 공정까지는 렌즈를 물에 적셔 굴절률을 높이는 불화아르곤 액침 노광 방식과 회로를 2~4번 나눠서 그리는 멀티패터닝 등을 이용해 왔다.

반도체 공정이 7나노 공정으로 접어들면서 불화아르곤 액침, 멀티패터닝이 한계를 맞게 됐다. 더 짧은 파장을 지닌 광원이 필요해졌다. ASML에서 EUV 노광 장비 양산에 성공했다. EUV는 파장이 불화아르곤의 1/14 수준인 13.5나노에 불과해 10나노 이하 초미세공정이 가능해진 것이다.

왜 EUV를 도입하는지에 대해서는 대략 배경 설명이 될 듯하고, 다시 파운드리 시장으로 돌아와 보면 결국 관건은 EUV 장비를 통해 누가 먼저 시장을 선점할 것이냐이다.

글로벌파운드리스는 7나노 양산 추진을 중단했고, UMC는 아직 계획이 없으며, SMIC는 향후 계획 수준에 머물러 있다. 따라서 EUV 장비 도입은 TSMC와 삼성전자만이 가능한 상황이다.

　EUV 장비 도입의 의미는 TSMC, 삼성전자 2곳과 후발 파운드리 업체 간 공정 격차가 현격하게 벌어진다는 것을 의미한다. 또한 공정의 세대교체라는 의미도 포함한다. 그리고 기존 IDM의 파운드리 물량 증가를 의미하기도 한다. 일례로 AMD에서 분사한 글로벌 파운드리스가 7나노 공정을 포기하면서 AMD 물량은 TSMC 또는 삼성전자로 향하게 될 것이다. 인텔 역시 14나노 선단공정에 머물면서 역시 파운드리로의 물량 이동이 예상된다.

　마지막으로 EUV 생산에 대한 이야기를 해보자. TSMC, 삼성전자는 모두 EUV 장비를 도입했고 7나노 파운드리 제품 양산에 성공했다. 다만 삼성전자는 EUV를 통해 제품 양산을 한 반면, TSMC는 아직 불화아르곤 액침 노광을 통한 제품 양산 단계이다.

　삼성전자는 엑시노스 9820, TSMC는 퀄컴의 스냅드래곤 855 모델이 해당된다. TSMC의 EUV를 통한 7나노 제품 양산은 아직 공식화된 단계에는 못 미치는 상황이나 조만간 이뤄질 것으로 보인다. 최근 5나노 파운드리 공정 개발 성공 기사도 나오지만 공정 개발 성공과 양산 성공은 다른 단계라는 점을 알아둘 필요가 있다.

　삼성전자의 자신감은 일단 5G, AI, 전장 등 미래 시스템 반도체 산업이 성장하고 있다는 점에 기인한다. 이에 대한 대응 즉, EUV를 통한 7나노 공정이 상용화 단계로 접어들면서 미세화 공정에서의 공정 격차 확대와 공정의 세대교체, 그리고 타 IDM의 물량 확보가 가능하리라는 전망에 근거한 것으로 볼 수 있다.

다만 삼성전자의 시스템 반도체 시장의 미래를 장미빛으로만 보는 것은 경계할 필요가 있다. AP, MCU 제조 전체 비용에서 설계가 차지하는 비중이 40%를 넘어선다. TSMC는 2위 업체에 비해 2배의 IP 풀(설계자산)을 보유하고 있으며 TSMC의 툴을 이용하면 해당 IP를 손쉽게 활용할 수 있다.

TSMC는 생산이나 설계와 관련된 자신들의 IP를 다른 업계 플레이어들과 공유하거나 자신들의 생산시스템에 특화할 수 있도록 IP 생태계를 구축했다. EUV 등을 이용한 물리적 구현도 중요하지만 핵심 진입 장벽은 IP 풀이라는 점도 기억해 둘 필요가 있다.

최근 삼성전자가 중앙처리장치(CPU)와 그래픽처리장치(GPU) 개발사인 AMD와 초저전력·고성능 그래픽 IP에 관한 전략적 파트너십을 구축한 것도 이에 대한 대응의 하나로 볼 수 있다.

반도체 수출금액과 가격

2019년 반도체 시장은 PC CPU 공급 부족과 데이터 센터 투자 지연, 그리고 모바일 수요 둔화 등으로 전년 대비 역성장하고 있다. 주로 메모리 반도체 시장의 부진에 기인하며, 전방 수요 약세와 가격 하락으로 역성장이 수치로 나타나고 있다

국내 반도체 수출금액과 반도체 가격을 살펴보자. 먼저 수출금액이다. 반도체 수출금액은 산통부에서 발표하는 13개 수출품목을 참고하면 된다. 〈그림 7-3〉, 〈그림 7-4〉는 반도체 수출금액과 전년 대비 성장률 추이다. 반도체 수출은 2018년 9월 124억 달러를 정점으로 이후 꾸준히

하락해서 2018년 12월부터는 마이너스 성장을 하고 있으며, 2019년 5월 반도체 수출은 75억 달러까지 하락해 있다.

반도체 수출금액 감소는 우리나라 전체 수출금액 감소에도 큰 영향을 준다. 반도체 수출이 정점이던 2018년 9월로 다시 가보면, 전체 수출금

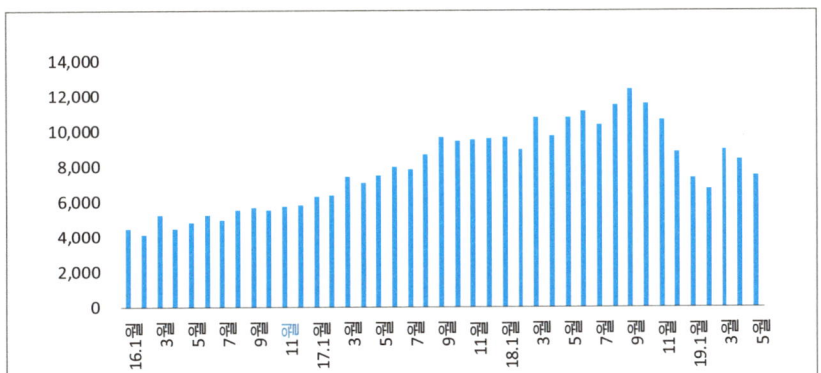

그림 7-3 반도체 수출 금액   단위 : 100만 달러

출처 : 산업통상자원부 수출입동향

그림 7-4 반도체 수출 금액 증감률(YoY)   단위 : %

출처 : 산업통상자원부 수출입동향

액은 506억 달러이고 이 가운데 반도체 수출비중은 24.6%였다. 하지만 2019년 5월 기준으로 보면 전체 수출금액은 459억 달러로 감소하고 반도

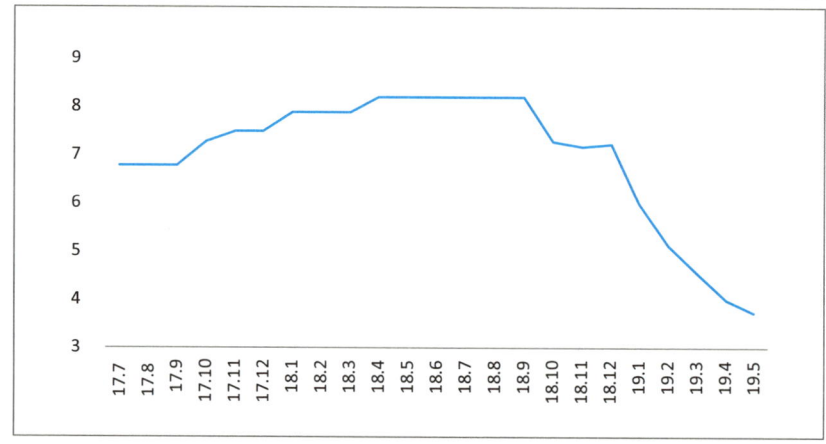

그림 7-5 PC 8G DRAM Contract Price (계약 가격) 단위 : 달러

출처 : 키움증권 반도체 리포트를 인용하여 저자가 새롭게 그림

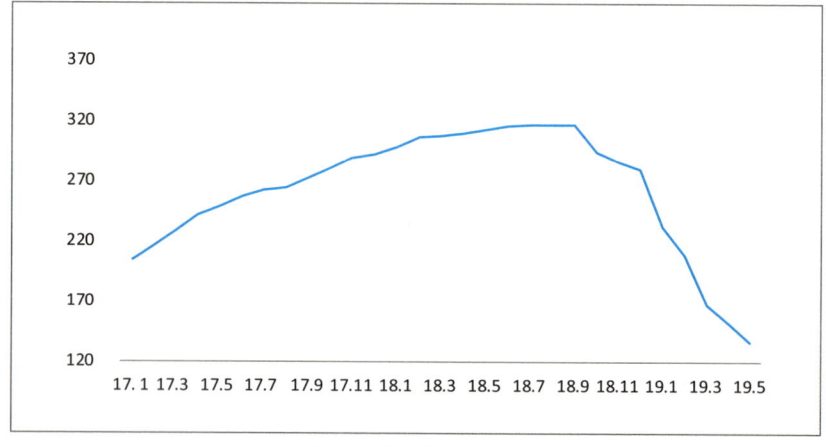

그림 7-6 Server DDR4 32G RDIMM (Registered DIMM) 모듈 가격 단위 : 달러

출처 : 키움증권 반도체 리포트를 인용하여 저자가 새롭게 그림

체 수출비중 역시 16.4%까지 하락하고 있다.

다음은 DRAM과 NAND 가격 추이다. DRAM과 NAND 가격은 반도체 시장 조사기관인 디램익스체인지^{DRAMeXchange}에서 제공하나 유료 서비스이므로 반도체 애널리스트의 월 단위 리포트를 참고하면 유용하다. 설비투자 일정 역시 애널리스트 리포트를 참고할 수 있다.

반도체 가격은 2018년 하반기부터 큰 폭 하락하고 있다. 2019년 5월 기준 PC DRAM 가격은 전월 대비 6% 감소, 서버 DRAM 모듈 가격 역시 전월 대비 10% 하락하고 있다.(참고 〈그림 7-5〉, 〈그림 7-6〉)

반도체 시장 수요와 공급 관점의 이해

공통적으로 삼성전자와 SK하이닉스 모두 기존 설비에서는 DRAM은 미세화공정을, NAND는 적층 증가를 통한 효율화를 진행하고 있다.

설비투자 관점에서 보면 시기적으로 몇 가지 변화가 눈에 띈다. 2016년 하반기부터 2018년 상반기까지 삼성전자와 SK하이닉스는 NAND 투자에 집중했다. 2018년 하반기부터는 NAND 투자 지속과 함께 DRAM의 대규모 투자가 함께 진행되고 있다. DRAM 투자의 경우 삼성전자는 평택공장에서, SK하이닉스는 중국 우시에서 투자를 진행하고 있다.

문제는 공급 증가에 비해 수요가 감소하고 있다는 점이다. 2019년 DRAM 수요는 글로벌 기업의 투자 규모 축소 영향이 크다. 〈그림 7-7〉과 〈그림 7-8〉은 글로벌 IT기업인 FAANG와 BAT의 설비투자 사이클과 우리나라 반도체 수출금액의 전년 대비 증감률을 비교한 것이다.

FAANG은 페이스북, 아마존, 애플, 넷플릭스, 구글의 앞글자를 딴 것이다. 중국 BAT는 바이두, 알리바바, 텐센트이다. 글로벌 IT 기업의 설비투자 사이클은 3~4년을 주기로 움직이고, 우리나라 반도체 수출금액 증감률도 비슷한 사이클로 움직인다는 사실을 확인할 수 있다.

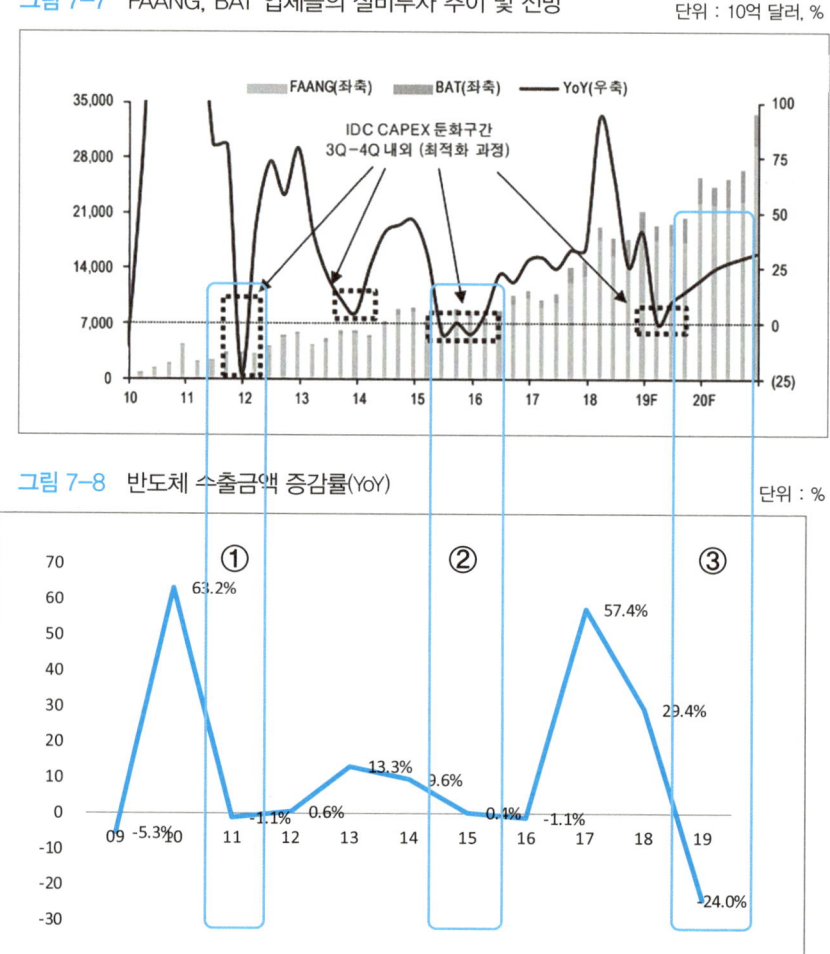

그림 7-7 FAANG, BAT 업체들의 설비투자 추이 및 전망

그림 7-8 반도체 수출금액 증감률(YoY)

그림 7-7 출처 : 신한금융투자 반도체 리포트 인용
그림 7-8 출처 : 산업통상자원부 수출입동향 자료를 인용하여 저자가 새롭게 그림

기존 반도체 시장을 공급자 우위 시장으로 보던 시각에서, 소비자 우위 시장이라는 이해와 접근도 필요하다는 점을 기억할 필요가 있다.

반도체 동행지표 : SOX, SEMI, 일본 공작기계 수출금액

반도체 동행지표는 필라델피아반도체지수(SOX)와 국제반도체장비재료협회(SEMI)의 BBR 지수가 있다. SOX는 인베스팅닷컴 또는 야후파이낸스를 통해 확인 가능하며, SEMI BBR 지수는 SEMI 홈페이지를 통해 북미 반도체장비업체의 거래총액을 활용할 수 있다.

SOX는 인텔, 텍사스인스트루먼트 등 반도체 대표 관련주를 포함하며, 반도체 산업의 글로벌 특성상 국내 반도체 대표주와 동행하는 특성을 갖는다. 〈그림 7-9〉와 〈그림 7-10〉은 SK하이닉스 주가와 SOX 지수 추이다.

반도체 업황을 이해하는 지표로 거래총액 추이를 활용할 수 있다. SEMI는 매달 북미 반도체장비업체의 거래총액을 3개월 평균값으로 발표한다. 2019년 4월 기준 거래총액은 19억 1,000만 달러로 전년 대비 29% 감소하고 있다. 마이너스 성장은 2018년 4분기부터 진행되고 있다. (참고 〈그림 7-11〉, 〈그림 7-12〉)

일본 공작기계 수출은 전 세계 제조업의 선행지표로 인식된다. 일본 공작기계협회에서 매달 수출 금액을 확인할 수 있다. 2019년 4월 누적 기준으로 보면 전년 대비 27% 수출이 감소했다. 일본 공작기계 수출은 2018년 10월부터 마이너스 성장으로 돌아섰다. 우리 반도체 수출이 마이너스 성장으로 돌아선 시점은 2018년 12월부터이다. 그러니까 일본의 공

그림 7-9 필라델피아반도체지수

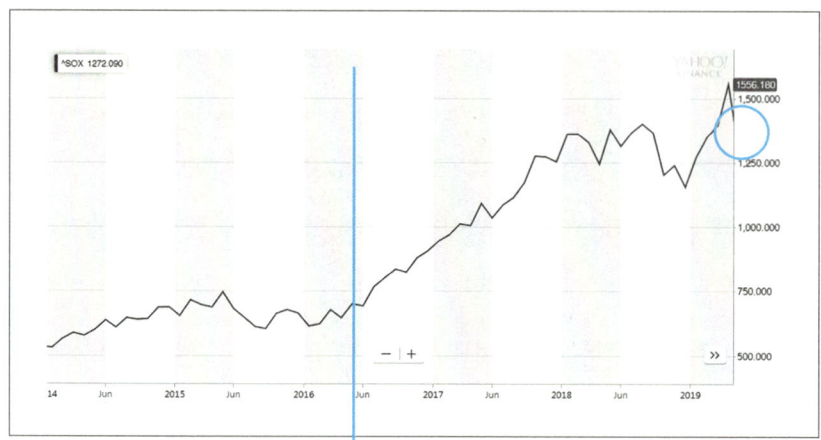

그림 7-10 SK하이닉스 주가

단위 : 원

그림 7-9 출처 : 야후 파이낸스
그림 7-10 출처 : 네이버 금융

그림 7-11 SEMI 거래총액   단위 : 100만 달러

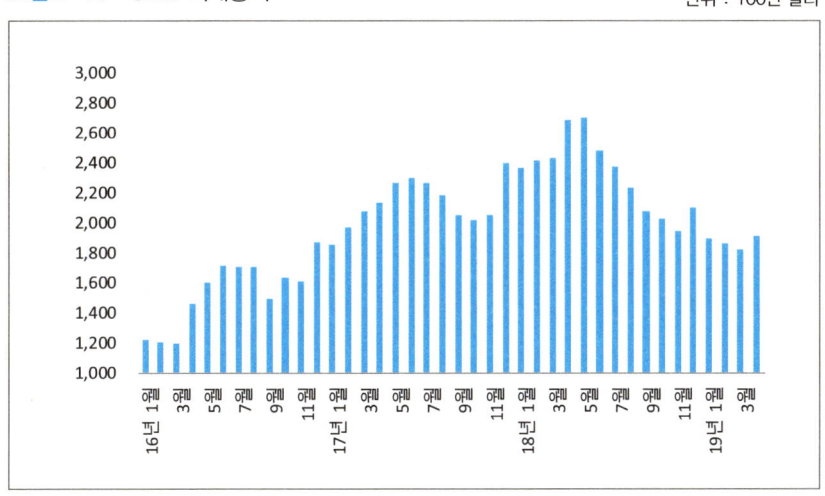

출처 : 국제반도체장비재료협회(www.semi.org)

그림 7-12 SEMI 거래총액 증감률(YoY)   단위 : %

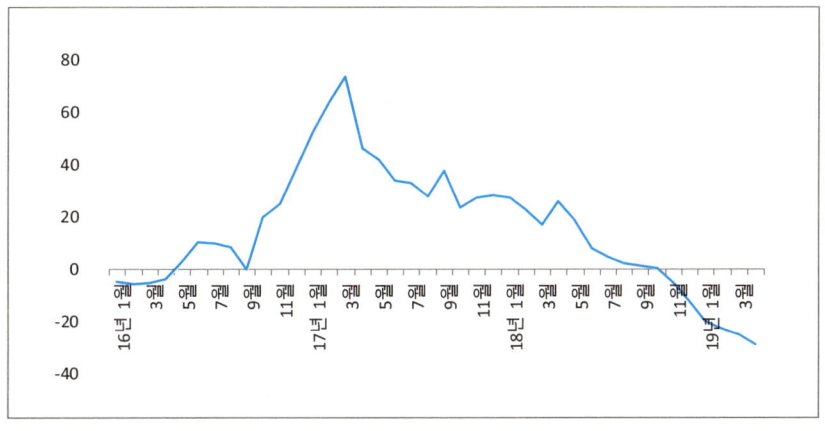

출처 : 국제반도체장비재료협회(www.semi.org)

그림 7-13 일본 공작기계 수출 금액 증감률(YoY)　　　단위 : %

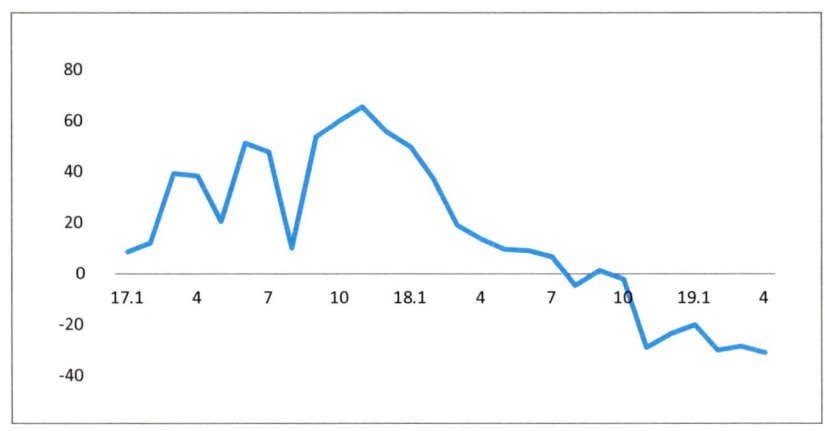

출처 : 일본공작기계협회 (http://www.jmtba.or.jp)

그림 7-14 반도체 수출 금액 증감률(YoY)　　　단위 : %

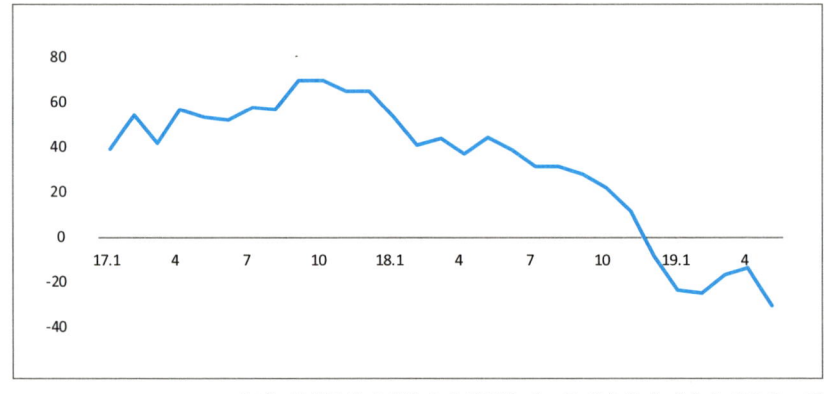

출처 : 산업통상자원부 수출입동향 자료를 인용하여 저자가 새롭게 그림

작기계 수출 금액이 우리보다 조금 더 빨리 움직이는 것을 알 수 있다. 다만 국내 반도체 업황 개선은 일본 공작기계 수출 회복 시점과 연계해서 볼 필요가 있다는 점에서 동행지표로 봐도 무방하다. (참고 〈그림 7-13〉, 〈그림 7-14〉)

반도체 선행지표 : PMI, OECD 경기선행지수

반도체 업종 선행지표 가운데 챙겨볼 것은 미국 ISM(공급관리자협회) 기준 PMI(구매관리자지수)와 OECD 경기선행지수이다. 미국과 중국 PMI는 퀀들quandle 등의 사이트에서 확인할 수 있으며 OECD 경기선행지수는 OECD 홈페이지를 통해 매달 업데이트된 데이터를 볼 수 있다

먼저 미국 PMI이다. 미국 ISM에서는 20개 업종 400개 이상의 기업 대상으로 제조업과 비제조업을 나눠서 경기 인식을 조사하고, 그 결과를 PMI로 발표한다. 50 이상이면 경기가 좋아지고 있고 50 이하면 경기가 나빠지고 있다는 의미이다. 2019년 5월 기준 PMI는 52.1이다. 아직 50 이하는 아니지만 2018년 8월 60.8을 보이던 시점과 비교해 보면 PMI가 하락하고 있고, 향후 경기 전망에 대한 부정적 인식이 높아지고 있다는 것을 의미한다.

OECD 경기선행지수는 종합주가지수, 재고량, 재고순환지표, 업황(BSI, 경기실사지수), 장단기금리차, 순교역조건 등 6가지 데이터로 구성된다. 대개 6~9개월 이후 경기흐름을 예측하는 지수이며, 100이 기준이다.

〈그림 7-15〉의 OECD 경기선행지수는 2014년 1월부터 2019년 4월까지 우리나라, 미국, 중국 추이다. 큰 방향에서 보면 글로벌 제조 공장 역

그림 7-15 OECD 경기선행지수

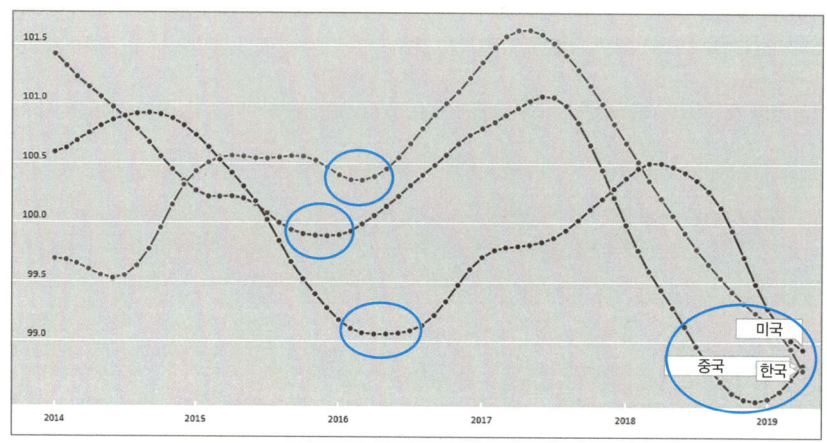

출처 : OECD(data.oecd.org) 경기선행지수 자료

할을 하는 중국 움직임이 중요하다. 중국이 먼저 움직이고, 우리나라와 미국이 따라서 움직이는 모습을 보여 왔다. 2019년 접어들어 중국 경기 선행지수가 반등하는 모습이다. 우리나라와 미국이 점진적으로 경기선행지수가 회복으로 방향 전환할지 지켜보자.

기업 분석 : SK하이닉스

SK하이닉스 매출 비중은 DRAM 80%, NAND 20%이다. 2016년 하반기부터 DRAM 가격 상승이 매출 증가로 이어졌고, 큰 폭의 이익 개선을 보여줬다.

매출 활용 지표는 평균 DRAM과 NAND 가격, 집적회로 수출물량지수이다. DRAM과 NAND는 P(가격)이고, 수출물량지수는 Q(물량)이다. Q는 다른 기준을 사용해도 무방하다. 반도체의 수출비중이 높기 때문에

통계청에서 제공하는 집적회로 수출물량지수의 분기 평균값을 사용한다.

반도체 매출 비중이 'DRAM : NAND = 8 : 2'이므로 '(DRAM × 8 + NAND × 2) × 집적회로 수출물량지수'는 매출이 된다. 따라서 DRAM과 NAND 분기별 가격과 수출물량지수를 곱한 수를 100을 기준으로 매출지수로 가정해 매출액과 비교하면 〈그림 7-16〉, 〈그림 7-17〉에서 보듯

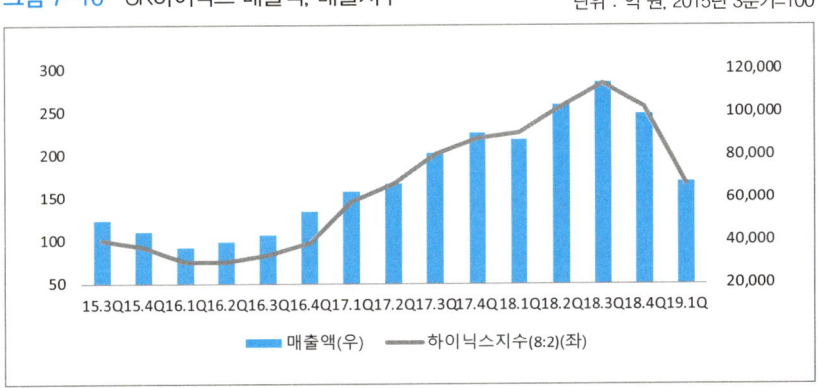

그림 7-16 SK하이닉스 매출액, 매출지수 단위 : 억 원, 2015년 3분기=100

출처 : SK하이닉스 사업보고서

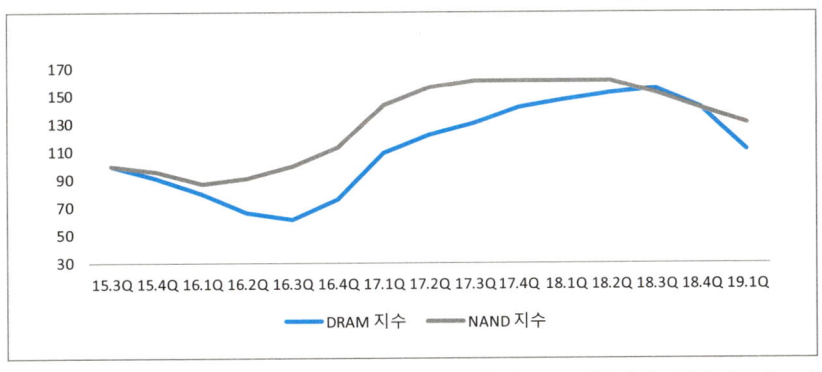

그림 7-17 DRAM, NAND 가격지수 단위 : 2015년 3분기=100

출처 : 키움증권 반도체 리포트를 인용하여 저자가 새롭게 그림

7 반도체 179

표 7-2 실적 추정 주요 포인트 : SK하이닉스

매출증가율 (QoQ)	-3%	19%	10%	-13%	-32%
(단위:억 원)	18.1Q	18.2Q	18.3Q	18.4Q	19.1Q
매출액	87,197	103,705	114,168	99,381	67,727
매출원가	33,833	37,623	38,717	41,636	40,925
매출총이익	53,364	66,082	75,451	57,745	26,802
판관비	9,691	10,343	10,727	13,443	13,137
영업이익	43,673	55,739	64,724	44,302	13,665
당기순익	31,203	43,299	46,936	33,962	11,028
매출이익률	61.2%	63.7%	66.1%	58.1%	39.6%
판관비 비율	11.1%	10.0%	9.4%	13.5%	19.4%
영업이익률	50.1%	53.7%	56.7%	44.6%	20.2%
순이익률	35.8%	41.8%	41.1%	34.2%	16.3%
DRAM (Server)	160.7	166.0	169.0	154.9	122.1
NAND (64G)	3.7	3.7	3.5	3.2	3.0
수출물량지수(집적회로)	490.4	541.8	598.4	589.4	469.9
하이닉스지수(8:2)	226	256	283	256	167
QoQ	2.6%	13.3%	10.5%	-9.5%	-34.8%

① 하이닉스지수 증감률

② (DRAM×8+NAND×2)×수출물량지수

출처 : SK하이닉스 사업보고서를 인용하여 저자가 새롭게 작성

표 7-3 실적 추정 주요 포인트 : SK하이닉스

	18. 1Q	18. 2Q	18. 3Q	18. 4Q	19. 1Q
매출이익률	61.2%	63.7%	66.1%	58.1%	39.6%
판관비 비율	11.1%	10.0%	9.4%	13.5%	19.4%

(단위 : 100만 원)	18. 1Q	18. 2Q	18. 3Q	18. 4Q	19. 1Q
제품 및 재공품의 변동	-380,804	-179,338	-235,018	-677,965	-574,123
원재료 및 소모품의 사용	1,024,220	1,354,606	1,419,455	1,681,076	1,510,770
종업원 급여	843,171	781,170	797,316	1,248,153	937,898
감가상각 및 무형자산상각	1,417,526	1,544,550	1,612,895	1,734,098	2,013,112
기술료	55,544	37,490	41,946	37,635	34,092
지급수수료	354,797	426,867	397,477	495,981	490,269
동력 및 수도광열비	264,179	257,543	294,785	314,888	323,976
수선비	225,287	230,942	219,403	348,053	263,303
외주가공비	240,306	260,149	286,975	284,811	290,826
기 타	128,127	82,610	109,134	41,276	116,042
합 계	4,172,353	4,796,589	4,944,368	5,508,006	5,406,165

③ 재고 및 감가상각 비용 고려

출처 : SK하이닉스 사업보고서를 인용하여 저자가 새롭게 작성

이 동행하는 모습을 확인할 수 있다.

또한 대규모 설비 투자를 진행하고 있는 상황이므로 DRAM과 NAND 가격 하락은 향후 매출 감소와 함께 감가상각비와 같은 고정비 증가 영향으로 이익 감소를 예상할 수 있다.

이제 〈표 7-2〉와 〈표 7-3〉을 살펴보자. 2019년 1분기 DRAM과 NAND 가격은 큰 폭으로 하락한 게 눈에 띈다. 또한 수출물량지수 역시 큰 폭 하락했다. SK하이닉스 매출지수는 전분기 대비 30% 이상 감소했다. 이를 근거로 실제 1분기 매출 감소폭을 예상할 수 있다.(참고 〈표 7-2〉 ①, ②)

매출이익률과 판관비 비율은 재고와 감가상각 비용을 고려해야 한다. 타 비용 계정은 전기 또는 전년 동기와 비슷한 수준을 보이는 데 반해 대규모 증설 영향, 그리고 반도체 가격 하락 영향으로 재고 및 감가상각 비용이 증가하는 추이를 비용에 반영할 수 있다.(참고 〈표 7-3〉 ③)

반도체 수요의 꾸준한 증가는 매출 증가로 이어진다. 반대로 반도체 수요 감소는 매출 감소와 이익률 하락을 야기한다. 특히 SK하이닉스는 대규모 증설이 지속되면서 분기당 감가상각 비용이 큰 폭으로 증가하는 구조이다. 매출 증가, 즉 반도체 가격 회복이 매우 중요한 관전포인트이다.

SK하이닉스

매출: [DRAM 가격, NAND 가격 (8 : 2 비중)] × 수출물량지수

DRAM, NAND 분기 평균가 : 반도체 애널리스트 리포트,
수출 물량 : 통계청 수출물량지수 – 집적회로 분기 평균가

비용: 재고 및 감가상각비

SK하이닉스 사업보고서 – 연결재무제표 주석 – 비용의 성격별 분류

<참고> **반도체 지표 관련 사이트**

그림 7-18 DRAM, NAND 가격

그림 7-19 SEMI BBR 지수

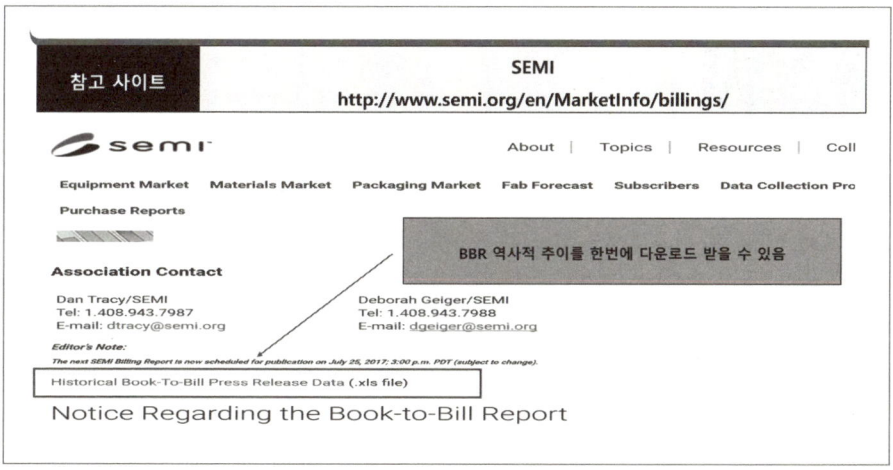

〈참고〉 **반도체 지표 관련 사이트**

그림 7-20 필라델피아반도체지수(SOX)

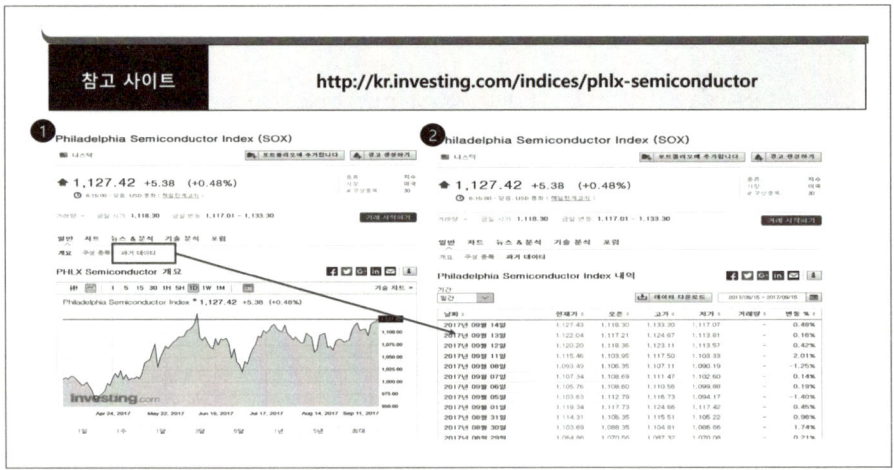

그림 7-21 미국 PMI

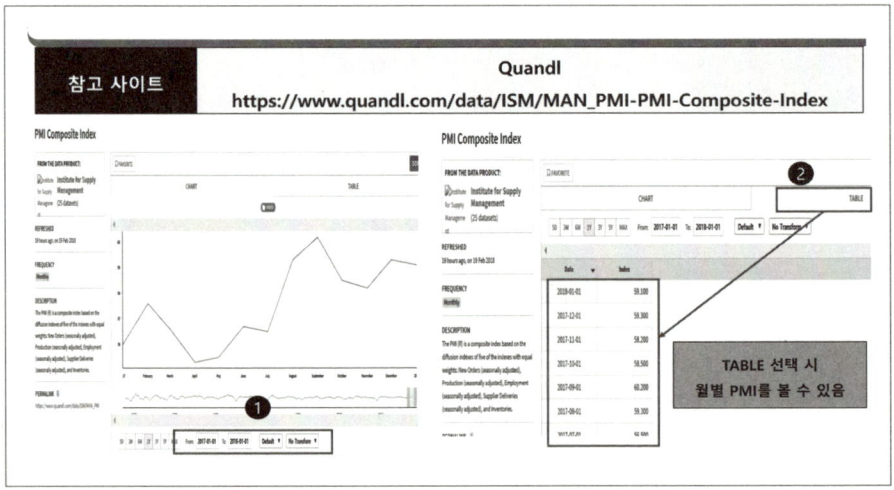

<참고>　　　　　　　　반도체 지표 관련 사이트

그림 7-22　OECD 경기선행지수

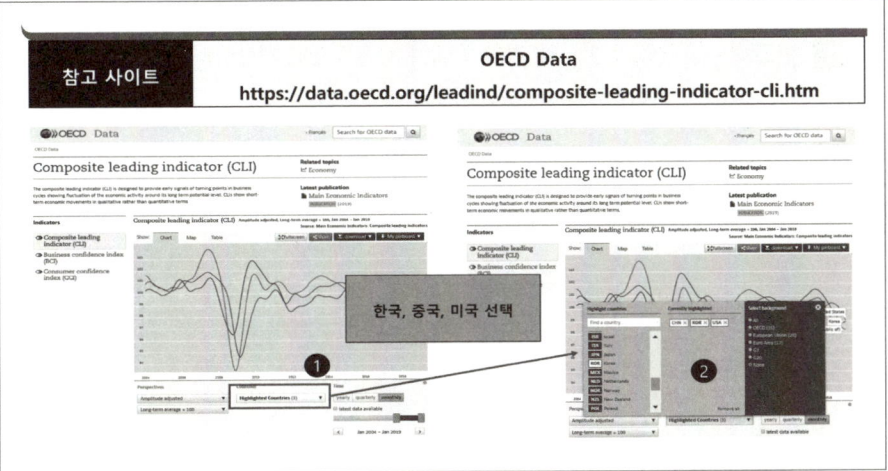

그림 7-23　일본 공작기계 수출금액

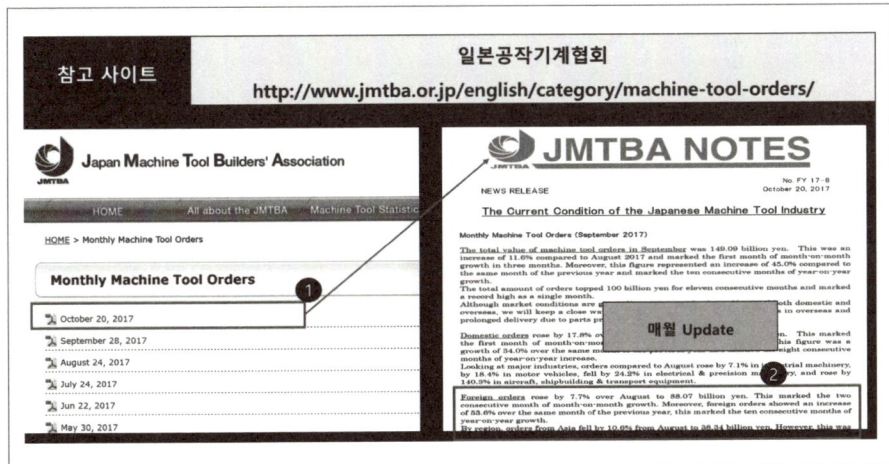

7 반도체　185

핵심 포인트

1 반도체 수출금액과 반도체 가격 추이를 지속적으로 체크하자.

2 국내 지표뿐만 아니라 글로벌 제조업 지표(미국과 중국 PMI, SEMI BBR, 일본 공작기계 수출금액, OECD 경기선행지수) 추이도 함께 확인해 두자.

3 삼성전자의 EUV 도입에 따른 파운드리 경쟁력 강화와 시스템 반도체 세계 1위 비전 제시, 이에 따른 앞으로의 반도체 시장 변화 방향을 주시하자.

재콩의 투자 이야기
투자는 행운이 아닌 불운을 관리하는 것

투자에는 '행운'의 몫이 따로 있다고 생각한다. 주주로 치면 대주주 가운데 하나쯤으로 말이다.

예를 들어 2017년의 어느 날이다. 그날에는 투자 포인트가 다수 있었다. 굴삭기 판매 증가, 공작기계 수출 증가, 반도체 NAND와 DRAM 가격 상승, 골판지 폐지 가격 급등에 따른 제품 가격 인상 시나리오, NCC와 ECC의 에틸렌 생산 증가에 따른 첨가제 시장 수요 증가, 가성소다 가격 급등, 한한령 완화 움직임, 비철금속 가격 상승, 중국 철강 구조조정에 따른 열연 가격 상승, 철강 호황에 따른 벌크 시황 개선 등.

이러한 시장 흐름을 보고 3명의 사람이 투자 아이디어를 얻었다. 그리고 투자를 했다. 투자자 A는 굴삭기와 한한령 완화에 포인트를 뒀고, 투자자 B는 골판지 가격 상승과 첨가제 시장 수요 증가에 포인트를 뒀으며, 투자자 C는 비철금속과 반도체 가격 상승, 그리고 해운 시장에 포인트를 뒀다.

이제 2018년 어느 시점으로 돌아와 보자. 투자자 A, B, C의 수익률은 다를 것이다. 결과적으로 B의 수익률이 가장 높다. 당연히 질문이 꼬리를 문다. 투자자 B가 A 또는 C보다 뛰어나다고 할 수 있을까? 6개월~1년의 시간으로 판단을 하는 게 적절한가? 이것은 과연 B의 실력일까? 아니면 행운일까?

월, 분기, 연 단위 수익률이라는 것은 큰 의미가 없다고 본다. 물론 기업 가치가 높아지는 것을 최대한 빠른 시간에 확인하고 싶다. 투자에 효율적이니까 말이다. 이 효율을 위해 시장을 모니터링하고 분석하고 고민한다. 하지만 그 이후부터는 행운이 차지하는 몫이 점점 높아진다.

　사실 시장을 모니터링하고 분석하는 것은 '행운' 때문이 아니라 '불운' 때문이다. 시간과 함께 하다보면 행운은 결국 언젠가는 오기 마련이다. 그렇지만 불운은 시도때도 없이 닥친다. 그래서 나는 이 불운이 무섭고 두렵다.

　투자를 하면서 불운이 최대한 다가오지 못하게 하는 것이 중요하다고 생각한다. 그 다음에 찾아올 행운은 사실 내 몫이 아니다. 행운은 내 몫이 아니지만 불운은 내 몫이다.

8
정유 · 화학

여수 국가산업단지가 알려주는 것

2017년 중반 여수 국가산업단지를 다녀온 적이 있다. 산업단지가 들어선 것은 1960년대이다. 우리나라 화학산업의 산 증인인 셈이다. 여수 산업단지 지도를 보면 먼저 눈에 띄는 건 정유사인 GS칼텍스이고, 그리고 보통 NCC$^{Naphtha\ Cracking\ Center}$라고 부르는 롯데케미칼, LG화학, 여천 NCC(한화케미칼)가 눈에 띈다. 그리고 기타 화학기업 예를 들어 합성고무를 생산하는 금호석유, 폴리우레탄 계열의 휴켐스, KPX화인케미칼, 화섬(화학섬유)과 관련된 코오롱 등이 눈에 들어온다.

정유사-NCC-다운스트림 화학 기업이 순차적으로 만들어지고, 같은 공간에 위치한 이유가 있다. 이를 이해하기 위해서는 정유·화학 산업의 밸류체인을 먼저 살펴볼 필요가 있다.

정유·화학 밸류체인

〈그림 8-1〉 왼쪽을 보면, 정유사는 원유를 중동에서 가져오고, 원유에서 끓는 점에 따라서 가솔린, 나프타, 등유, 경유, 벙커C유를 뽑아낸다. 이렇게 뽑아낸 나프타는 기본적으로 탄화수소 중합체인데, 가공할 수 있는 형태로 우선 분해하게 된다. 탄소 수에 따라서, 탄소 중량의 경중에 따라 올레핀과 아로마틱스로 분류하게 된다. 올레핀은 NCC의 몫이고, 아로마틱스는 성상이 무겁기 때문에 재정제설비도 따로 필요하며, 정유사가 담당하는 몫이 있다.

모든 산업에서 가장 중요한 것은 수요와 공급이다. 수요와 공급의 움직임은 제품 가격 상승과 하락으로 연결된다. 정유·화학에서 수요 공급의 차이가 제품 가격과 원재료 가격 차이, 즉 스프레드이다. 정유·화학 업종은 대규모 설비투자의 사이클을 갖고 있으며 제품 가격과 원재료 가격이 수요 공급에 따라 매우 민감하게 움직이는 경향을 갖는다. 따라서 이 스프레드를 주의 깊게 살펴야 한다.

정유사 제품은 가솔린, 등유, 경유 등이고, 원재료는 원유이다. 제품과 원유 도입가의 차이가 정유사 이익으로 연결된다. 조금 더 설명하면, 원유를 정제해서 만든 석유제품의 평균가와 원유 도입가의 차이를 정제마진이라고 한다. 벙커C유는 정제마진이 마이너스이기 때문에 정유사는 고도화 설비를 갖추고 휘발유, 등유, 경유 등으로 뽑아내는데, 이 제품과 투입한 중유 간의 가격 차이를 크랙마진이라고 부른다. 복합정제마진은 정제마진과 크랙마진을 합친 것이고, 이것은 정유사의 최종 제품가와 원유가의 차이와 같다.

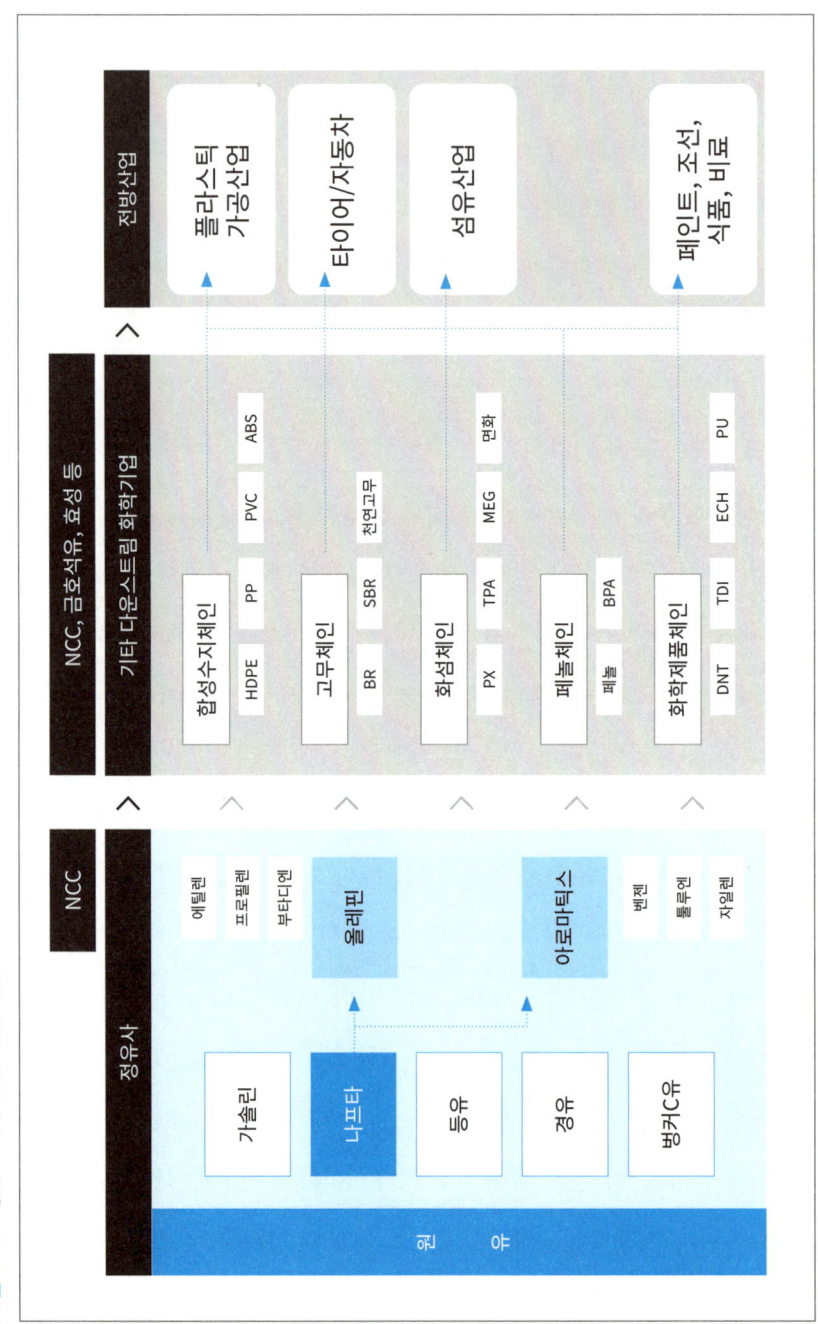

그림 8-1 정유·화학 산업 밸류체인

NCC 주요 제품은 합성수지 체인에 있는 HDPE(고밀도폴리에틸렌), PP(폴리프로필렌) 등이고, 원재료는 나프타이다. HDPE 가격과 나프타 가격 차이, PP가격과 나프타 가격 차이가 NCC 이익으로 연결된다. 따라서 제품 가격과 원재료인 나프타 가격 추이를 체크해 스프레드를 파악할 필요가 있다.

〈그림 8-1〉 오른쪽을 보면 전방산업이 있다. 플라스틱 가공산업, 타이어/자동차, 섬유, 페인트/조선/식품/비료 등 다양한 산업이 연결된다. 즉 올레핀과 아로마틱스가 전방산업과 어떻게 연결되느냐를 이해하는 것이 중요하다.

그렇다면 이제 다운스트림 화학 기업을 크게 4가지로 분류해서 전방산업과의 연결고리에 대해 알아보자.

4가지 체인 : 합성수지, 고무, 화섬, 기타화학제품

4가지 분류는 합성수지체인, 고무체인, 화섬체인, 기타화학제품체인이다. 페놀체인은 합성수지와 화학제품체인과 결합해서 전방산업과 연결된다고 보면 되겠다.

먼저 합성수지체인이다. PE(폴리에틸렌), PP, PVC(폴리염화비닐), ABS(아크릴로니트릴/부타디엔/스틸렌) 등이 대표적인 합성수지 제품이다. PE, PP는 대부분의 플라스틱을 만드는 가장 대표적인 범용수지이다. PVC는 건설자재에 사용되며, ABS는 가전기기용 플라스틱으로 사용된다.(참고 〈그림 8-2〉)

플라스틱 가공산업의 업황이 좋아지면 합성수지 제품 수요가 증가하

그림 8-2   합성수지체인

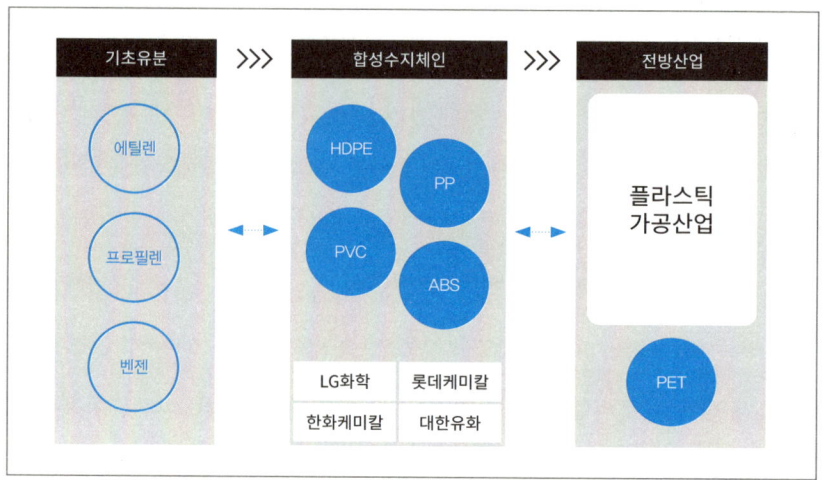

고 가격이 상승한다. 반대로 전방산업이 나빠지면 수요가 감소하고 가격 하락으로 이어진다. 합성수지체인은 주로 NCC기업의 몫이다. LG화학, 롯데케미칼, 한화케미칼, 대한유화가 대표적인 NCC 기업이다.

두 번째는 고무체인이다. 부타디엔은 합성고무의 원재료이다. 천연고무는 부타디엔 가격과 동행한다. 부타디엔-합성고무(SBR)-타이어-자동차 회사로 이어진다. 부타디엔 가격이 상승하면 합성고무인 SBR 가격이 상승하고 타이어 가격 인상으로 연결된다. 원재료 가격 변화는 합성고무를 만드는 금호석유, 타이어를 만드는 한국타이어와 넥센타이어, 자동차를 만드는 현대차와 기아차 등 모두 영향을 받게 되는데 타임 갭$^{Time\ Gap}$이 발생한다.

타임 갭을 투자아이디어로 연결할 수도 있다. 부타디엔 가격이 급등한다고 해서 합성고무 가격을 바로 인상하기는 어렵다. 타이어 기업과 협상을 통해 합성고무 공급 가격을 올릴 시점에 부타디엔 가격이 다시 하락할 수 있다. 타이어 기업 입장에서도 원재료인 합성고무 가격 상승분을 타이어 가격에 반영하기 위해서는 자동차 기업과의 협상이 필요하다. 이런 과정은 필연적으로 타임 갭을 낳는다. 다시 말해 원재료 가격 상승과 제품 가격 인상의 사이클, 원재료 가격 하락과 제품 가격 인하의 사이클을 잘 관찰하면 스프레드 확대/감소 흐름을 파악할 수 있다. 시장은 이런 흐름에 매우 민감하게 반응하는 경향이 있다.

세 번째는 화섬체인이다. 화섬은 화학섬유의 줄임말이다. 화섬체인의 대표적인 제품은 폴리에스터이고 주로 섬유산업과 연결된다. Pet Resin(폴리에틸렌테레프탈레이트 수지)은 주로 PET병으로 사용되면서 플라스틱 가공산업으로, PET필름은 디스플레이 필름으로 사용된다. MEG(모노에틸렌글라이콜)는 미국 면화 가격과 동행한다.(참고 〈그림 8-3〉)

그림 8-3 화섬체인

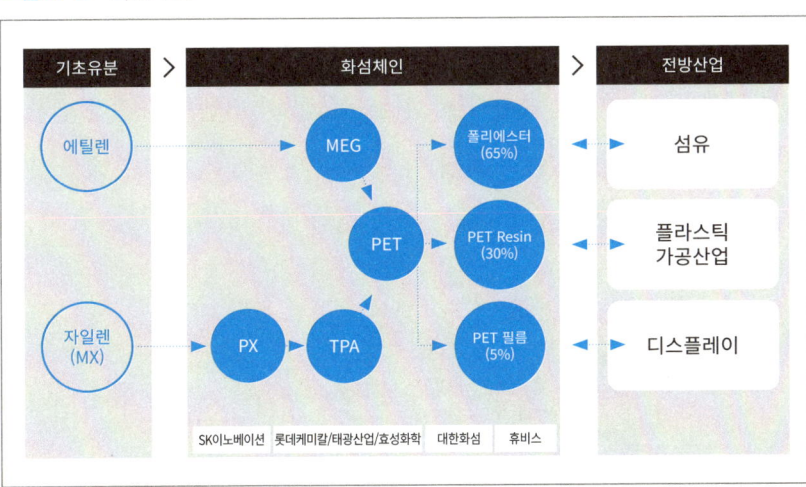

폴리에스터를 생산하는 대표기업은 휴비스, 대한화섬이 있다. TPA(테레프탈산)를 생산하는 대표적인 기업은 태광산업과 효성화학, MEG는 롯데케미칼, 그리고 PX(파라자일렌)는 정유사가 공급한다. 중동산 원유는 무거운 성분으로 아로마틱스 산출량이 많다. 따라서 정유사에서 아로마틱스 설비를 갖추고 벤젠과 파라자일렌 등을 화학기업에 판매한다.

마지막으로 기타화학제품체인이다. 우리가 익히 들어본 적이 있는 에폭시수지, 폴리우레탄, 초산에틸 같은 다양한 화학제품이 여기에 해당된다. 중요한 점은 원재료 가격 상승 시 제품 가격 인상이 가능한가를 확인해야 한다는 것이다.

예를 들어 폴리우레탄의 원재료인 MNB(모노니트로벤젠)/DNT(디니트로톨루엔) 등을 생산하는 휴켐스는 전방 수요가 유지된다면 원재료 가격 인상분을 제품 가격에 전이할 수 있다. 반면 휴켐스 등에서 원재료를 공급받아 신발 밑창을 생산하는 동성화학이나 스티로폼을 생산하는 진양산업은 가격 인상을 하기 어렵다. 다운스트림 끝단에 위치한 중소형 화학사의 경우 원재료 가격 상승분을 제품 가격에 전이하기보다는, 원재료 가격 하락 시에 이익이 증가하는 경향을 갖는다. 원재료 가격 상승분을 제품 가격에 전이할 수 있는 기업과, 원재료 가격 하락 시에 수혜를 갖는 기업을 구분해서 볼 필요가 있다.

정유·화학 업종을 보는 주요 지표

〈표 8-1〉은 정유·화학 관련 주요 지표를 정리한 것이다. 밸류체인을 통해 이미 살펴봤듯이 원재료 가격과 주요 제품의 가격 추이를 챙겨보는

표 8-1 정유·화학 관련 주요 지표

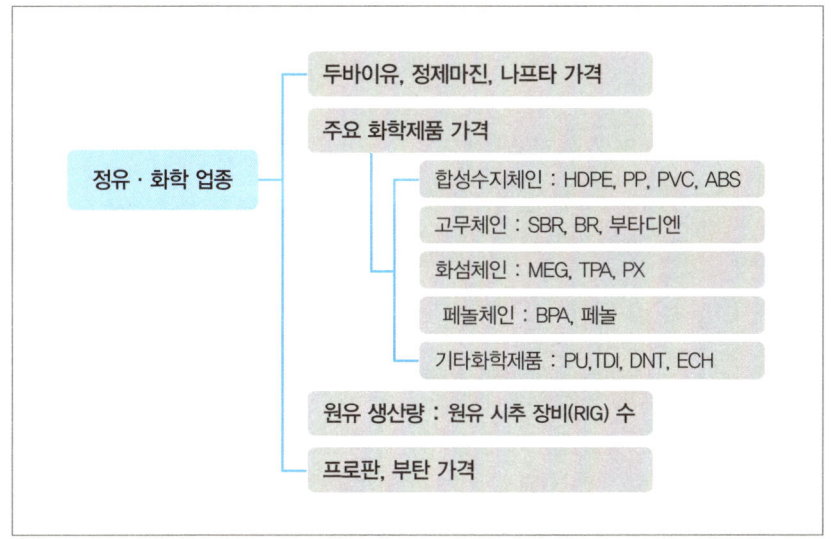

것이 관건이다.

그렇다면 이런 각종 지표와 친해지는 방법에 대해서도 알아보자. 경험상 방법론이지만 정유·화학 종목에 익숙해지는 가장 좋은 방법은 애널리스트 리포트를 꾸준히 읽는 것이다.* 그리고 산업통계 데이터 서비스를 활용하는 것도 한 방법이다. 아이투자가 제공하는 인더스트리 워치 서비스 같은 경우다. 물론 관세청 수출 데이터를 챙기는 것도 빼놓을 수 없다. 어떤 방식이든 꾸준히 지속적으로 데이터를 모니터링하고 가격 변화를 관찰하는 것이 중요하다.

---

* 하나증권의 윤재성 애널리스트, KB증권의 백영찬 애널리스트, 유안타증권의 황규원 애널리스트 등 다양한 애널리스트의 주간, 월간 리포트를 꾸준히 읽는 방법을 추천한다. 한경컨센서스 산업리포트를 통해 주단위로 정유·화학 제품 가격과 시장 동향을 참고할 수 있다.
백영찬 애널리스트와 황규원 애널리스트는 정유·화학 제품 가격을 공유해 주고 있다. 백영찬 애널리스트는 개인 블로그를 통해, 황규원 애널리스트는 월간 리포트의 링크를 통해 제공한다.

표 8-2 주요 화학제품 관련 기업과 수출코드

화학제품	주요 HS코드	관련 기업
ABS	390330	LG화학, 금호석유화학, 롯데케미칼
BPA(비스페놀에이)	2907231000	금호석유화학
DOP(오르토프탈산디옥틸)	291732	애경유화, LG화학, 한화케미칼, OCI
ECH(에피클로로히드린)	291030	롯데정밀
HDPE	3901209000	
LDPE	390110	
MDI	2929102000	금호석유화학, 휴켐스
MMA(메타아크릴산메틸)	2916141000	롯데케미칼, LG화학
MNB(니트로벤젠)	2904209010	휴켐스
NF3	2812909000	효성, SK머티리얼즈, 후성
PET 필름	392062	SKC, 코오롱인더스트리
PO(프로필렌옥사이드)	291020	SKC
PPG(폴리프로필렌글리콜)	3907202000	KPX케미칼
PVC	390410	한화케미칼
SBR	40021	금호석유
TDI	2929101000	한화케미칼, OCI, 휴켐스
가성소다	281512	한화케미칼, 롯데정밀화학, 백광산업
나프타(Naphtha)	2710124000	
라텍스	400251	금호석유화학
무수프탈산	291735	애경유화
벤젠(Benzene)	2902200000	SK이노베이션
부타디엔(Butadiene)	2901241000	롯데케미칼, 대한유화

화학제품	주요 HS코드	관련 기업
산화방지제	3812391000	송원산업
스티렌모노머(SM)	2902500000	롯데케미칼, 금호석유화학, LG화학
스판덱스	5402499000	효성티엔씨, 티케이케미칼
아크릴로니트릴(AN)	2926100000	태광산업
알킬벤젠	3817000000	이수화학
암모니아	2814	롯데정밀화학, 휴켐스, 남해화학
에틸렌(Ethylene)	2901210000	대한유화, LG화학, SK이노베이션
에폭시수지	390730	국도화학
염화칼륨	3104200000	유니드, 남해화학
요소	310280	남해화학
초산에틸	291531	한국알콜
카프로락탐(CPLM)	293371	카프로
타이어코드	590220	효성첨단소재
테레프탈산(TPA)	2917361000	효성화학, 롯데케미칼
파라자일렌(P-X)	2902430000	SK이노베이션, S-Oil, GS칼텍스
페놀	2907111000	금호피앤비화학
폴리에스터_단섬유	550320	휴비스
폴리에스터_장섬유	540247	휴비스
폴리우레탄	390950	
폴리카보네이트(PC)	390740	LG화학, 롯데케미칼
폴리프로필렌(PP)	3902100000	대한유화
프로필렌(Propylene)	2901330000	대한유화, LG화학, SK이노베이션

특히 정유사나 NCC, 또는 다운스트림 화학 기업을 한두 개 선정해서 주요 제품가격과 원재료 가격 추이를 월 단위로 업데이트하면 시장 이해도가 증가하고 실적 추정에도 익숙해지게 된다.

〈표 8-2〉는 주요 화학 제품의 관세청 수출코드를 정리해 둔 것이다. 참고용으로 봐주기 바란다.

지난 10년의 흐름 : 정유, NCC

실전 감각을 익히기 위해 정유사와 NCC 기업의 실제 지표에 대해 이야기해 볼까 한다. 정유사는 SK이노베이션, NCC는 롯데케미칼을 사례로 들어 정리해 본다.

SK이노베이션은 크게 4가지 사업부문으로 구성된다. 석유사업, 화학사업, 윤활유사업, 그리고 전기차배터리사업이다. 석유사업은 정제설비를 통해 휘발유, 경유, 나프타 등의 제품을 생산하고, 화학사업은 정유사가 보유한 아로마틱스 설비를 통해 자일렌과 벤젠을 생산한다.

실적 분석은 뒤에서 따로 해 보겠지만, 일단은 정제마진과 화학사업을 통해 SK이노베이션의 이익지수를 만들어볼 수 있다는 점만 기억해 두자.

〈그림 8-4〉~〈그림 8-6〉은 지난 10년 간의 SK이노베이션 이익지수와 두바이유, 주가를 비교한 그림이다. 정유사 입장에서 두바이유는 원재료이다. 이 그림을 이해하는 게 중요하다.

그림에서 ①번과 ③번 시기는 호황기이고, ②번과 ④번 시기는 침체기라고 할 수 있다. ①번과 ③번 시기는 국제유가가 점진적으로 상승하면서 정제마진과 화학 제품 가격이 함께 상승하는 모습이다. ②번과 ④번

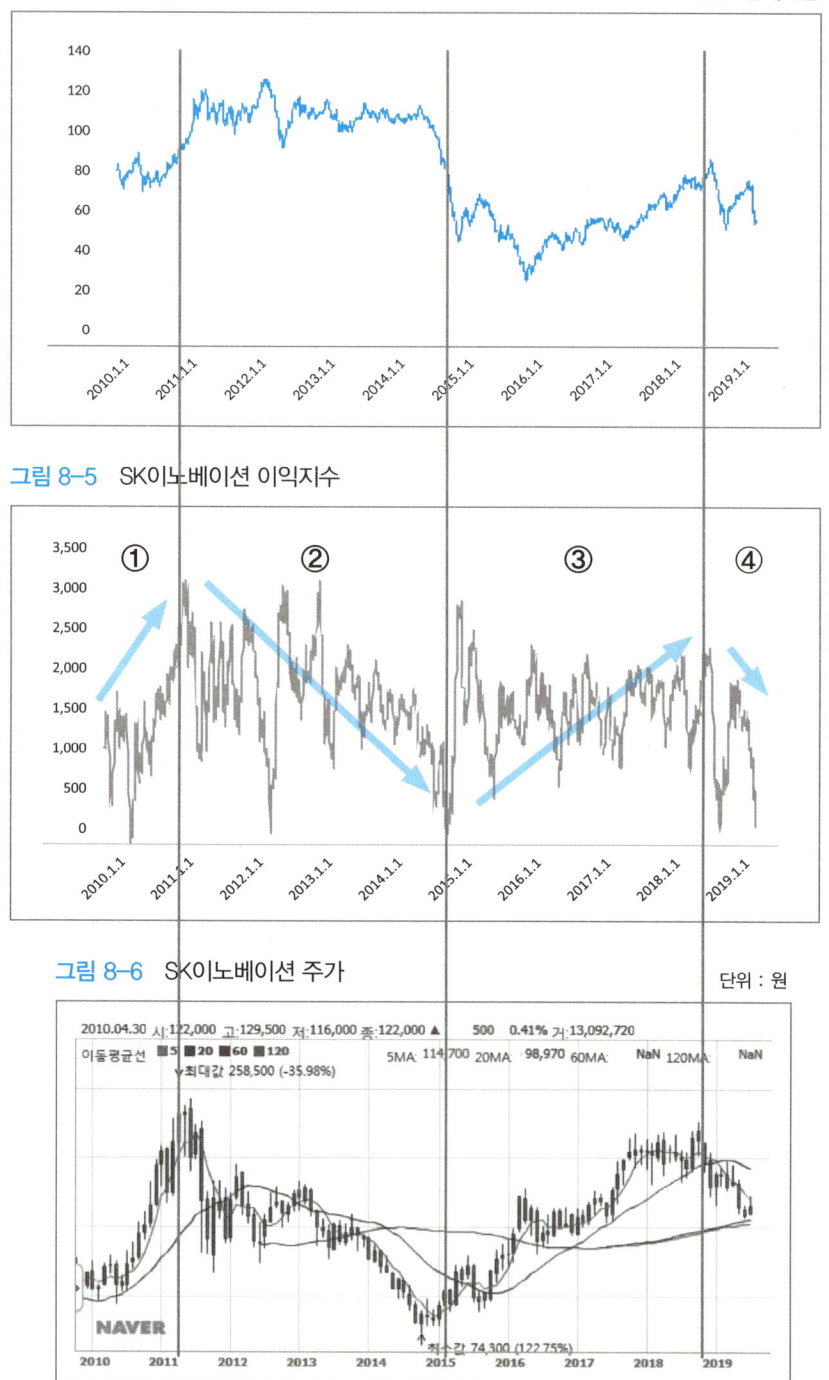

그림 8-4 두바이유 가격 (단위: 달러/배럴)

그림 8-5 SK이노베이션 이익지수

그림 8-6 SK이노베이션 주가 (단위: 원)

그림 8-4 출처: 산업통상자원부
그림 8-5 출처: petrochemical.tistory.com에서 인용하여 저자가 새롭게 그림
그림 8-6 출처: 네이버 금융

시기는 국제유가가 높은 가격을 유지하다가 급격하게 하락한 모습인데 정제마진과 화학 제품 가격의 부진이 함께 이어진 시기라고 볼 수 있다.

지난 10년의 흐름에서 확인할 수 있는 것과 같이 가장 좋은 시장 흐름은 국제유가의 점진적 상승(=원재료 가격 상승)이 전방수요와 연결되면서 제품 가격 인상으로 이어지는 시기이다.

④번의 시기는 국제유가의 큰 폭 조정과 상승이 이어지고 있는 반면 정제마진, 화학제품 가격이 모두 부진한 상황이다. 따라서 정제마진과 화학제품 가격의 상승을 확인하는 게 중요하다.

롯데케미칼은 합성수지체인과 화섬체인에 걸쳐 HDPE, PP, MEG 등의 제품을 생산한다. 원재료는 공통적으로 나프타이다. 따라서 이익은 HDPE-나프타, PP-나프타, MEG-나프타 스프레드를 통해 추정이 가능하다.

마찬가지로 세부적인 실적 분석은 뒤에서 따로 다루기로 하고, 일단 롯데케미칼의 이익지수와 원재료인 나프타, 주가를 비교해 보자. 〈그림 8-7〉~〈그림 8-9〉는 지난 10년의 흐름을 정리한 것이다.

롯데케미칼 원재료는 나프타 가격이다. ①번과 ③번 시기는 호황기이고, ②번과 ④번은 침체기라고 할 수 있다. ①번과 ③번은 나프타 가격이 점진적으로 상승하면서 HDPE, PP, MEG 가격이 함께 상승하는 시기이다. ②번과 ④번 시기는 나프타 가격이 높은 가격을 유지하다가 급격하게 하락한 모습인데 HDPE, PP, MEG 가격의 부진 역시 이어졌다.

앞서 살펴본 정유사(SK이노베이션)의 10년 흐름과 유사한 모습을 보인다. 다만 시기적으로 화학기업(롯데케미칼)이 조금 더 경기에 민감하고

그림 8-7 나프타 가격   단위 : 달러/톤

그림 8-8 롯데케미칼 이익지수

그림 8-9 롯데케미칼 주가   단위 : 원

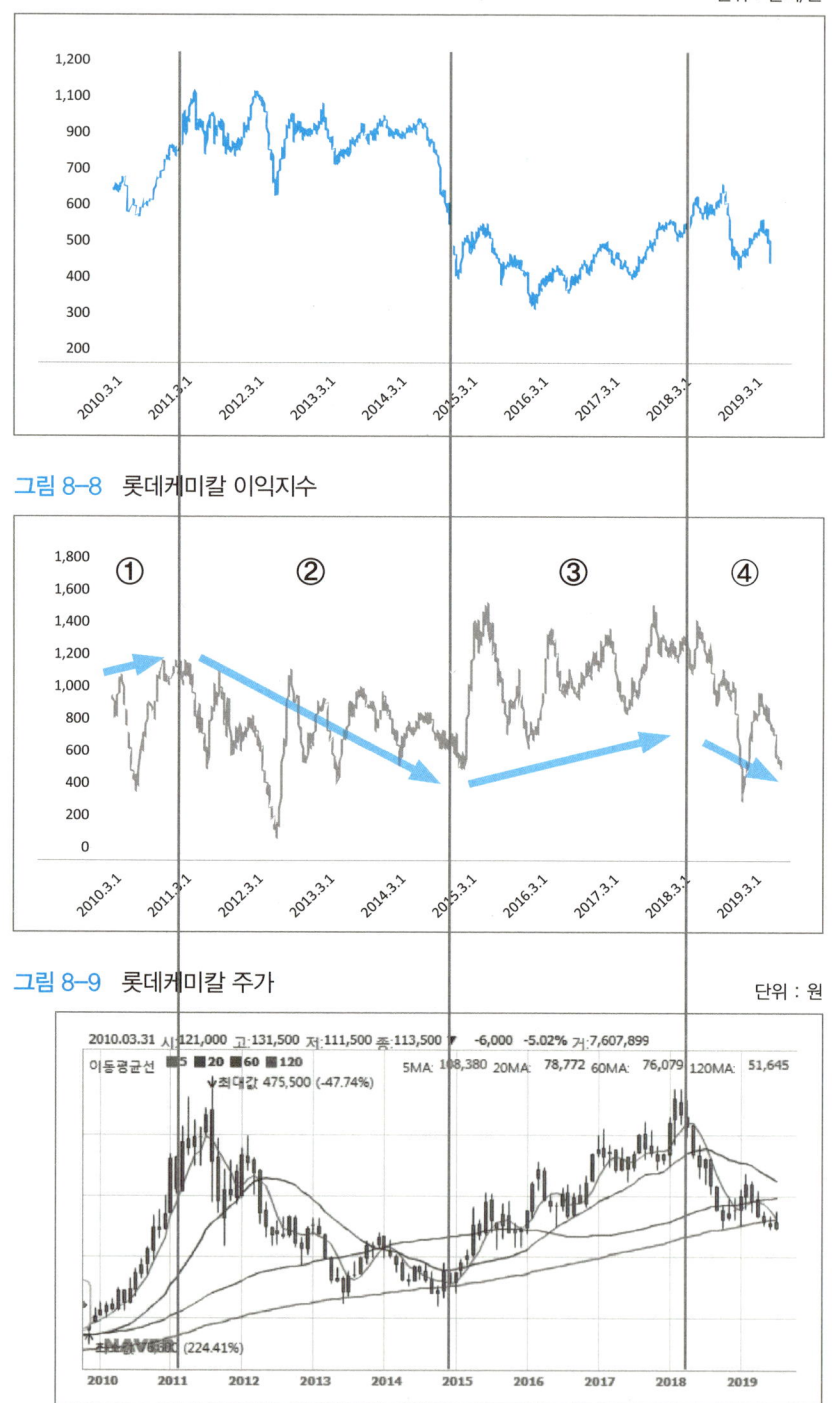

그림 8-7, 8-8 출처 : petrochemical.tistory.com에서 인용하여 저자가 새롭게 그림
그림 8-9 출처 : 네이버 금융

빨리 움직이는 경향을 보인다.

가장 좋은 시장 흐름은 나프타 가격의 점진적 상승(=원재료 가격 상승)이 전방수요와 연결되고 제품 가격 인상으로 이어지는 것이다. 나프타 가격 등락에 따라 일시적으로 화학제품과 나프타 가격 간 스프레드가 증가할 수는 있다. 그러나 가장 중요한 것은 화학제품 가격 상승을 확인하는 것이다.

국제유가의 방향은 예측보다는 대응

국제유가의 가격 방향을 예측하는 것은 굉장히 어렵다. 원유 생산량, 재고 수준, 금리 등등에 가끔은 허리케인 영향까지 고려해야 한다. 예측보다는 흐름에 대한 대응의 영역이라고 할 수 있다. 다만 미국 원유정보 제공업체인 베이커휴즈가 주단위로 발표하는 미국 원유 시추장비(RIG) 수를 보는 것은 의미가 있다. 베이커휴즈의 미국 원유 시추장비 데이터는 인베스팅닷컴에서 주단위로 제공해준다.

이 지표를 통해 미국 원유 생산량 추이를 파악할 수 있다. 원유 시추장비 수가 증가하면 원유 생산량이 증가할 것이고, 감소하면 원유 생산량 역시 감소할 것이다.

다시 말하지만 국제유가와 관련해서는 예측보다는 시장이 왜 이렇게 반응하는지에 대한 해석과 향후 대응이 중요하다는 점을 기억할 필요가 있다.

덧붙여 원유 시추장비 수의 증가는 철강 업종의 강관 수출 증가와 연결된다. 이 점은 앞서 철강 업종에서 자세히 언급한 바 있다.

주요 관전포인트 : 1) 에틸렌과 부타디엔

몇 가지 중요한 관전포인트를 이야기 해 보자. 먼저 ECC$^{Ethane\ Cracking\ Center}$와 NCC에 관한 것이다. NCC는 나프타를 원재료로 기초유분을 생산하는 반면, ECC는 에탄을 원재료로 기초유분을 생산한다.

여기서 중요한 점은 NCC와 ECC 기초유분 생산 비중이 다르다는 점이다. NCC는 에틸렌 : 프로필렌 : 부타디엔 : 아로마틱스 생산비중이 31 : 16 : 10 : 23 수준인 반면, ECC는 75 : 2 : 3 : 5 비중이다. 다시 말해 ECC는 셰일오일을 이용한 에틸렌 생산 비중이 압도적으로 높다. 미국을 중심으로 ECC 증설이 지속되고 있고 에틸렌 생산 역시 증가하고 있다. 셰일오일/가스 채굴 증가는 에탄 생산 증가로 이어지고 에탄을 원재료로 기초유분을 생산하는 ECC 생산증가로 이어진다.

반면 NCC는 2021년 하반기 이후에나 증설이 진행될 예정이다. 부타디엔 생산의 95%가 NCC에서 이뤄진다는 점을 고려하면 부타디엔의 공급이 수요를 따라가지 못할 것이라고 예상할 수 있다. 부타디엔은 합성고무(SBR)의 원재료로 사용되며 천연고무 가격과 동행한다.

2019년 접어들어 태국, 말레이시아, 인도네시아 등 천연고무 주요 수출국이 가격 안정화를 위해 수출 쿼터제를 적용하면서 천연고무 가격이 상승하고 있다. 이 점은 합성고무에 영향을 줄 수 있다. 전방산업인 타이어, 자동차 업황이 아직 부진한 상황이므로 수급의 큰 변화를 보이고 있지는 않으나 공급 관점의 변화는 눈여겨 볼 필요가 있다.

주요 관전포인트 : 2) 중국 환경규제

또 하나의 관전포인트는 중국의 환경 관련 규제 정책이다. 환경규제 정책은 비단 화학 업종 뿐만 아니라 철강, 골판지, 자동차 등 다양한 업종에 걸쳐 영향을 끼치고 있다.

2017년부터 2018년 상반기까지 화학 시장에 가장 큰 영향을 미친 것은 중국의 환경규제 정책이다. 중국에서 가장 많이 사용되는 에너지는 석탄인데 환경 오염 문제를 끊임없이 야기해 왔다. 중국의 석탄 생산 규제로 인해 석탄 가격이 상승하고, 석탄 기반 에틸렌, PVC, 가성소다 생산이 감소하면서 나프타 기반 화학 제품 가격이 상승했다. 또한 폐플라스틱 수입을 금지하면서 합성수지체인 제품의 수요 증가로 이어졌다. 폴리에스터, 나일론 등의 노후화 설비 가동을 규제하면서 화섬체인 제품 가격 역시 상승으로 이어졌다.

중국의 환경규제는 장기적으로 유효하다. 다만 시장 움직임은 2018년 상반기 미·중 무역분쟁이 격화되면서 변화하고 있다. 미·중 무역분쟁은 화학 제품 전반의 수요와 가격 부진으로 이어지는 양상이다.

주요 관전포인트 : 3) 미·중 무역분쟁 그리고 프로판 시장

2018년 2분기 미·중 무역분쟁이 시작되면서 가장 먼저 영향을 받은 화학 제품은 ABS, PC이다. 당시 미국이 중국산 전자기기에 25% 관세를 부과했다. 이에 따라 가전기기용 플라스틱인 ABS, PC 가격이 하락하기 시작했고 이후 화섬, 합성수지 등 화학 제품 전반의 가격 하락으로 이어졌다.

중국 역시 맞대응에 나섰다. 미국산 원유 수입 중단 카드를 잠시 고려했지만 현실적으로 어렵다고 판단하고, 다른 대안으로 미국산 프로판에 10% 관세를 부과했다.

프로판 시장 변화에 대해서 잠시 정리해 보자. 프로판 시장은 하나의 사례이지만 미국과 중국, 사우디 간의 역학 관계를 알려주는 단적인 예이기도 하다. 앞으로 화학 시장에서 미국의 역할 확대라는 점에서도 관심 있게 지켜볼 대목이다.

중국이 미국산 프로판에 관세를 부과하자 급증하던 미국산 프로판의 중국 수입은 2018년 하반기를 지나면서 큰 폭 하락했다. 중국은 미국의 대안으로 사우디아라비아를 선택했다. 전 세계 LPG 공급 1위는 사우디, 2위가 미국이다. 사우디산 LPG로 숨통을 틔었지만 문제는 가격이다. 사우디산 LPG는 전통적으로 미국산에 비해 비싸다. 사우디 아람코의 LPG 가격은 원유 가격과 동행한다. 유가 상승은 LPG 가격 상승으로 이어지고 중국 수요 증가 역시 LPG 가격 상승에 일조하게 됐다. 반면 미국산 LPG는 수요처가 줄어들면서 가격 약세를 보이고 있다.

2018년 초만 하더라도 중국의 프로판 최대 수입국은 미국이고, 미국의 대 중국 프로판 점유율은 30%에 육박했다. 미국은 셰일가스/오일을 채굴하는 과정에서 에탄과 프로판을 분리해서 에탄은 ECC에, 프로판은 내수 에너지용으로 46%를 소비하고 나머지는 모두 수출한다. 중국이 아람코로 수입처를 바꾸면서 미국 입장은 꽤나 난처한 상황이 되었다. ECC 가동으로 증가된 에탄 수요를 채우기 위해서는 꾸준히 에탄을 뽑아내야 하는데 프로판 수요가 급감하고 마진이 약화되면 원유 채굴업체와 정유사의 이익이 감소할 수 밖에 없기 때문이다.

이 상황에서 2019년 4월 VLGC(초대형가스운반선)에 실린 미국 프로판이 최초로 인도에 수출되었다. 휴스턴에서 인도까지 운송비는 대략 톤당 80달러 수준인데, 2019년 상반기 기준 아람코와 미국의 프로판 가격차가 대략 톤당 180달러 수준이다. 향후 인도 수요가 증가할 것으로 보인다.

미국은 중국 수출량 감소분에 대한 해결책을 인도에서 찾았다. 물론 인도만으로는 부족하다. 이 대목에 주목해야 한다. 미국산 프로판의 영향으로 국내 프로판 수입 가격에 영향을 줄 가능성이 생겨났기 때문이다. 이 점이 우리로서는 중요한 관전포인트이다.

우리나라는 SK가스, E1 등이 주로 아람코를 통해 수입을 해 온다. 수입한 LPG는 주로 태광산업, SK종합화학, LG화학 등에 화학제품용 프로판을 공급한다. SK가스 자회사 SK어드밴스드는 프로판으로 프로필렌을, 효성화학은 PP를 생산한다.

프로판 가격이 약세로 전환하리라는 전망이 있다. 상대적으로 가격이 싼 미국산 프로판의 공급 확대와 궤를 같이한다. 또 향후 미·중 무역분쟁 타결 시 중국이 다시 미국산 프로판 수입을 확대할 것이고, 그렇게 되면 아람코 프로판 가격에 다시 영향을 미칠 것이기 때문이다.

현재 프로필렌, PP 가격은 약세를 보이고 있다. 미국, 중국, 인도, 사우디 간의 역학 구도를 고려해 볼 때, 향후 프로판 가격 하락, 프로필렌, PP 제품 가격 회복의 큰 방향으로 향할 개연성이 있다.

화학 업황 사이클로 보면 2018년 중순부터 침체기로 접어들어 있다.

시크리컬의 특성상 업황은 침체기를 거쳐 다시 호황기로 접어들 것이다. 중요한 점은 업황 회복은 화학제품 가격 반등을 확인하는 과정을 거치면서 서서히 진행된다는 점이다. 우리가 지표의 변화를 모니터링 하는 이유이기도 하다. 침체기를 거쳐 다시 호황기로 접어드는 시점은 투자 수익률을 높일 수 있는 좋은 투자 기회가 될 수 있다.

기업 분석 : SK이노베이션

이제 실제 제품과 원재료 가격 데이터를 활용해 기업분석을 해 보자.

SK이노베이션의 주요 사업부문은 정제설비를 갖고 있는 석유사업과 아로마틱스 설비를 갖춘 화학사업, 그리고 윤활유사업과 전기차배터리 사업으로 나눠 볼 수 있다. 상대적으로 이익 비중이 낮은 윤활유사업과 배터리사업을 제외하고 보면, 석유사업과 화학사업의 비중이 높고 이익 규모 역시 이 사업부문에서 난다.

자일렌과 벤젠의 원재료는 나프타이므로, PX-나프타, 벤젠-나프타 스프레드를 통해 화학사업 부문의 이익을 추정할 수 있고, 정제마진을 통해 석유사업의 이익 역시 추정할 수 있다. 이 3가지 변수를 통한 이익 추정이 가능하다. 추가적으로는 환율과 재고평가이익을 고려해야 한다.

참고로 PX는 대규모 증설이 이어지고 있다. 중국 정유사 Hengi PC가 450만 톤, 국영기업 중국석유화공^{Sinopec}이 100만 톤 등 PX는 2019년에만 700만 톤 이상의 증설이 진행되면서 공급 과잉과 가격 약세를 보이고 있다.

그림 8-10 두바이유 가격 단위 : 달러/배럴

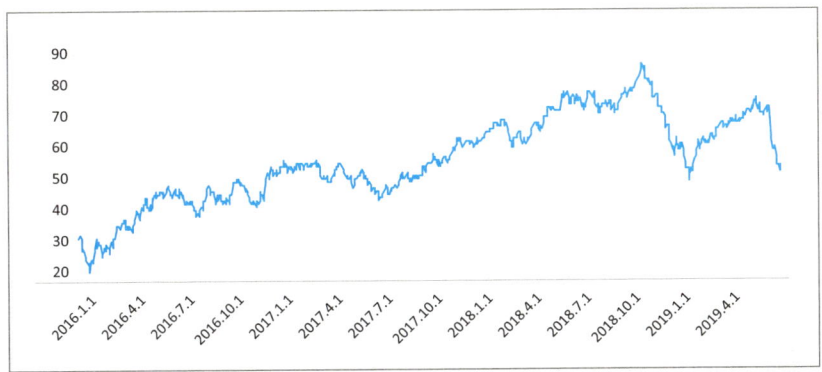

출처 : petrochemical.tistory.com에서 인용하여 저자가 새롭게 그림

그림 8-11 SK이노베이션의 정제마진 단위 : 달러/배럴

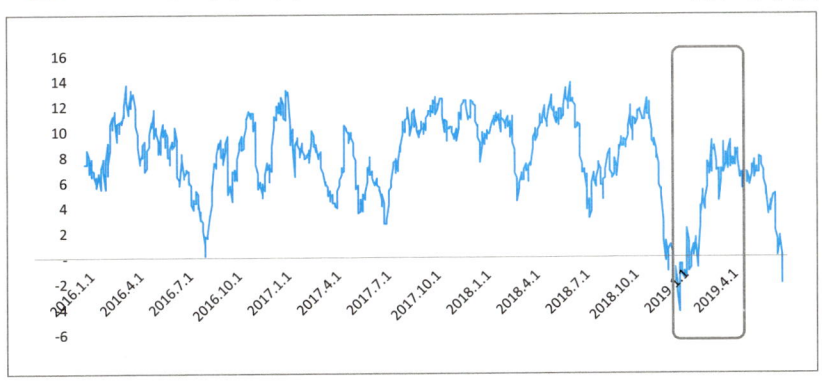

출처 : petrochemical.tistory.com에서 인용하여 저자가 새롭게 그림

그림 8-12 PX-나프타 스프레드 단위 : 달러/배럴

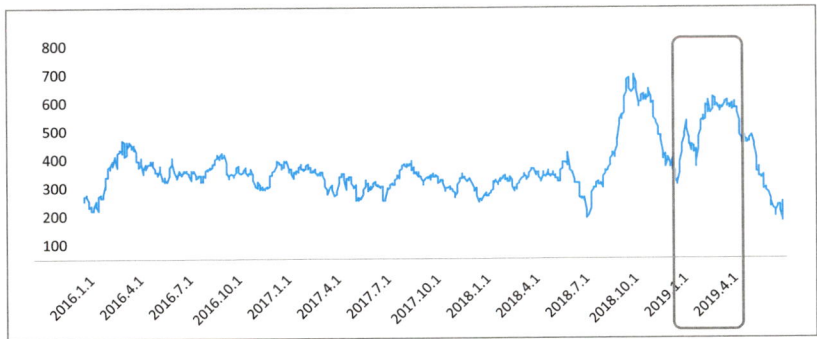

출처 : petrochemical.tistory.com에서 인용하여 저자가 새롭게 그림

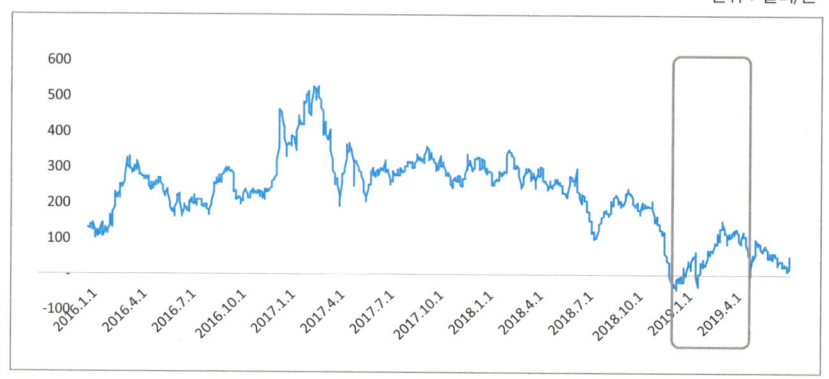

그림 8-13 벤젠-나프타 스프레드   단위 : 달러/톤

출처 : petrochemical.tistory.com에서 인용하여 저자가 새롭게 그림

〈그림 8-10〉~〈그림 8-13〉은 SK이노베이션 정제마진, PX-나프타, 벤젠-나프타, 3가지 주요 변수의 가격 및 스프레드 변화 흐름이다.

〈그림 8-14〉는 SK이노베이션의 영업이익과 이익지수*를 함께 그려본 것이다. 정제마진, PX-나프타, 벤젠-나프타 스프레드 추이를 통해 해당 분기 영업이익을 추정할 수 있다는 것을 보여준다. 설명상 편의를 위해 이익지수라는 개념을 사용했으나, 중요한 점은 이익 흐름을 확인할 수 있다는 점이다. SK이노베이션의 핵심 지표와 지표 추이를 통해 이익의 흐름을 이해하는 것이 중요하다.

실제 매출을 추정하는 사례를 살펴보면 〈표 8-3〉과 같다. 정제마진, PX-나프타, 벤젠-나프타 스프레드를 먼저 분기별로 정리한다.(참고 〈표 8-3〉 ①) 그리고 분기별 변화를 비교하기 위해 일정 시점을 기준으로 지

---

* 정제마진, PX-나프타, 벤젠-나프타 분기평균 데이터는 KB증권 백영찬 애널리스트 블로그 또는 관세청의 수출/수입 단가를 통해서 가져올 수 있다. 따라서 이 데이터를 기반으로 이익 비중을 정제마진 : PX-나프타 : 벤젠-나프타 = 5 : 4 : 1 로 가정하면 분기별로 이익을 지수화할 수 있다.

그림 8-14 SK이노베이션의 영업이익과 이익지수   단위 : 억 원

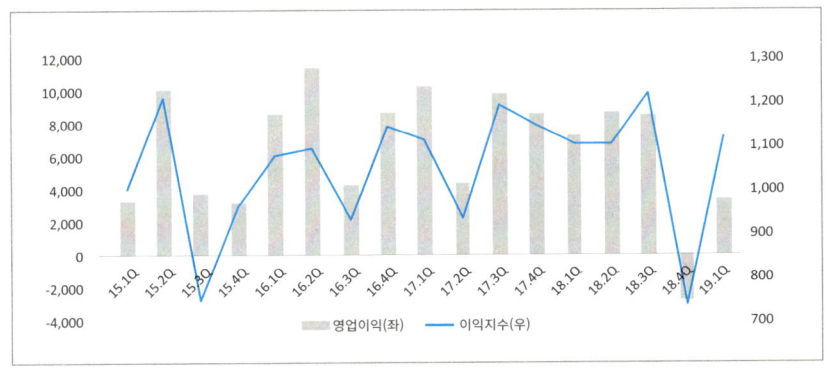

출처 : SK이노베이션 사업보고서에서 인용하여 저자가 새롭게 그림

표 8-3 실적 추정 주요 포인트 : SK이노베이션

(단위: 억 원)	18.1Q	18.2Q	18.3Q	18.4Q	19.1Q	
매출액	121,661	134,380	149,587	139,481	124,002	
매출원가	110,287	121,049	135,545	138,411	116,227	
매출총이익	11,374	13,331	14,042	1,070	7,775	
판관비	4,259	4,815	5,684	3,883	4,464	
영업이익	7,115	8,516	8,358	-2,813	3,311	③ 이익 추정
당기순익	4,583	4,992	4,449	2,491	1,958	
매출이익률	9.3%	9.9%	9.4%	0.8%	6.3%	
판관비 비율	3.5%	3.6%	3.8%	5.5%	3.6%	
영업이익률	5.8%	6.3%	5.6%	-2.0%	2.7%	
순이익률	3.8%	3.7%	3.0%	1.8%	1.6%	
1M lagging						
정제마진	9.2	10.1	8.7	2.3	6.6	
PX-나프타	353.7	350.1	505.7	461.1	563.8	
벤젠-나프타	300.3	227.0	206.0	49.5	① 96.0	제품 스프레드
이익지수						
정제마진	96	105	91	24	69	
PX-나프타	113	112	162	147	180	
벤젠-나프타	168	127	115	28	54	
이익지수	1,100	1,101	1,215	737	② 1,118	이익지수

출처 : SK이노베이션 사업보고서에서 인용하여 저자가 새롭게 작성

수화한다.(참고 〈표 8-3〉 ②) 2015년 1분기를 지수 1,000으로 잡고 매 분기 지표 변화를 반영한다. 이익지수 변화 폭만큼 영업이익 변화를 추정한다.(참고 〈표 8-3〉 ③)

참고로 환율과 유가 방향에 따른 재고평가 이익/손실은 별도로 고려해야 한다. 그리고 매출액은 유가와 동행한다. 정유사는 매출액보다는 영업이익 변화가 더 중요하다.

어쨌든 핵심은 SK이노베이션과 같은 정유사 실적은 정제마진과 화학사업의 제품 가격과 나프타 가격 간의 차이를 추적해서 분기별 실적을 추정할 수 있다는 점이다.

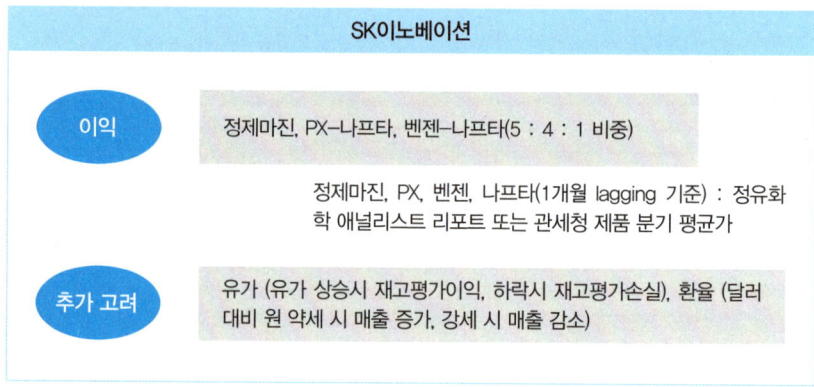

기업 분석 : 롯데케미칼

롯데케미칼은 합성수지인 HDPE와 PP, 화섬체인에 속한 MEG를 주로 생산한다. 원재료는 나프타이므로, HDPE-나프타, PP-나프타, MEG-나프타 스프레드를 통해 이익을 추정할 수 있다. 다음은 롯데케미칼의

그림 8-15 에틸렌-나프타 스프레드   단위 : 달러/톤

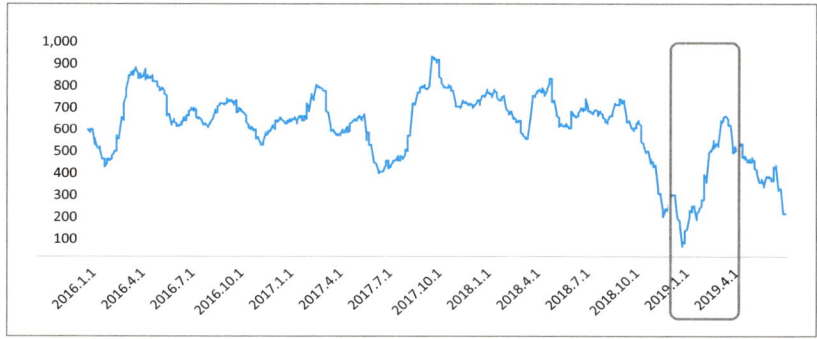

출처 : petrochemical.tistory.com에서 인용하여 저자가 새롭게 그림

그림 8-16 HDPE-나프타 스프레드   단위 : 달러/톤

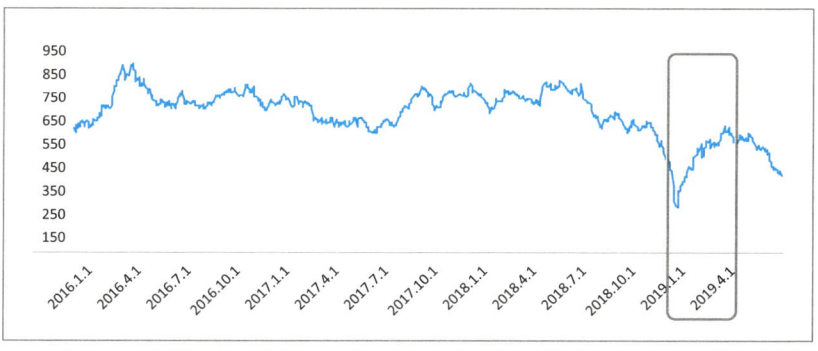

출처 : petrochemical.tistory.com에서 인용하여 저자가 새롭게 그림

그림 8-17 PP-나프타 스프레드   단위 : 달러/톤

출처 : petrochemical.tistory.com에서 인용하여 저자가 새롭게 그림

그림 8-18   MEG-나프타 스프레드   단위 : 달러/톤

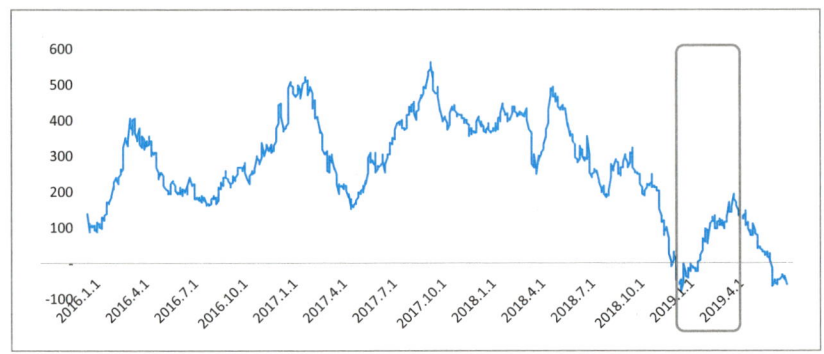

출처 : petrochemical.tistory.com에서 인용하여 저자가 새롭게 그림

그림 8-19   롯데케미칼의 영업이익과 이익지수   단위 : 억 원

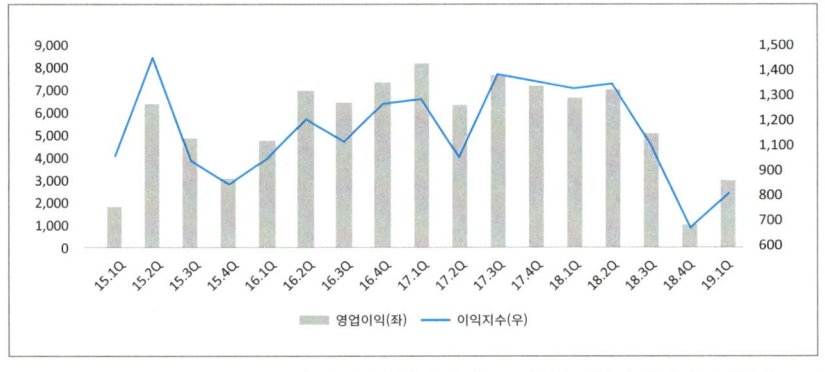

출처 : 롯데케미칼 사업보고서에서 인용하여 저자가 새롭게 그림

주요 이익 변수의 변화 추이를 알아보자.

먼저 〈그림 8-15〉~〈그림 8-18〉은 롯데케미칼 HDPE-나프타, PP-나프타, MEG-나프타 3가지 주요 변수의 스프레드 변화 흐름이다.*

〈그림 8-19〉는 롯데케미칼의 영업이익과 이익지수를 함께 그려본 것

---

* 이 데이터 역시 KB증권 백영찬 애널리스트 블로그나 관세청 데이터를 통해 활용할 수 있다. 데이

표 8-4 실적 추정 주요 포인트 : 롯데케미칼

(단위:억 원)		18.1Q	18.2Q	18.3Q	18.4Q	19.1Q	
매출액		41,232	43,302	42,476	38,440	37,218	
	매출원가	32,714	34,374	35,380	35,454	32,363	
매출총이익		8,518	8,928	7,096	2,986	4,855	
	판관비	1,898	1,915	2,060	1,981	1,898	
영업이익		6,620	7,013	5,036	1,005	2,957	③
당기순익		5,269	5,554	4,349	620	2,173	이익 추정
매출이익률		20.7%	20.6%	16.7%	7.8%	13.0%	
판관비 비율		4.6%	4.4%	4.8%	5.2%	5.1%	
영업이익률		16.1%	16.2%	11.9%	2.6%	7.9%	
순이익률		12.8%	12.8%	10.2%	1.6%	5.8%	
2M lagging							
HDPE-나프타		734.0	769.8	644.3	492.6	553.9	
PP-나프타		610.9	643.9	563.8	469.7	559.6	
MEG-나프타		389.0	373.7	258.6	77.9	127.5	①
이익지수							제품 스프레드
HDPE-나프타		117	123	103	79	88	
PP-나프타		118	124	109	91	108	
MEG-나프타		160	154	106	32	52	②
이익지수		1,302	1,325	1,057	682	835	이익지수

출처 : 롯데케미칼 사업보고서에서 인용하여 저자가 새롭게 작성

이다. HDPE-나프타, PP-나프타, MEG-나프타 스프레드를 통해 분기 영업이익을 추정할 수 있다는 점을 이해하는 게 중요하다. 즉 롯데케미칼의 핵심 지표와 지표 추이를 통해 이익 흐름을 이해하는 것이 관건이다.

실제 매출을 추정하는 사례를 살펴보면 〈표 8-4〉와 같다. HDPE-나프타, PP-나프타, MEG-나프타 스프레드 평균가를 분기별로 정리한다.(참고 〈표 8-4〉 ①) 분기별 변화를 비교하기 위해 일정 시점을 기준으로 지수화하는데 2015년 1분기를 지수 1,000으로 잡았다.(참고 〈표 8-4〉

터를 기반으로 이익 비중을 HDPE-나프타, PP-나프타, MEG-나프타 = 4 : 3 : 3 로 가정하면 분기별로 이익을 지수화할 수 있다.

②) 이익 지수의 변화추이만큼 영업이익 변화를 추정한다.(참고 〈표 8-4〉
③)

롯데케미칼과 같은 NCC 기업은 제품 가격과 원재료인 나프타 가격 간의 차이를 추적해 분기별 실적을 추정할 수 있다.

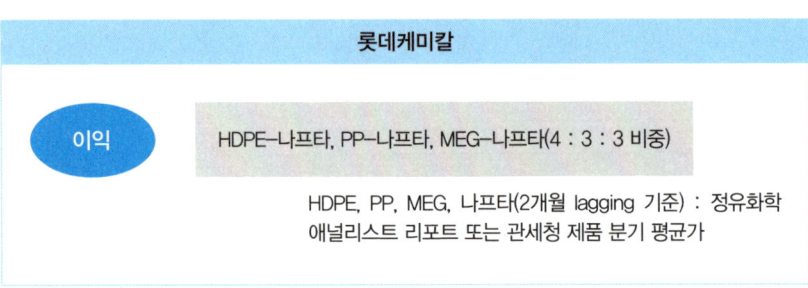

기업 분석 : 국도화학

조금 더 쉽게 이익을 추정하는 방법을 설명해 볼까 한다. 국도화학 매출 비중은 에폭시수지가 85%, 폴리올수지가 15%를 차지한다. 이익의 유형을 보면 원재료 가격 상승분을 제품 가격에 전이할 수 있는 사업구조를 갖고 있다. 다만 업황 부진으로 인한 수요 감소는 제품 가격 하락으로 이어지면서 실적이 악화된다.

주력 제품은 에폭시수지이고 원재료는 BPA(비스페놀에이)와 ECH(에피클로로히드린)이다. 투입 원재료 비중은 BPA가 60%, ECH가 40% 비중이다.

관세청 수출데이터를 통해 수출물량과 단가 확인이 가능하다. 관세청 HS코드를 보면 에폭시수지는 390730, BPA는 2907231000, ECH는

표 8-5 실적 추정 주요 포인트 : 국도화학

(단위:억 원)	17.3Q	17.4Q	18.1Q	18.2Q	18.3Q	18.4Q	19.1Q	
매출액	2,747	2,976	3,198	3,261	3,241	3,106	2,951	← P×Q
매출원가	2,376	2,088	2,816	2,850	2,904	2,764	2,641	
매출총이익	371	888	382	411	337	342	310	
판관비	174	735	185	183	160	257	194	
영업이익	197	153	197	228	176	85	116	← Spread×Q
당기순익	136	105	135	136	110	68	88	
매출이익률	13.5%	11.7%	11.9%	12.6%	10.4%	11.0%	10.5%	
판관비 비율	6.3%	24.7%	5.8%	5.6%	4.9%	8.3%	6.6%	
영업이익률	7.2%	5.1%	6.2%	7.0%	5.4%	2.7%	3.9%	
순이익률	5.0%	3.5%	4.2%	4.2%	3.4%	2.2%	3.0%	
에폭시(P)	2,508	2,573	3,000	3,124	3,073	2,986	2,735	
BPA(0.6)	1,105	1,239	1,604	1,669	1,748	1,485	1,314	
ECH(0.4)	1,183	1,408	1,823	1,863	1,729	1,723	1,522	에폭시수지-(BPA, ECH)
에폭시 spread	1,372	1,266	1,308	1,377	1,333	1,406	1,338	
에폭시(Q) 수출중량(관세청, TON)	77,184	75,433	78,687	74,459	69,605	67,955	74,245	
에폭시 P×Q	193,577,472	194,089,109	236,061,000	232,609,916	213,896,165	202,913,630	203,060,075	
에폭시 spread×Q	105,881,011	95,528,351	102,954,071	102,559,827	92,755,623	95,531,139	99,324,961	

출처 : 국도화학 사업보고서 및 관세청 수출입 무역통계에서 인용하여 저자가 새롭게 작성

291030 이다.

따라서 '에폭시수지 가격 × 수출물량'은 매출을, '〔에폭시수지-(BPA × 0.6 + ECH × 0.4)〕 × 수출물량'은 이익을 알려준다.(참고 〈표 8-5〉) 분기의 기준을 수출물량으로 해도 되고, 사업보고서 생산량을 기준으로 해도 된다.

중요한 점은 하나의 기준을 잡고 지난 5년 내외의 추이를 읽어내는 것이다. 이를 통해 실적 흐름을 파악할 수 있다.

대부분의 화학기업은 국도화학 사례와 같이 핵심 제품 가격과 원재료 가격을 뺀 스프레드를 통해 실적 추정이 가능하다. 핵심은 해당 화학기

업의 제품 가격과 원재료 가격 지표를 어디에서 확인할 수 있느냐, 그리고 생산량을 어디에서 확인할 수 있느냐라고 볼 수 있다.

앞서 소개한 다양한 지표를 통해 기업별로 제품과 원재료 가격, 생산량을 확인할 수 있다. 다만 첨언하자면 가급적 생산 제품이 단순하고 일정 수준의 시장점유율을 보유한 기업, 다시 말하면 예측 가능하고 변수가 낮은 기업을 중심으로 분석하기를 추천한다.

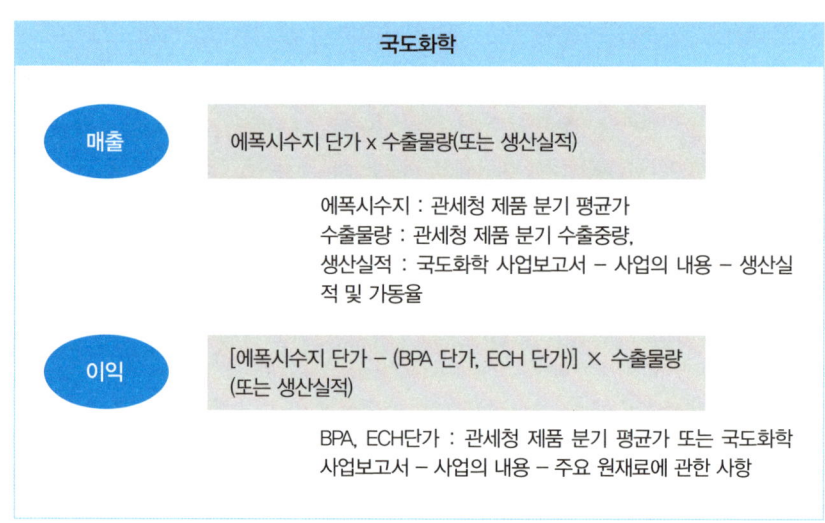

〈참고〉 **정유 · 화학 지표 관련 사이트**

그림 8-20 제품 가격 지표

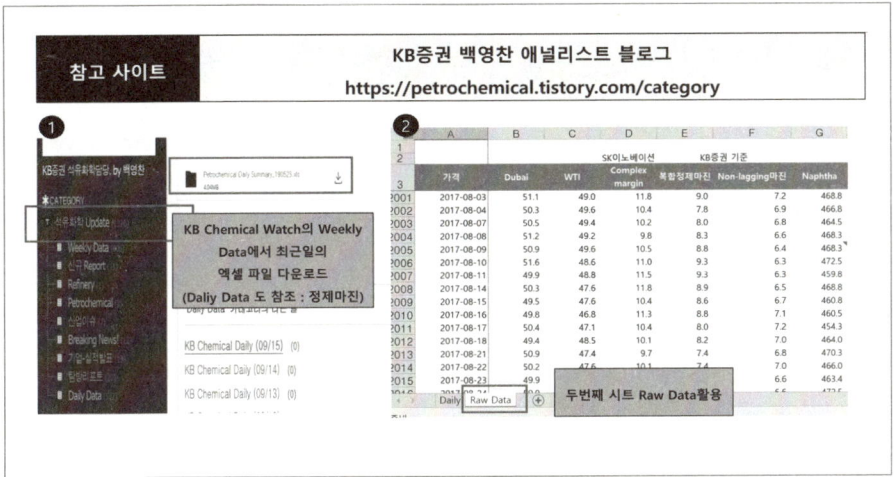

그림 8-21 원유 시추 장비(RIG) 수

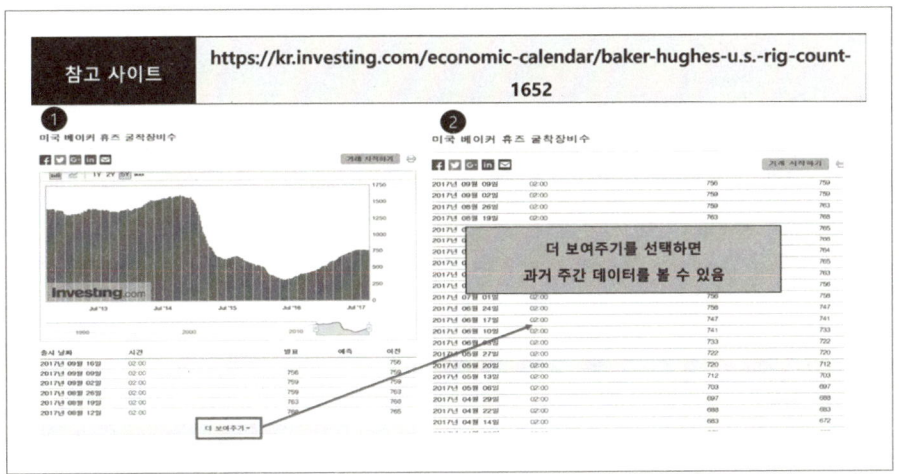

8 정유 · 화학   219

핵심 포인트

1 국제유가, 정제마진, 나프타, 합성수지 제품 가격은 주기적으로 업데이트하고 확인하자.

2 제품과 원재료 가격 차이, 즉 스프레드를 확인하고 관련 화학기업의 실적을 지속적으로 추정해 보자.

3 중국의 환경규제 정책을 이해하자(석유화학뿐만 아니라 철강, 골판지, 자동차 등 다양한 업종에 영향을 미치고 있다).

4 미국의 셰일가스/오일 생산 증가는 정유·화학 업종에서 미국의 역할 확대와 공급 원재료 가격 하락이라는 점에서 관심있게 지켜볼 변화이다.

재콩의 투자 이야기
'우물 안 개구리'형 투자자는 항상 늦다

2017년 미국 트럼프 대통령은 오바마 정부의 친환경 에너지 정책을 비난하고 파리기후변화협정도 탈퇴했다. 친환경 에너지 정책을 반대하고 자국 내 화석 에너지(석탄, 석유, 가스) 개발을 통한 에너지 자립과 활성화 그리고 일자리 창출을 최우선으로 천명했다.

(세상은 트럼프를 '사기'라고 했지만) 트럼프는 지구 온난화가 '사기'라고 했다. 태양열의 강도는 태양 흑점 활동이 높아질수록 강하게 나타나며, 우리가 아직 알지 못하는 태양의 주기적 변화가 지구 기후에 미치는 영향일 수 있다고도 했다.

그 시점, 중국은 반대편에 서 있었다. 2020년까지 온실가스를 2015년 수준의 18%까지 줄이고, 석탄 소비를 제한한다는 것이다. 특히 수력, 태양광 및 원자력 발전 등 비화석연료 에너지 발전 비중을 중국 전체 발전량의 15%까지 확대하겠다는 비전을 제시했다.

당시 중국의 속내는 화석 에너지 편중에 따른 심각한 환경오염 문제를 해결하고, 풍력·태양광 등 신재생 에너지 분야에서 세계 주도권을 잡겠다는 것이었다. 아울러 전기차 시장에 대한 강한 드라이브 역시 전 세계 자동차 시장의 새로운 판을 짜고 주도하겠다는 복안이 깔려 있었다.

그로부터 2년이 지난 2019년 지금, 트럼프의 화석 에너지가 중국의 신재생 에너지를 압도하는 형국이다. 이런 판세를 만들 수 있었던 가장 큰 동력 가운데 하나가 미국의 셰일오일/가스다.

기존 원유 시추는 원유가 모여 있는 유전을 수직으로 땅을 파고 내려가 원유를

퍼 올리는 방식인데 반해 셰일오일은 지표면에서 수직으로 셰일층까지 굴착 후 셰일층과 나란하게 수평으로 굴착해서 생산한다. 셰일오일/가스 개발 기술의 진보는 미국의 화석 에너지 경쟁력을 다른 차원으로 높이고 있다.

미국은 셰일오일/가스 생산 10년 만에 사우디와 러시아를 제치고 세계 1위 원유대국으로 부상했다. 미 에너지정보청(EIA)은 미국의 원유 생산이 2018년 약 1,100만 배럴(1일)에서 2027년 약 1,500만 배럴까지 증가할 것으로 보고 있다.

미국의 원유 생산 증가는 OPEC의 생산량 감소로 이어진다. 이는 유가의 향배를 미국이 좌지우지하게 된다는 의미이기도 하다. 중동의 지정학적 중요성이 점차 옅어지고 있다. 예루살렘이 이스라엘의 소유라며 중동의 눈치를 보지 않고 거리낌 없이 이야기할 수 있는 상황으로까지 많은 것이 변했다.

지정학적으로 보면, OPEC 창립멤버이기도 한 베네수엘라와 이란 역시 모두 미국 제재로 어려운 시간을 보내고 있다. 이들 국가는 모두 중국과 관련이 있다.

세계 석유 매장량 1위 국가 베네수엘라는 재정위기와 극심한 인플레이션을 겪고 있다. 베네수엘라는 중국이 오랜 기간 공들여온 남미의 거점이다. 석유를 담보로 대규모 차관과 각종 지원을 해왔다. 러시아 역시 구제금융의 대가로 베네수엘라 유정의 상당 부분을 소유하고 있는 상황이다.

이란 역시 중국 일대일로의 지정학적 중심 지역이다. 이뿐만 아니라 중국은 이란 산업장비 최대 수출국이기도 하다는 점에서 최근의 이란 봉쇄는 중국에게 타격이 크다. 또 두바이유는 중질유 위주인데 반해 이란 원유는 경질유 위주라는 점에서도 미국과 부딪힌다. 미국의 셰일오일이 경질유 비중이 높기 때문에 이란 원유의 봉쇄는 셰일오일 수출 확대로 이어진다는 점도 고려요인 가운데 하나다.

우리나라의 2019년 1분기 미국 원유 수입비중이 전체 수입량의 10%를 넘어섰다. 미국산 원유 수입이 2016년 연간 245만 배럴에서 2017년 1,343만 배럴, 2018년 6,094만 배럴까지 큰 폭 상승하고 있다. 동남아시아 국가 가운데에도 베트남과 인도네시아가 최초로 WTI(미국 서부 텍사스산 원유)를 도입했다.

화석 에너지와 신재생 에너지의 패러다임은 보완의 관계이나 결론적으로 말하면, 당분간은 일방이 주도할 가능성이 더 높아진 셈이다. 화석 에너지 헤게모니를 보유한 미국이 세계에서 가장 많은 양의 원유를 수출하고, 또 달러로 모두 결제되는 상황을 상상해본다면 말이다. 여기에 경쟁자들은 하나씩 손발이 묶이는 상황까지 감안한다면 더더욱 그렇다.

세상은 시시각각 변하기 마련이다. 우선 큰 그림을 볼 수 있어야 한다. '우물 안 개구리'형 투자자는 항상 늦다. 지금 정유·화학 시장에 국한해 보더라도 미국 중심의 큰 판이 짜여지고 있는 모양새다. 앞으로 시장에 미칠 영향을 감안한다면 반드시 짚고 넘어가야할 대목이다. 아울러 현명한 투자자라면 놓쳐서는 안 되는 핵심 포인트이기도 하다.

9

항공

항공 업종을 보는 주요 지표

항공 업종 주요 지표는 출국자 추이, 공항별/항공사별 승객 이용 추이, 그리고 선행지표인 여행비지출전망지수(CSI) 등이다. (참고 〈표 9-1〉)

공항 출국자 수 추이

출국자 추이는 관광지식정보시스템을 통해 월 단위 확인이 가능하다. 출국자는 2016년 2,238만 명, 2017년 2,650만 명, 2018년 2,870만 명으로 지속 증가하고 있다. 다만 증가율로 보면 2015년 20%, 2016년 16%, 2017년 18%를 보이다가 2018년 8.3%로 증가 추세가 주춤해졌다. 2019년 역시 한 자리 수 성장이 예상된다.

지역별 입출국자 증가율은 일본, 중국, 동남아, 유럽 순으로 높다. 미

표 9-1 항공 관련 주요 지표

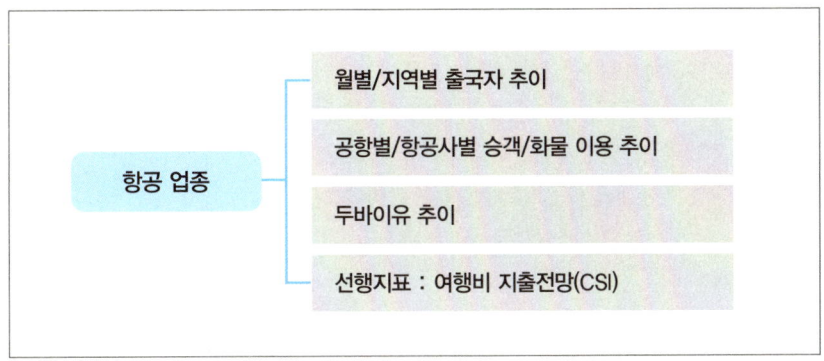

주, 중동 지역은 감소하는 모습을 보이고 있다. 즉 중국, 일본, 동남아 입출국자 증가는 LCC$^{Low\ Cost\ Carrier}$(저가항공)의 성장, 반대로 FSC$^{Full\ Service\ Carrier}$(대형항공사)의 부진과 연결되는 현상이다. 항공사 주요 노선 비중을 보면 LCC는 일본, 국내, 동남아, 중국 순이며, FSC는 미주, 유럽, 동남아, 중국, 일본 순이다.

FSC와 LCC 항공사별 승객 이용추이는 인천국제공항공사, 한국공항공사를 통해 확인할 수 있다. 인천국제공항공사는 인천공항을 이용하는 승객 수와 화물 이용량을 항공사별로 알려주고, 한국공항공사는 인천공항을 제외한 지방공항 이용 승객 수와 화물 이용량을 알려준다.

FSC, LCC 승객 이용 추이

FSC 항공사는 대한항공을, LCC 항공사는 제주항공을 선택해서 월 기준 승객 이용 추이를 그려보면 〈그림 9-1〉, 〈그림 9-2〉와 같은 모습이다. 성장률을 보면 대한항공은 2017년 0%, 2018년 -3% 그리고 2019년

그림 9-1 대한항공(FSC) 여객 증감률(YoY)   단위 : %

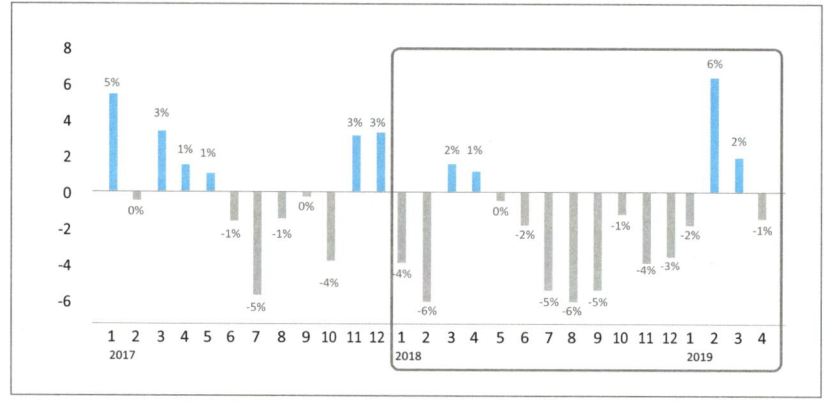

출처 : 인천국제공항공사, 한국공항공사에서 인용하여 저자가 새롭게 그림

그림 9-2 제주항공(LCC) 여객 증감률(YoY)   단위 : %

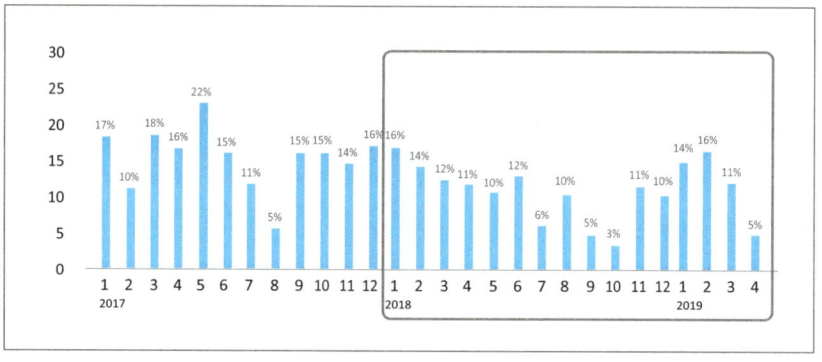

출처 : 인천국제공항공사, 한국공항공사에서 인용하여 저자가 새롭게 그림

역시 낮은 성장에 머물러 있다. 반면 제주항공의 경우 2017년 14%, 2018년 10% 성장이며, 2019년은 꾸준한 모습이나 2018년에 비해 소폭 하락하고 있다.

　항공사 비용 비중을 보면 연료유류비, 감가상각/임차료, 공항관련비,

인건비 순이며 국제유가 방향, 환율 영향을 많이 받는다. 2019년부터 회계기준 변경으로 임차료(리스비)가 운용리스에서 금융리스로 인식된다. 기존 운용리스는 원가와 판관비(임차료 계정)로 처리되지만 변경된 금융리스는 매출원가의 감가상각과 영업외비용의 이자비용으로 반영된다.

회계기준 변경에 따라 기존 비용으로 인식되던 것이 부채로 인식되면서 항공사 부채비율이 증가하고 매출원가 반영분 감소로 영업이익이 증가하는 모습으로 변한다. 향후 항공사의 부채비율 변화를 꾸준히 살펴볼 필요가 있다.

항공사는 연료유류비 상승 시 공항할증료를 인상하고 파생상품으로 환율과 유가 변화에 대응한다. 유류비 상승과 환율 상승은 항공사 입장에서 좋은 뉴스가 아니다. 항공유 가격은 두바이유 가격과 동행하므로 두바이유 가격 추이를 통해 항공유 가격 추이를 추정할 수 있으며, 공항할증료는 항공사 홈페이지를 통해 한달 전 고지하며 거리별로 적용한다.

여행비 지출전망지수와 전망

여행비 지출전망지수는 한국은행 경제통계시스템의 소비자동향조사를 통해 매달 발표된다. 여행비 지출전망은 소비자심리지수와 동행하는 모습을 보인다. 2017년 7월을 기점으로 내수경기가 침체로 접어들면서 소비자심리지수, 여행비 지출전망 모두 큰 폭의 하락을 보였다. 2019년 접어들어 소비자심리지수, 여행비 지출전망은 아직 부진하다.

여행비 지출전망지수와 국내인 출국자, 그리고 출국자 증감률을 그림으로 그리면 〈그림 9-3〉~〈그림 9-5〉와 같은 모습이다. 그림에서 ①번

그림 9-3 여행비 지출전망지수

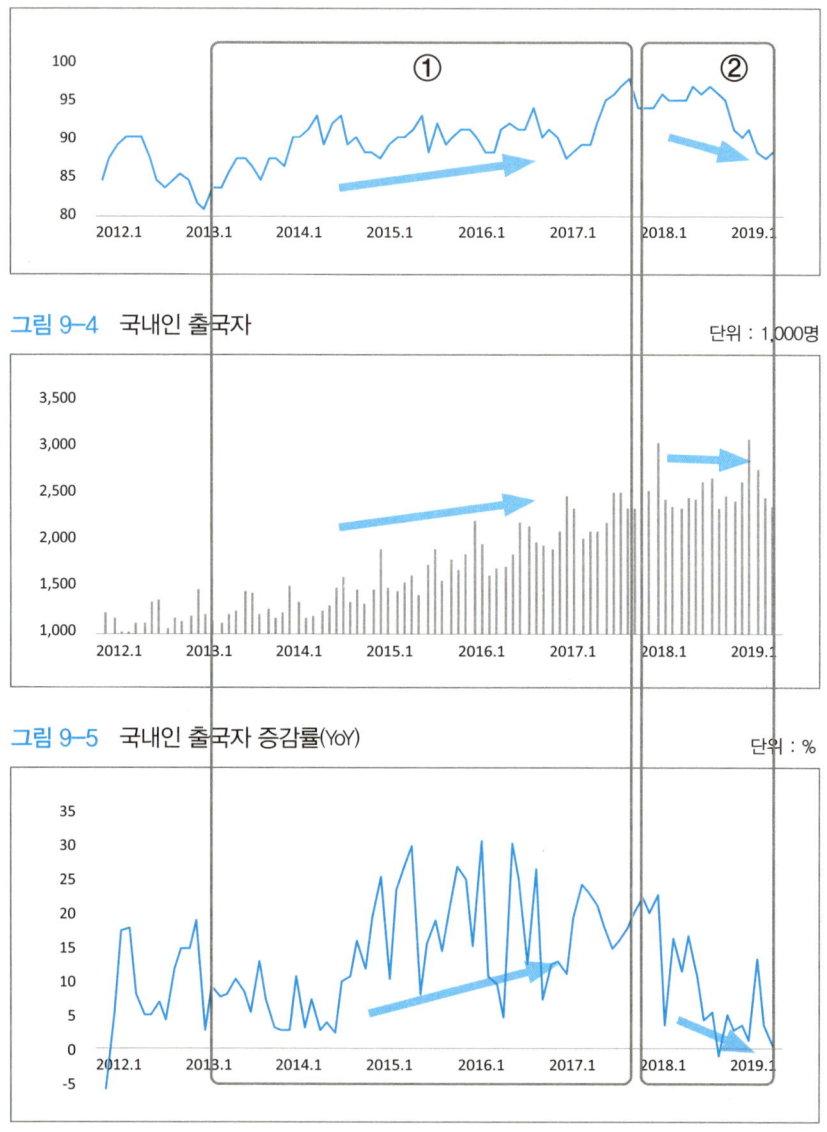

그림 9-4 국내인 출국자

단위 : 1,000명

그림 9-5 국내인 출국자 증감률(YoY)

단위 : %

그림 9-3 출처 : 한국은행
그림 9-4, 그림 9-5 출처 : 관광지식정보시스템(www.tour.go.kr)에서 인용해 저자가 새롭게 그림

시기는 2013년 1분기부터 2017년 3분기까지이다. 여행비 지출전망이 상승하고 LCC의 등장으로 국내인 출국자가 증가하는 시기였다. ②번 시기는 내수경기가 침체로 접어들면서 여행비 지출전망이 하락하고 국내인 출국자 증감률 역시 둔화하는 것을 볼 수 있다.

연도별 출국자 추이를 그려보면 〈그림 9-6〉, 〈그림 9-7〉과 같은 모습이다. 2015년부터 2017년까지 두 자리 수 이상의 출국자 증가율을 보였다. 그러나 2018년은 8.3%, 그리고 현재 추이로 볼 때 2019년 역시 한 자리 수 수준에 머물 가능성이 있다. 앞서 살펴본 바와 같이 여행비 지출전망을 참고할 필요가 있다. 여행비 지출전망이 향후 내수경기와 항공, 여행업종에 영향을 줄 것이다.

2019년 5월 한·중 신규 운수권 배분이 논의되었다. 중국 노선을 보면 대한항공과 아시아나항공은 4개 노선, 제주항공은 9개 노선, 에어부산과 티웨이항공은 각각 5개, 6개 노선 확보를 논의하였다. 앞으로 경쟁 강도가 더 높아지겠으나 매출 성장이라는 방향성도 함께 고려할 포인트이다.

항공 업종은 앞으로도 출국자 수 증가가 다소 둔화될 것으로 전망되며 FSC보다는 LCC 중심의 성장이 이어질 것으로 보인다. 출국자 수, 항공사별 승객 이용자 수, 두바이유(항공유), 임차료 비용 추이를 통해 시장 흐름을 이해할 수 있다.

그리고 특히 주목해야 할 사항이 하나 있다. 바로 아시아나항공의 앞날에 관한 것이다. 시장 재편의 신호탄이 될 수 있기 때문이다. 기존 FSC 또는 LCC의 인수도 그렇지만 아예 다른 산업군의 인수를 통한 항공업 진입은 산업구도를 크게 흔들 개연성이 충분하다.

그림 9-6 연도별 출국자 　　　　　　　　　　　　　　　　단위 : 1,000명

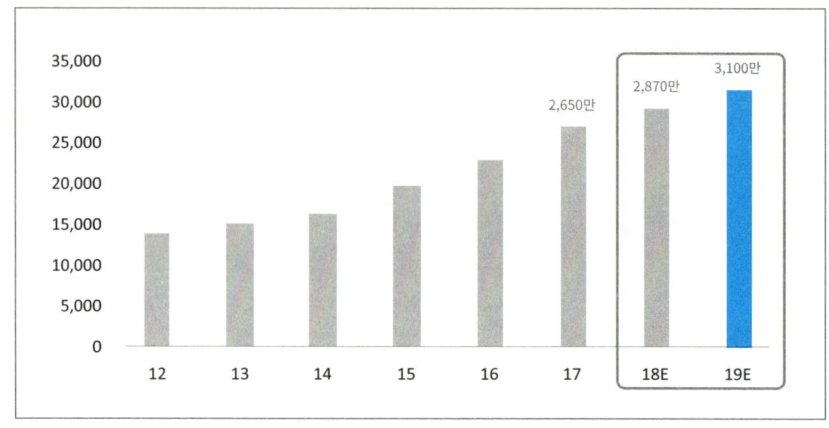

출처 : 관광지식정보시스템에서 인용하여 저자가 새롭게 그림

그림 9-7 연도별 출국자 증감률(YoY) 　　　　　　　　　　단위 : %

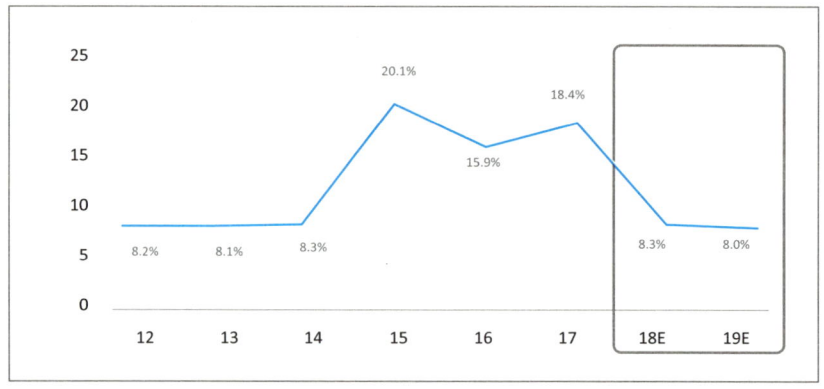

출처 : 관광지식정보시스템에서 인용하여 저자가 새롭게 그림

한편, 여행 업종 역시 핵심 지표는 출국자 수이다. 국내인 출국자 증감률과 하나투어, 모두투어, 참좋은여행 주가 추이를 비교해 보면 〈그림 9-8〉, 〈그림 9-9〉와 같은 모습이다. 여행 업종이 가장 시장 주목을 받던 시기는 국내인 출국자 증가율이 높았던 때이다. 출국자 증감률에 초점을

그림 9-8 국내인 출국자 증감률(YoY)   단위 : %

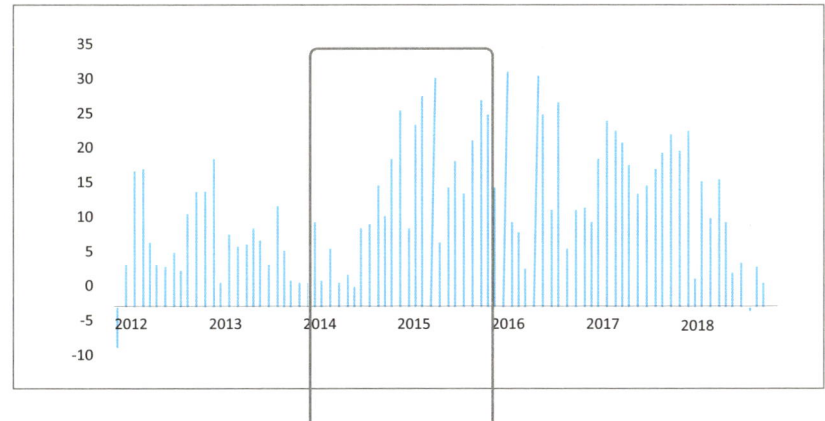

그림 9-9 참좋은여행, 모두투어, 하나투어 주가   단위 : 원

그림 9-8 출처 : 관광지식정보시스템에서 인용하여 저자가 새롭게 그림
그림 9-9 출처 : 네이버 금융

맞추는 이유는, 성장시장이냐 성숙시장이냐에 대한 시장 시각이 중요한데 그 판단 근거를 제시하기 때문이다.

기업 분석 : 제주항공

　제주항공 매출 비중은 여객수입 97%, 화물수입 0.5%, 기내판매 2.5%이다. 제주항공 매출 핵심 지표는 제주항공 여객 수이다. 앞서 항공 업종 지표에서 소개한 인천공항공사와 한국공항공사를 통해 분기별 이용자 수를 파악할 수 있다.

그림 9-10　제주항공 매출액과 이용자　　　　　　　　　　단위 : 억 원, 명

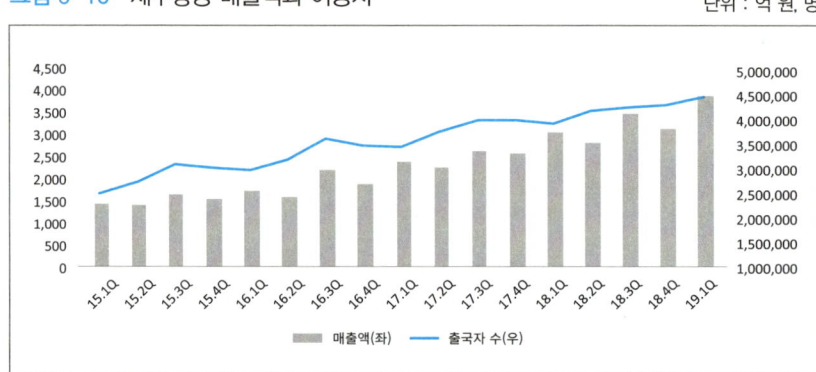

출처 : 제주항공 사업보고서, 관광지식정보시스템, 산업통상자원부에서 인용하여 저자가 새롭게 그림

그림 9-11　제주항공 연료유류비와 두바이유 가격　　　　단위 : 1,000달러

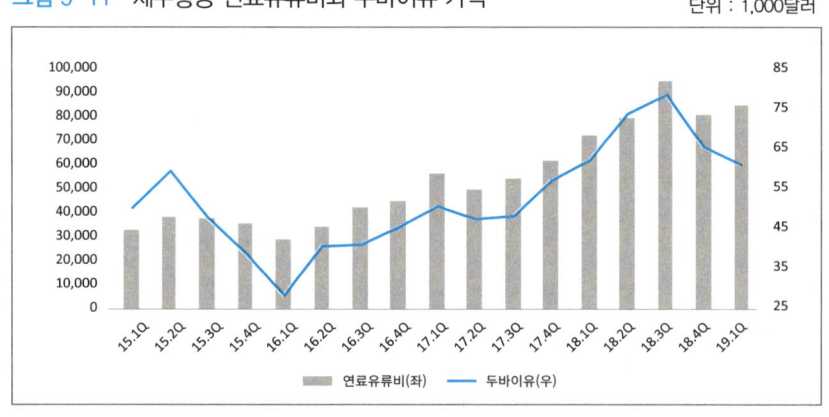

출처 : 제주항공 사업보고서, 관광지식정보시스템, 산업통상자원부에서 인용하여 저자가 새롭게 그림

따라서 〈그림 9-10〉에서 보듯이 제주항공 이용자 수의 증가율을 근거로 제주항공 매출액 증가율을 추정할 수 있다. 판관비 항목은 다양한데 연료유류비는 두바이유의 가격과 동행하고 있다는 것을 확인할 수 있다.(참고 〈그림 9-11〉) 제주항공의 매출액은 제주항공 여객자 수의 증가율을 근거로, 판관비 가운데 연료유류비는 두바이유 가격의 분기별 추이를 근거로 추정이 가능하다.

〈표 9-2〉는 2019년 1분기 제주항공 실적 추정이다. 제주항공의 매출액 증가율은 제주항공 분기 여객자 수 증가율을 통해서 가정하고 매출을 추정하는 사례를 보여준다.

〈표 9-3〉은 판관비 추정이다. 항공사의 판관비 항목은 다양하다. 이 가운데 임차료와 연료유류비 항목이 중요하다. 앞서 언급한 바와 같이

표 9-2 실적 추정 주요 포인트 : 제주항공

		18.1Q	18.2Q	18.3Q	18.4Q	19.1Q
매출액 증가율(YoY)		28%	24%	31%	21%	27%
매출액		3,086	2,833	3,501	3,174	3,913
	매출원가	2,264	2,393	2,749	2,750	2,923
매출총이익		822	440	752	424	990
	판관비	357	323	374	370	412
영업이익		464	116	378	54	578
당기순익		369	168	311	-139	426
매출이익률		26.6%	15.5%	21.5%	13.4%	25.3%
판관비 비율		11.6%	11.4%	10.7%	11.7%	10.5%
영업이익률		15.0%	4.1%	10.8%	1.7%	14.8%
순이익률		12.0%	5.9%	8.9%	-4.4%	10.9%
두바이유		64.1	75.6	80.0	67.2	63.1
출국자 수		3,952,034	4,219,990	4,299,472	4,342,052	4,495,058
여객수 증가율(YoY)		13.8%	11.3%	6.8%	7.8%	13.7%

출처 : 제주항공 사업보고서에서 인용하여 저자가 새롭게 그림

표 9-3 실적 추정 주요 포인트 : 제주항공

	18.1Q	18.2Q	18.3Q	18.4Q	19.1Q
두바이유	64.1	75.6	80.0	67.2	63.1

연료 유류비

(단위:1,000원)

	18.1Q	18.2Q	18.3Q	18.4Q	19.1Q
종업원급여	49,429,105	51,900,560	55,336,183	58,102,992	61,008,142
임차료 (운영 대수)	32,345,866	32,345,866	36,448,120	38,270,526	40,184,052
연료유류비	71,256,007	78,473,004	93,394,904	79,385,668	83,354,952
정비비	21,057,837	17,942,565	34,194,851	35,904,594	37,699,823
공항관련비	47,504,166	54,756,167	45,067,600	47,320,980	49,687,029
기타	40,554,561	36,217,326	47,890,919	50,285,465	52,799,738

출처 : 제주항공 사업보고서에서 인용하여 저자가 새롭게 그림

연료유류비는 두바이유 가격의 분기 증감률을 통해 증감률을 추정할 수 있다. 임차료는 항공기 운영 대수 증가를 근거로 분기별 추정이 가능하며, 제주항공 홈페이지 IR 자료를 통해 분기 운영 대수를 확인할 수 있다.

제주항공의 관전포인트는 제주항공 이용자 수, 두바이유(항공유) 가격, 그리고 임차료 추이다. 핵심 지표를 통해 이용자 수, 가격, 리스비 규모를 확인할 수 있으며 기업 실적을 추정할 수 있다.

제주항공

매출: 제주항공 이용 고객 수(전년 동기 대비 증감율)
  인천공항공사, 한국공항공사 분기 기준 제주항공 이용 고객 수

비용: 유류비, 임차료(사용권자산상각비)
  제주항공 사업보고서 – 연결재무제표 주석 – 비용의 성격별 분류 또는
  유류비 : 두바이유 가격 분기 증감율(정유화학 애널리스트 리포트),
  임차료 : 제주항공 홈페이지 IR자료 항공기 운영 대수

〈참고〉 **항공 지표 관련 사이트**

그림 9-12 인천공항 여객 수, 화물량

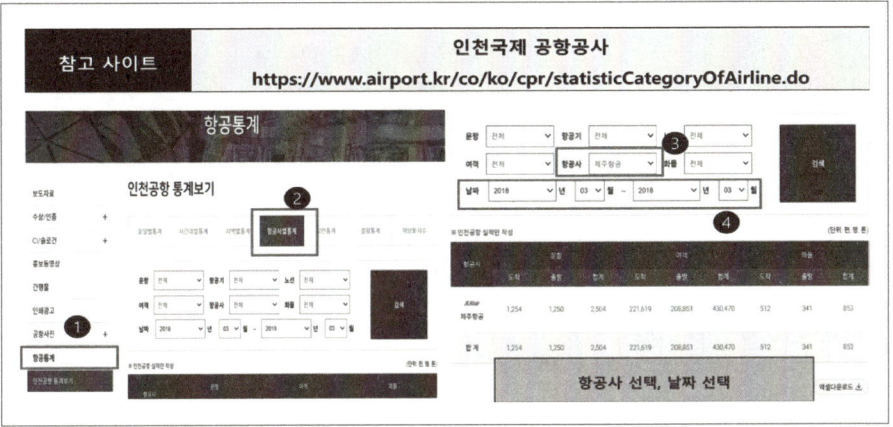

그림 9-13 지방공항 여객 수, 화물량

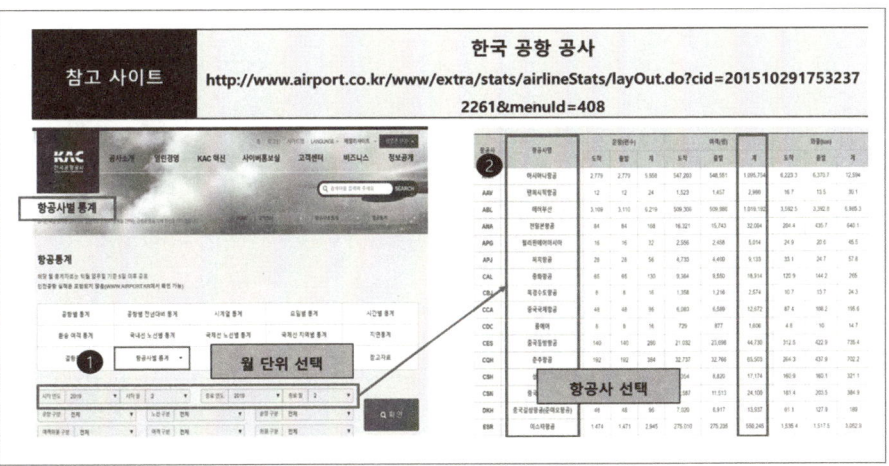

<참고> **항공 지표 관련 사이트**

그림 9-14   여행비 지출전망(CSI)

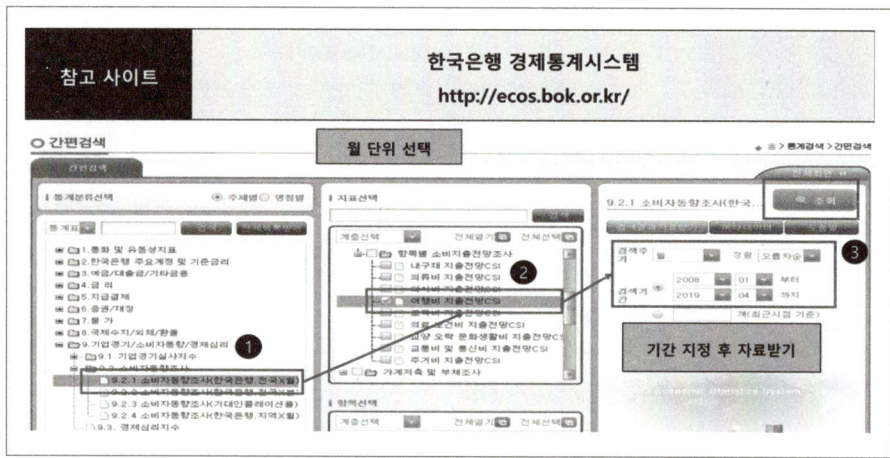

핵심 포인트

1 출국자 추이, 공항별/항공사별 승객 이용 추이를 통해 업황과 관련 기업 실적을 추정하자.

2 완만해지고 있는 LCC의 성장 지속 여부를 확인하고, 향후 아시아나항공 경영권의 향배와 시장구조 변화에 주목하자.

> 재콩의 투자 이야기
> ## 융통성 없는 사람

모든 것이 정해진 대로 되지 않으면 불편함과 불안을 느끼는 사람을 심리학자 아들러는 '융통성 없는 사람'이라고 불렀다. 이들은 젊은 시절의 자기 원칙을 나이 들어서까지도 고수하려고 애쓴다. 아들러는 '융통성이 없는 사람'은 늙어갈 용기가 없기 때문에 나이 들어 갈수록 불안해 한다고 지적한다. 인생을 몇 개의 규칙과 공식 속에 끼워 맞추려고 하는 경향 탓이라고 한다.

"이들은 그렇게 하지 않으면 아무것도 할 수 없으며 당혹감에 빠지기 때문이다. 미리 규칙을 숙지하고 있어야 인생의 과제와 맞설 수 있으며, 그렇지 않으면 회피한다. 누군가가 자기 규칙에 맞지 않게 행동하면 불쾌감과 모욕감을 느낀다."

나이가 든다는 것, 늙어간다는 것은 이렇게 융통성이 없는 사람이 될 가능성이 커질 수 있다는 자기 확인일지도 모른다.

나이 들수록, 늙어 갈수록 '버리고 내려놓는 지혜'가 필요하다는 말을 자주 듣는다. 인내하고 기다린다는 것은 현재를 충실하게 채우며 지내는 것이라고 한다. '지금, 여기의 시간'을 성실하고 진지하게 살아간다는 의미이다.

나이 들수록 버리고 내려놓는 지혜가, 용기가 부족하다는 걸 느낀다. 하루하루를 소소한 즐거움으로 채우는 여유로움과, 묵묵히 기다리는 인내심이 얼마나 중요한 삶의 덕목인지를 깨닫게 된다. 하루하루를 살아가며, 소소한 행복의 가치를 찾아낸다는 것, 내 기준과 가치를 강요하지 않는다는 것, 다른 사람의 이야기에 귀를 기울인다는 것. 무척 어려운 이야기이다.

투자는 인생의 축소판이다. 투자를 바라보는 관점은 인생을 바라보는 관점과 별

반 다르지 않다. 모든 것이 정해진 대로 되지 않으면 불편함과 불안을 느끼며 살아온 사람이 투자를 할 때 갑자기 워런 버핏의 인내심을 흉내내기란 어렵다.

일상을 살아가는 모습과 투자를 하는 모습은 결국 한 곳에서 만난다. 인과관계의 기준으로 세상을 판단하기에 익숙한 사람은 시장의 급격한 변동성을 이해하기 어렵다. 정해진 대로 되지 않으면 불편함을 느끼는 이에게 인내심을 갖고 시장을 바라보라는 것은 뜬구름 잡는 이야기가 될 수밖에 없다.

소소한 일상의 행복을 아는 이, 버리고 내려놓는 것에 익숙한 이들은 다른 차원의 투자를 할 수 있을 것이다. 투자에서 정작 어려운 것은 시장 흐름을 이해하는 통찰력이나 분석이 아니라고 생각한다. 정말 어려운 것은 바로 인내이다. 인내하라고 해서 인내할 수 있는 것이 아니다. 이것은 그동안 어떤 방식으로 삶을 살아 왔는지와 이어지는 영역이기 때문이다.

사실 내 삶의 방식 역시 '융통성이 없는 사람'에 더 가깝다. 내 기준과 판단이 중요하며 예상대로 움직이지 않을 때면 여지없이 불편함과 불안을 느낀다. 버리고 내려놓는 것을 이야기할수록 오히려 조급함의 농도는 더 짙어진다. 나이가 들어갈수록 투자 공부가 아니라 마음 공부가 필요하다는 생각을 자주 하게 된다.

10

화장품

화장품 업종을 보는 주요 지표

화장품 업종의 주요 지표는 월별 중국인/일본인 입국자, 제품별/국가별 화장품 수출 실적이다. 화장품 유형별 비중은 2017년 기준 기초화장품이 58%, 색조화장품이 18%, 바디케어 13%, 헤어케어 11% 이다. 수출 비중이 높은 유형은 기초화장품과 색조화장품이며, 마스크팩은 기초화장품에 포함된다. 화장품 수출 국가별 비중은 중국, 홍콩, 미국, 일본 순이다. (참고 〈표 10-1〉)

입국자 추이는 관광지식정보시스템을 통해 월 단위 확인이 가능하며, 화장품 수출 데이터는 관세청을 통해 15일 기준으로 전월 데이터 확인이 가능하다. 매월 입국자 추이와 관세청 수출 데이터를 업데이트하면 화장품 업종의 흐름을 이해하는 데 도움이 된다.

표 10-1 화장품 관련 주요 지표

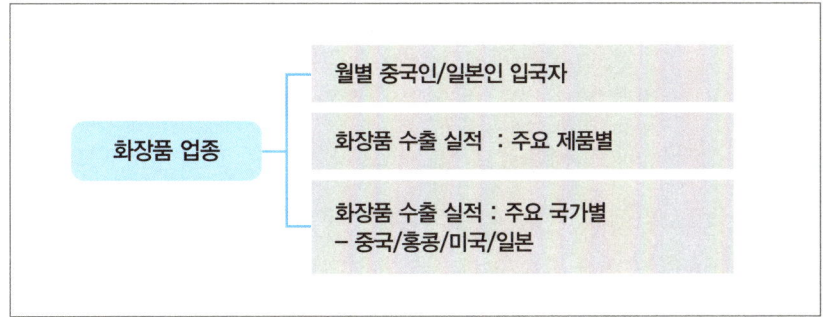

화장품 시장 흐름

화장품 시장은 2017년을 기점으로 큰 변화를 겪고 있다. 사드 배치 이슈가 불거지지 않았다면 지난 몇 년 가장 뜨거운 업종 가운데 하나가 화장품이었을 것이다. 중국과 홍콩 시장에서 고공 성장하던 화장품 수출은 사드 이슈 이후 홍역을 겪고 다시 정상화 단계로 넘어가는 과정이다. 다만 가장 중요한 중국인 방문자 수는 큰 폭으로 감소하고 회복이 더디게 진행되고 있다.

국내 화장품 시장의 경쟁 환경 변화도 눈여겨 볼 필요가 있다. 역시 2017년을 기점으로 큰 변화가 있다. 2017년 초까지 이니스프리, 더페이스샵, 에이블씨앤씨, 잇츠한불 등 원브랜드샵이 확대되면서 높은 매출 성장을 보여줬다. 2017년 하반기로 접어들면서 원브랜드샵의 경쟁 강도는 높아진 반면 중국인 방문자 수가 급감하면서 매출 하락과 구조조정의 어려움을 겪고 있다.

그리고 코스맥스, 한국콜마, 코스메카코리아와 같이 OEM(주문자 상품 부착 생산), ODM(제조사 개발 생산) 제조업체가 성장하면서 마케팅에 집중하는 중소형 화장품 기업이 빠르게 성장하고 있다. 화장품 제조는 외주를 활용하고 브랜드 마케팅에 집중하는 방식이다. 이런 중소형 화장품 기업은 H&B(헬스앤뷰티) 스토어의 성장과 함께 시장에서 약진하면서 M&A로 시장의 판도를 바꾸고 있다. 스타일난다는 로레알에, 닥터자르트는 에스트로더에, AHC는 유니레버에 인수되었으며, 브랜드 마케팅 경쟁력이 시장에서 점점 중요해지고 있다.

외국인 방문자 수

〈그림 10-1〉, 〈그림 10-2〉는 우리나라를 방문한 중국인, 일본인의 수를 보여준다. 관광지식정보시스템을 통해 국적별 방문자 현황을 확인할 수 있다.

중국인 방문자 수를 보면 2016년 806만 명에서 2017년 417만 명으로 390만 명이나 감소했다. 회복을 기대했던 2018년 방문자 수는 479만 명으로 전년대비 15% 증가에 머물렀다. 중국인 방문자 수가 월 평균 50만 명 이상은 넘어서야 회복세로 돌아섰다고 볼 수 있다. 2019년 접어들면서 중국인 방문자 수는 30% 안팎 증가하는 모습이며, 가까운 시점에 50만 명을 넘어설 것으로 보인다.

일본인 방문자 수는 2016년 230만 명, 2017년 231만 명으로 다소 주춤했지만 2018년 295만 명으로 전년대비 28% 증가, 그리고 2019년 역시 2018년 수준의 증가율을 유지하면서 꾸준한 모습을 보이고 있다.

화장품 업종에서는 중국인 방문자 수가 가장 중요하다. 면세점, 원브랜드샵 매출에 미치는 영향력이 절대적이다. 점차 회복하고 있으나 시장

그림 10-1 중국인 방문자   단위 : 명, %

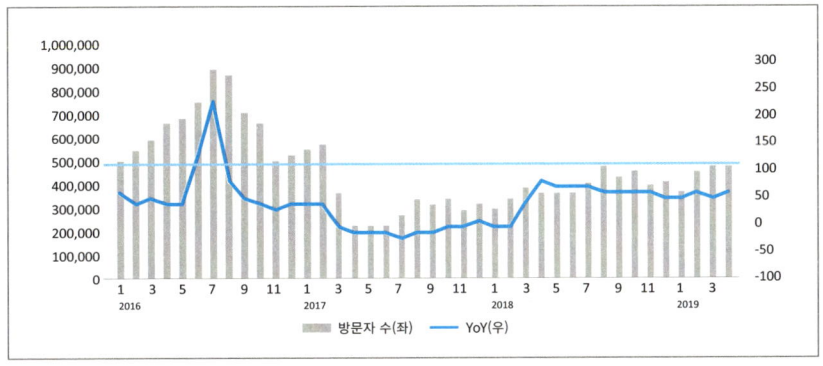

출처 : 관광지식정보시스템에서 인용하여 저자가 새롭게 그림

그림 10-2 일본인 방문자   단위 : 명, %

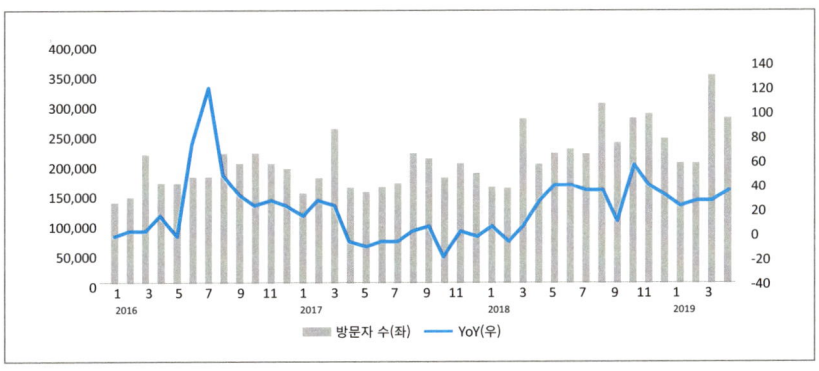

출처 : 관광지식정보시스템에서 인용하여 저자가 새롭게 그림

기대 수준에는 아직은 미치지 못하는 수준이다. 관광지식정보시스템을 통해 주기적으로 방문자 수를 체크할 필요가 있다.

화장품 수출 : 제품별, 국가별

화장품 수출은 제품별, 국가별 추이를 함께 확인할 필요가 있다. 관세청 수출 데이터를 통해 월별 수출금액을 확인할 수 있다. HS코드는 화장품 전체 수출 3304, 기초화장품 3304991000, 색조화장품 3304992000, 마스크팩 3304999000이다.

사드 이슈에도 불구하고 화장품 수출은 견조한 모습을 보였다. 2018년 12월 누적 화장품 수출은 26% 증가했다. 기초화장품은 22% 증가, 색

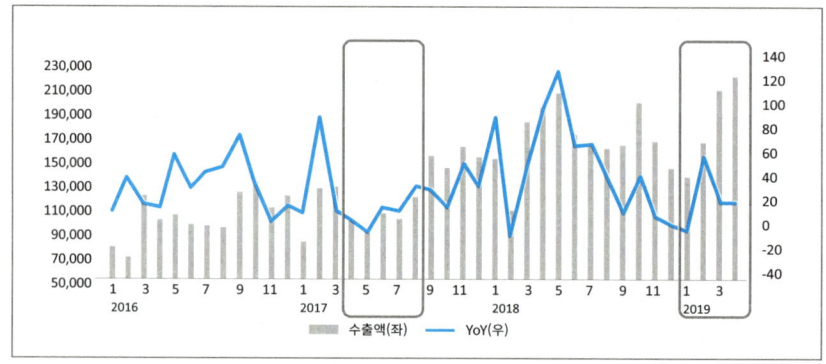

그림 10-3 화장품 수출 (중국)

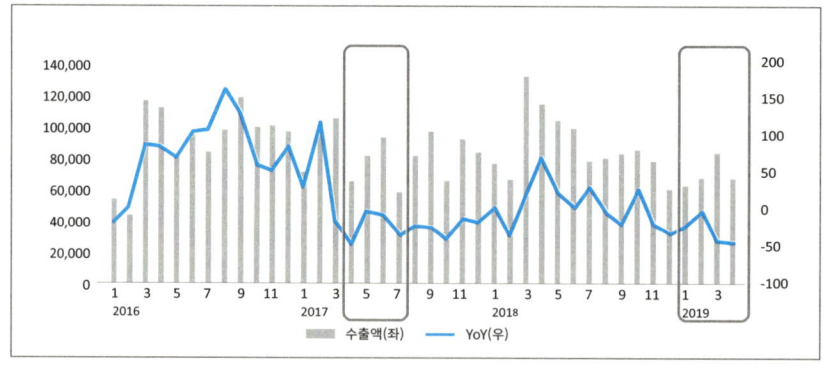

그림 10-4 화장품 수출 (홍콩)

조화장품은 25% 증가하는 모습인데, 이 추이는 2019년 상반기를 지나면서 부진한 모습이다. 마스크팩 수출은 2018년 하반기부터 성장세가 꺾이는 모습이다.

국가별 화장품 수출 추이를 보면, 2018년 누적 기준으로 중국 37%, 일본 36%, 미국 17%, 홍콩 7% 증가하고 있다. 미국과 일본 시장은 2019년 역시 비슷한 추이를 보이고 있다. 중국은 2019년부터 전자상거래 사업자 범위와 책임을 확대하는 전자상거래법 개정을 시행하게 되면서 일시적인 수출 감소가 있었으며, 다시 회복하는 모습을 보이고 있다. 2019년의 중국 수출은 증가, 홍콩 시장은 감소하고 있는데 중국과 홍콩 수출 합산 금액은 2018년보다 조금 부진한 수준을 보이고 있다.(참고 〈그림 10-3〉, 〈그림 10-4〉)

화장품 업종 지난 5년의 흐름

화장품 시장의 지난 5년의 움직임을 보면 〈그림 10-5〉~〈그림 10-8〉과 같다. 중국인 방문자 수가 증가하는 시점, 기초화장품 수출 증감률이 가장 높은 시점에 시장 관심이 집중되고 있다는 것을 보여준다. 다시 말해 화장품 업종을 바라보는 시장의 시각은 중국인의 방문자 수가 지속 증가하면서 면세점과 원브랜드샵 매출 증가로 이어지고, 화장품 수출의 꾸준한 증가로 성장이 지속하고 있느냐에 집중되어 있다.

지난 5년을 돌아보면 화장품 수출은 꾸준히 증가하고 있다. 다만 성장률은 점차 완만해지고 있다. 중국인 방문자 수가 2017년 3월을 기점으로 큰 폭 하락하고, 더딘 회복을 보이면서 시장의 기대 수준을 맞추지 못하

그림 10-5 중국인 방문자

단위 : 명

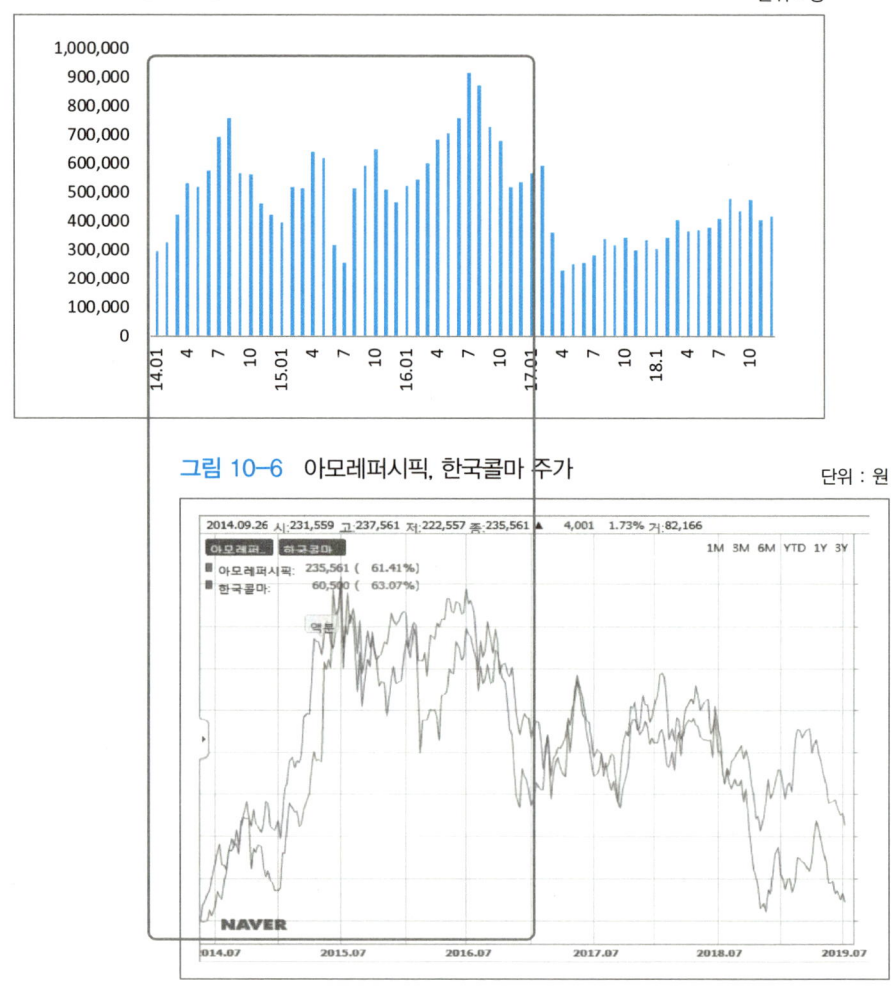

그림 10-6 아모레퍼시픽, 한국콜마 주가

단위 : 원

그림 10-5, 그림 10-6 출처
: 관광지식정보시스템, 관세청, 네이버 금융에서 인용하여 저자가 새롭게 그림

그림 10-7 기초 화장품 수출 증감률(YoY)　　　　　　　　　　단위 : %

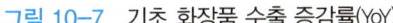

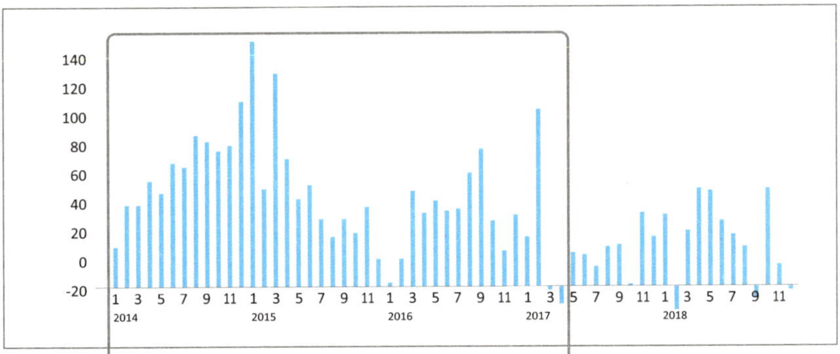

그림 10-8 아모레퍼시픽, 한국콜마 주가　　　　　　　　　　단위 : 원

그림 10-7, 그림 10-8 출처
: 관광지식정보시스템, 관세청, 네이버 금융에서 인용하여 저자가 새롭게 그림

고 있다. 여기에 국내 원브랜드샵 출점 경쟁으로 비용 문제가 심화되었다. 관건은 중국인 방문자 수의 증가, 그리고 화장품 수출 증가이다. 앞으로 추이 변화를 확인할 필요가 있다.

기업 분석 : 아모레퍼시픽

먼저 〈그림 10-9〉~〈그림 10-12〉는 아모레퍼시픽의 지난 4년 추이다. 화장품 기업은 1분기가 성수기이다. 1분기 매출과 영업이익이 가장 높다는 것을 새삼 확인할 수 있다. 그리고 중국 사드 이슈로 인해 2017년 2분기부터 2018년 1분기까지 매출 증가율이 하락했고, 2018년 2분기부터 매출이 소폭 회복되고 있다는 점도 확인할 수 있다. 무엇보다 매출액의 증가율과 중국인 방문자 증가율이 큰 방향에서 동행한다는 것을 확인할 수 있다.

매출 증가가 제한적인 상황에서 판관비 비율이 증가하면서 영업이익은 꾸준히 감소하고 있는 상황이다.

2019년 1분기 실적을 함께 추적해 보자. 아모레퍼시픽 매출 추정에는 2가지 지표를 활용할 수 있다. 하나는 중국인 방문자 수이고 다른 하나는 화장품 수출금액(특히 중국)이다. 앞서 화장품 업종 지표를 설명하면서 중국인 국내 방문자 수와 화장품 중국 수출금액을 확인하는 방법을 소개한 바 있다. 따라서 분기 단위 데이터를 통해 아모레퍼시픽 분기 매출과 비교할 수 있다.

그림 10-9 아모레퍼시픽 매출액 (분기)   단위 : 억 원

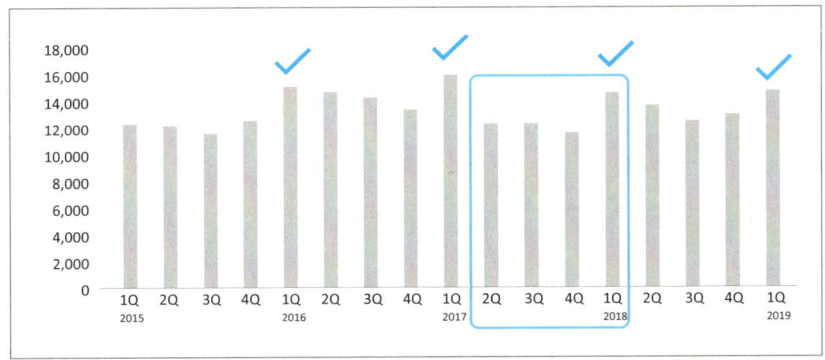

출처 : 아모레퍼시픽 사업보고서, 관광지식정보시스템에서 인용하여 저자가 새롭게 그림

그림 10-10 아모레퍼시픽 매출 증감률(YoY), 중국인 방문자 증감률(YoY)   단위 : %

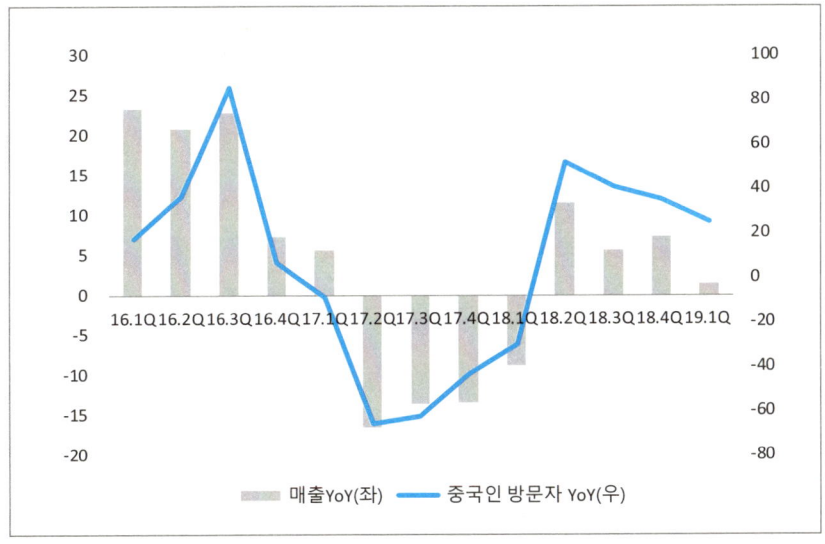

출처 : 아모레퍼시픽 사업보고서, 관광지식정보시스템에서 인용하여 저자가 새롭게 그림

10 화장품 253

그림 10-11 아모레퍼시픽 OP(M) 단위: 억 원, %

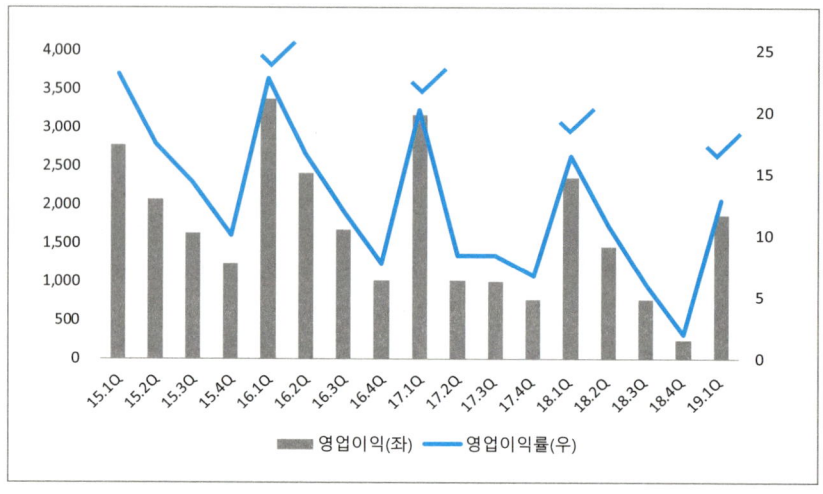

출처: 아모레퍼시픽 사업보고서, 관광지식정보시스템에서 인용하여 저자가 새롭게 그림

그림 10-12 아모레퍼시픽 매출이익률, 판관비 비율 단위: %

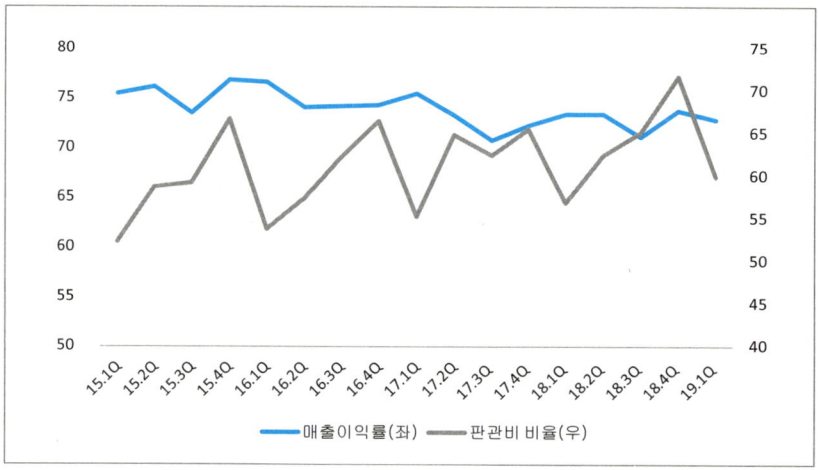

출처: 아모레퍼시픽 사업보고서, 관광지식정보시스템에서 인용하여 저자가 새롭게 그림

표 10-2 실적 추정 주요 포인트 : 아모레퍼시픽

매출증가율(YoY)	-9%	12%	6%	7%	1%
(단위 : 억 원)	18.1Q	18.2Q	18.3Q	18.4Q	19.1Q
매출액	14,316	13,437	12,784	12,241	14,513
매출원가	3,824	3,589	3,707	3,228	3,951
매출총이익	10,492	9,848	9,077	9,013	10,562
판관비	8,133	8,390	8,312	8,775	8,696
영업이익	2,359	1,458	765	238	1,866
당기순익	1,733	1,085	489	15	1,235
매출이익률	73.3%	73.3%	71.0%	73.6%	72.8%
판관비 비율	56.8%	62.4%	매출이익률 가정	71.7%	59.9%
영업이익률	16.5%	10.9%		1.9%	12.9%
순이익률	12.1%	8.1%	3.8%	0.1%	8.5%
중국입국자	1,054,881	1,116,717	1,323,072	1,320,000	1,318,601
화장품 수출	1,189,002	1,372,365	1,250,659	1,246,462	1,367,352
화장품 수출(중국)	488,486	573,136	505,273	510,589	511,551
중국입국자	-30.5%	51.7%	40.9%	35.1%	25.0%
화장품 수출	28.4%	49.0%	25.0%	15.9%	15.0%
화장품 수출(중국)	45.6%	92.2%	35.0%	10.8%	4.7%

출처 : 아모레퍼시픽 사업보고서에서 인용하여 저자가 새롭게 작성

〈표 10-2〉는 분기별 실적을 보여준다. 표에서 ①번은 분기 기준 중국인 방문자 수 증가율과 화장품 수출 증가율을 아모레퍼시픽 매출 증가율과 비교한 것이다. 중국인 방문자 수와 화장품 수출금액의 매출 기여 비중은 7 : 3이다(내수 7, 수출 3). 중국인 방문자 수와 화장품 수출금액의 변동폭은 아모레퍼시픽 매출 변동폭과 큰 방향에서는 동행하는 추이를 보인다.

화장품 기업 특성상 매출이익률은 70~75% 수준을 유지하는데 표에서 ②번 매출이익률을 전년 동기 기준으로 가정할 수 있다.

표에서 ③번은 판관비이다. 판관비 주요 항목은 판매채널에 지급하는

10 화장품 255

표 10-3 실적 추정 주요 포인트 : 아모레퍼시픽

판관비					
구 분 (100만 원)	18.1Q	18.2Q	18.3Q	18.4Q	19.1Q
급여 및 퇴직급여	115,462	134,098	145,968	97,167	121,235
복리후생비	23,059	20,807	23,376	29,489	24,212
광고선전비	134,553	139,576	150,907	167,627	141,281
감가상각비	47,469	47,843	47,865	49,065	49,842
지급수수료	116,600	122,073	118,602	129,499	127,762
유통수수료	219,666	212,205	214,279	201,192	274,583
운반비	26,357	25,901	25,713	25,392	27,675
세금과공과	9,413	14,101	7,714	5,561	9,884
연구개발비	22,328	23,184	24,822	25,225	23,444
기타	98,384	99,206	95,387	123,853	103,303
합 계	813,291	838,994	854,633	854,070	③ 900,221

출처 : 아모레퍼시픽 사업보고서에서 인용하여 저자가 새롭게 작성

유통수수료이다.(참고 〈표 10-3〉) 화장품 기업의 판매채널은 홈쇼핑, 백화점, 대형마트, 온라인몰, 자체 브랜드샵, 면세점 등 다양하다. 면세점 수수료율은 50%를 상회하는데 중국인 구매 영향도가 높기 때문에 면세점 매출을 꾸준히 유지하느냐가 관건이다. 중국과 국내 매장의 유통수수료 증가 역시 주시할 포인트이다.

이처럼 유통수수료 관리가 이익규모에 영향을 미친다. 2019년 1분기는 매출은 소폭 증가하는 상황에서 유통수수료가 증가하면서 이익에 부정적인 영향을 주고 있다는 것을 확인할 수 있다.

앞으로 아모레퍼시픽 실적의 관전포인트는 중국인 방문자 수와 화장품 수출 성장, 그리고 면세점 등의 판매채널을 얼마나 효율적으로 관리하느냐가 될 것이다. 핵심 지표를 꾸준히 체크하면서 기업 실적에 주목할 필요가 있다.

아모레퍼시픽	
매출	중국인 입국자 수, 화장품 수출금액(전년 동기 대비 증감률)(비중 7 : 3)
	중국인 입국자 수 : 관광지식정보시스템 분기 입국자 수, 화장품 수출금액(관세청 제품 분기 수출금액)
비용	지급수수료, 유통수수료
	아모레퍼시픽 사업보고서 – 연결재무제표 주석 – 판매비와 관리비

〈참고〉 **화장품 지표 관련 사이트**

그림 10-13 월별 입국자 수

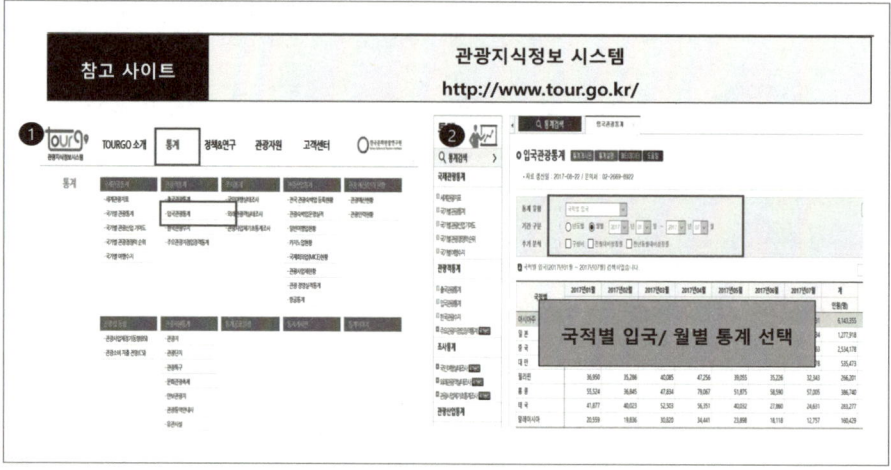

그림 10-14 품목별 수출 실적

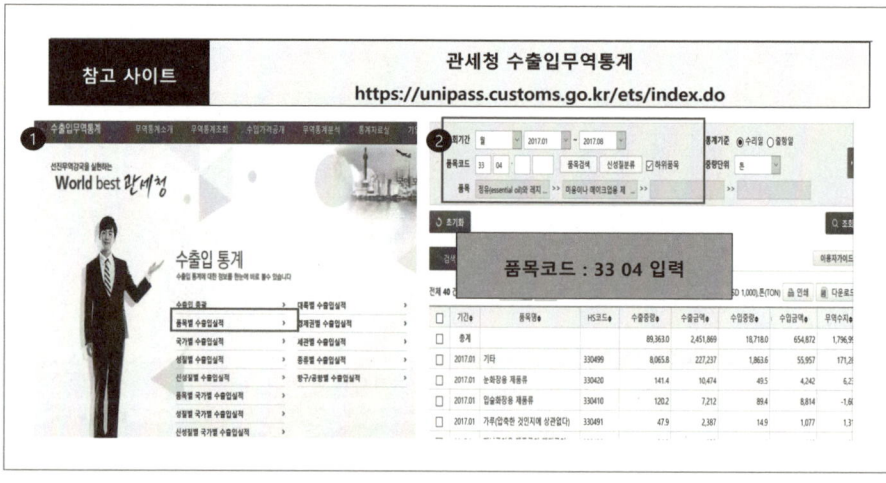

〈참고〉 **화장품 지표 관련 사이트**

그림 10-15 품목별, 국가별 수출 실적

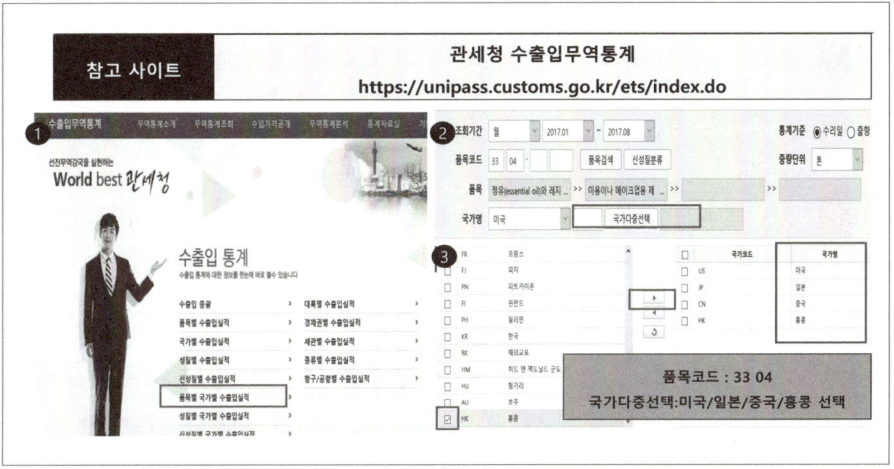

핵심 포인트

1 중국인 방문자 수와 관세청 화장품 수출 데이터를 통해 화장품 업종 흐름을 이해하자.

2 2017년 사드 이슈 이후 아직 더딘 회복세를 보여주고 있다. 향후 중국인 방문자 수의 증가, 중국/홍콩/미국/일본향 화장품 수출 성장을 확인하자.

재콩의 투자 이야기
성공투자를 위한 3단계 대응법

투자의 단계를 나눠보면 크게 3단계로 볼 수 있다. 첫 번째 단계는 투자대상군을 선별하는 것이다. 다양한 선별 기준이 있다. 업황이 좋은 업종, 3년 이상 꾸준히 이익을 창출하는 기업, PBR 1.0배, PER 10배 이하 기업, 배당수익률이 은행 금리를 초과하는 기업, 유동자산비율이 시총을 넘어서는 기업, 내재가치가 주가보다 높은 기업 등을 근거로 투자대상군을 선별할 수 있다.

두 번째 단계는 투자대상 선택이다. 대상 기업의 매출과 이익에 영향을 주는 핵심 요소를 정의하고 가능하다면 지표화해서 분기와 연간 실적을 분석하고 추정한다. 이를 근거로 향후 이익 증가 여부를 판단하고 투자를 결정하게 된다.

세 번째 단계는 투자와 인내의 시기이다. 투자 이후 매 분기 실적과 제반 경영환경을 체크한다. 연간 이익 성장을 확인하고 업황 흐름을 함께 살피게 된다. 목표주가까지 보유할지 아니면 투자를 철회할지 여부를 결정하는 과정을 거친다. 최종 단계인 셈이다.

첫 번째 투자대상군을 선별하는 단계의 핵심 질문은 저평가 여부이며, 안전마진을 확보하고 있는가가 될 것이다. 두 번째 투자대상을 선택하는 단계의 핵심 질문은 매출과 이익의 핵심 요소를 정의하고, 이익 성장이 가능한가가 될 것이다. 마지막 투자와 인내 단계의 핵심 질문은 매 분기 실적과 동행하면서 목표까지 인내할 수 있는가가 될 것이다.

투자자 다수는 주로 첫 번째 단계인 저평가 기업 위주로 투자를 한다. 매우 중요하다. 사실 저평가 기업만 선별해서 투자하더라도 좋은 성과를 가져올 수 있다. 다만 여기에서 두 번째 단계의 투자 대상 기업의 매출과 이익에 영향을 주는 핵심 요소를 정의하고 세 번째 단계의 실적과 동행하고 인내하는 투자 방식까지 더해진다면 투자 실력을 한층 레벨업할 수 있다.

인내에는 2가지 종류가 있다. 기업의 실적 방향과 관련 없는 '막연한 인내'와, 기업 실적을 근거로 '알면서 기다리는 인내'가 있다. 알면서 기다리는 인내는 투자 실력의 레벨업 뿐만 아니라 투자와 함께 하는 일상을 즐길 수 있게 만들어 준다.

11

유통

유통 업종을 보는 주요 지표

유통 업종 주요 지표는 선행지표인 소비자심리지수를 비롯해 유통 업태별 매출 추이와 업태별 핵심 지표 등이다. 면세점은 객단가와 방문자

표 11-1 유통 관련 주요 지표

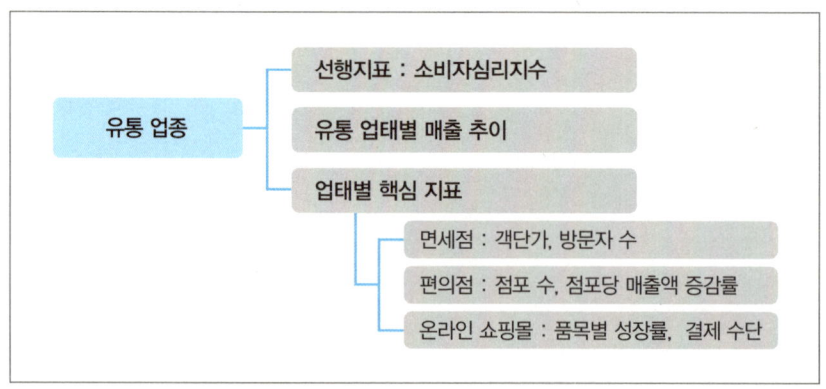

수, 편의점은 점포 수와 점포당 매출액 증감률, 온라인 쇼핑몰은 품목별 성장률과 결제수단을 살펴본다.(참고 〈표 11-1〉)

선행지표 : 소비자심리지수

먼저 〈그림 11-1〉은 소비자심리지수이다. 소비자심리지수는 한국은행 경제통계시스템 소비자동향조사를 통해 확인할 수 있다. 소비자심리

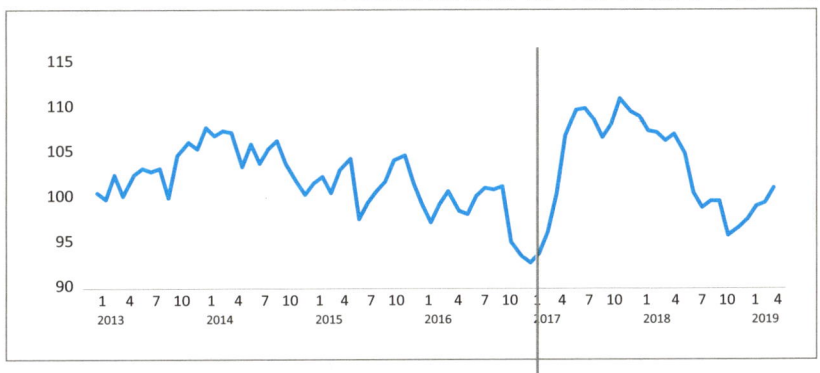

그림 11-1 소비자심리지수

단위 : 기준치 100 이상이면 과거 평균치(2003년~지난해 12월)보다 소비자의 경제 상황에 대한 기대심리가 긍정적, 이하이면 그 반대

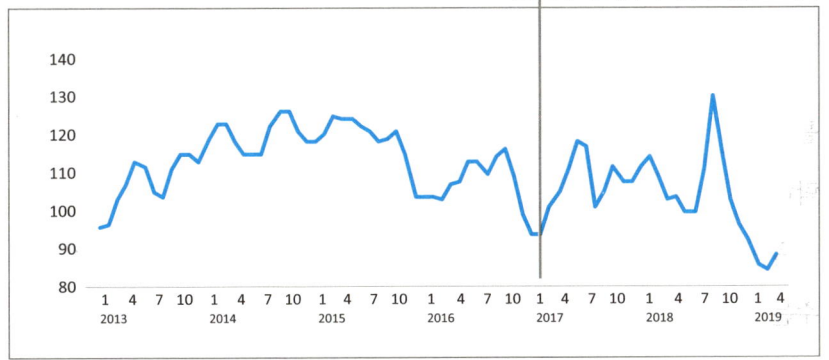

그림 11-2 주택가격전망지수

단위 : 100보다 큰 경우 주택가격 상방, 100보다 작은 경우 주택가격 하방으로 예측

그림 11-1, 그림 11-2 출처 : 한국은행 소비자심리지수

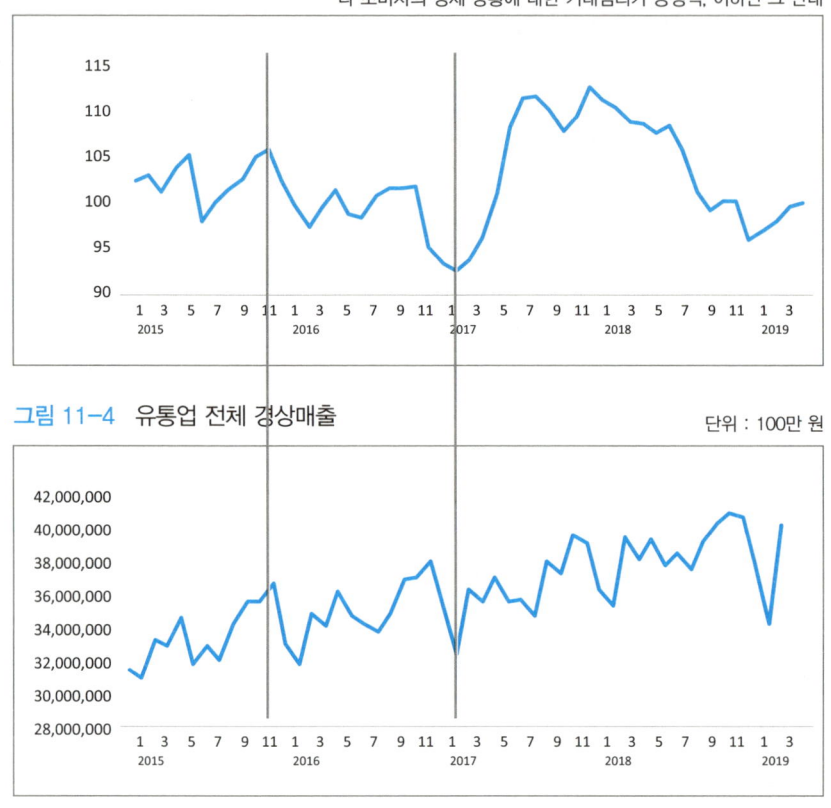

그림 11-3 출처 : 한국은행 소비자심리지수
그림 11-4 출처 : 통계청 유통업 경상매출

지수는 생활형편지수, 경기상황지수, 소비관련지수 이렇게 3개 카테고리를 합산한 지수이다. 소비자심리지수는 2017년 하반기부터 1년 이상 하락하다가 2019년 접어들면서 소폭 회복하는 모습이다.

주택가격전망지수와 소비자심리지수는 서로 이어지고, 소비자심리지수는 유통업 전체 경상매출과 연결된다. 주택 가격-소비자 심리-유통업 매출이 유기적으로 이어지면서 내수경기에 영향을 미친다.(참고 〈그

림 11-1〉~〈그림 11-4〉)

유통 업태별 매출과 핵심 지표 : 편의점, 면세점, 온라인 쇼핑몰

유통 업태별 매출액은 통계청 도소매 서비스에서 소매업태별 판매액을 확인할 수 있다. 월 단위 업데이트된다. 백화점, 대형마트 성장은 1~2%에 머물러 있는 반면, 면세점과 온라인 몰의 성장은 지속되고 있다. 2018년 면세점 매출은 31%, 온라인 몰은 15% 각각 증가했다. 2019년 역시 비슷한 수준의 매출 성장이 이어지고 있다. 완만한 성장 단계로 접어든 편의점 매출은 2018년 10% 수준에서 2019년 5% 안팎의 성장률을 보이고 있다.

주요 유통 업태별 핵심 지표는 산통부에서 매달 발표하는 주요 유통업체별 매출 동향에서 확인할 수 있다.*

편의점 시장은 점포 확장 경쟁 단계를 지나가고 있다. 최저임금 인상과 편의점 숫자가 포화 상태가 되면서 점포 수와 점포당 매출액 증가율이 점차 둔화되고 있다.(참고 〈그림 11-5〉, 〈그림 11-6〉) 편의점 시장은 치열한 점유율 확대 경쟁보다는, 내부적으로 얼마나 관리를 효율적으로 하느냐가 중요한 시기로 접어들었다. 예를 들어 GS리테일의 경우 편의점 시장 성장보다는 호텔 사업과 H&B(헬스앤뷰티)스토어를 얼마나 효율적으로 관리하느냐가 현재의 주요 관전포인트이다.

---

* 좀 더 쉬운 방법은 다음과 같다. 한경컨센서스 산업리포트에서 '유통'을 검색하면 매달 초 유통 담당 애널리스트가 산통부 자료를 가공하여 업태별 핵심 지표를 분석한 자료를 공유한다. 월 1회 한화금융, 하나금융의 Retail Weekly 자료를 꾸준히 체크하고 데이터를 활용하는 방법을 추천한다.

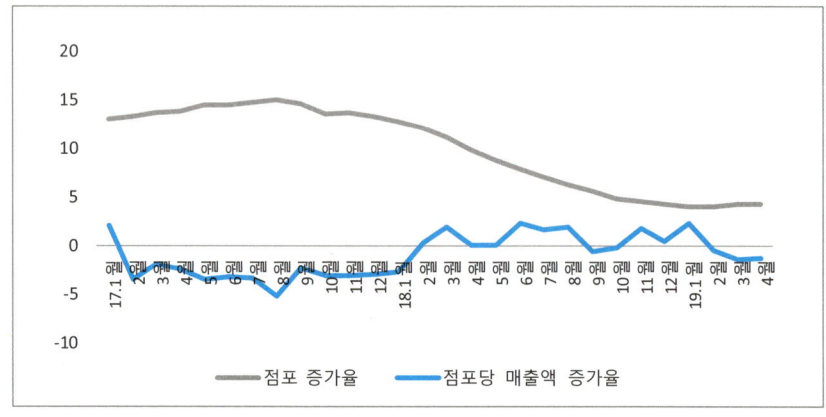

출처 : 산업통상자원부, 하나금융투자 유통 리포트를 인용하여 저자가 새롭게 그림

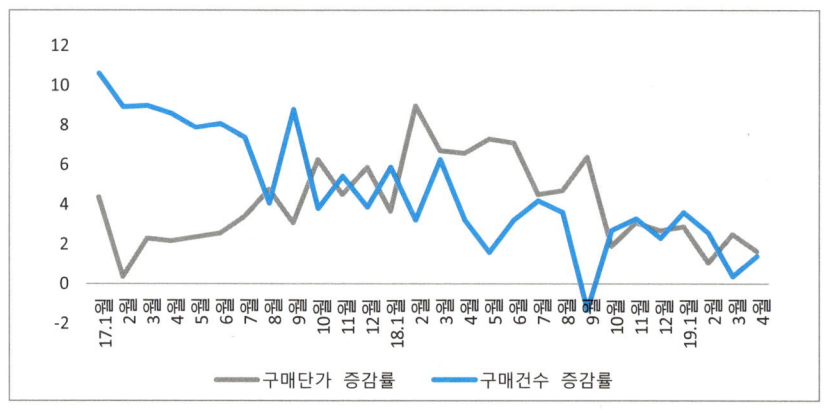

출처 : 산업통상자원부, 하나금융투자 유통 리포트를 인용하여 저자가 새롭게 그림

    최근에 가장 시장의 관심을 많이 받고 있는 유통 업태는 단연 면세점과 온라인 몰이다.

    면세점 데이터는 한국면세점협회가 매월 발표하는 면세점 매출, 방문자 수를 활용할 수 있다. 내국인과 외국인 데이터가 구분되어 제공되기 때문에 내/외국인별 객단가까지 파악할 수 있다.

〈그림 11-7〉에서 보듯이 면세점 매출액은 큰 폭 증가하고 있다. 2019년 기준 면세점 매출은 전년 수준의 성장률을 이어가는 반면 방문 고객 수는 1% 증가에 그친다. 매출 성장은 방문고객 객단가 성장에 힘입었다. 〈그림 11-8〉에서 보듯이 내국인 객단가는 120달러 수준인 반면, 외국인

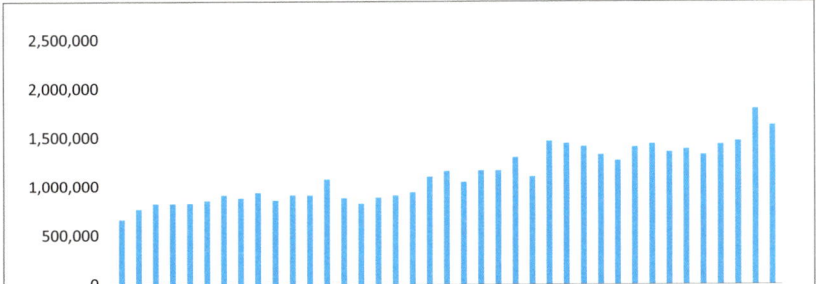

그림 11-7 면세점 매출금액   단위 : 1,000달러

출처 : 한국면세점협회(www.kdfa.or.kr)에서 인용하여 저자가 새롭게 그림

그림 11-8 면세점 객단가   단위 : 달러

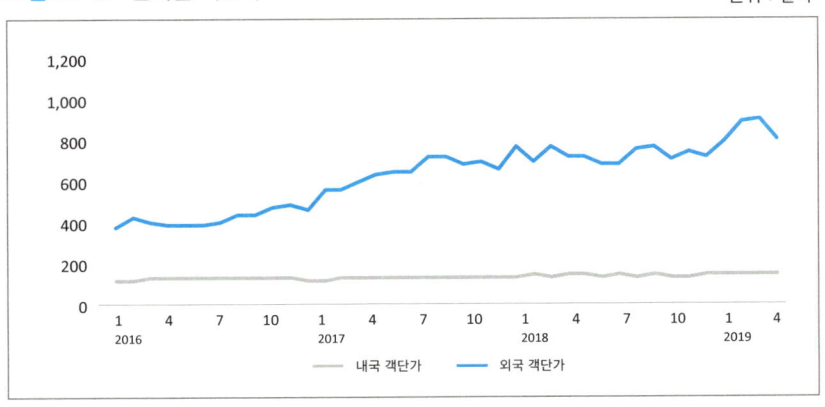

출처 : 한국면세점협회(www.kdfa.or.kr)에서 인용하여 저자가 새롭게 그림

객단가는 800~900달러 수준을 유지하고 있다. 이는 중국인 보따리상의 영향이며, 주시해야 할 관전포인트이기도 하다.

한편, 온라인 쇼핑 거래액은 꾸준히 성장하고 있다. 온라인 거래액 품목별 비중은 통계청 온라인쇼핑동향조사 항목의 온라인 쇼핑몰 판매채널/상품군별 거래액을 통해 매달 확인할 수 있다.

온라인 거래액 품목별 비중을 보면 여행 및 교통서비스 12.9%, 의복

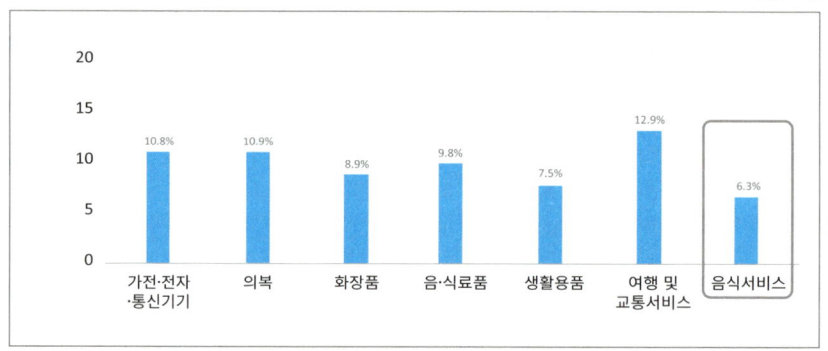

그림 11-9　온라인 거래액 : 품목별 비중 (2019년 4월 누적 기준)　　단위 : %

출처 : 통계청 온라인 품목별 거래액

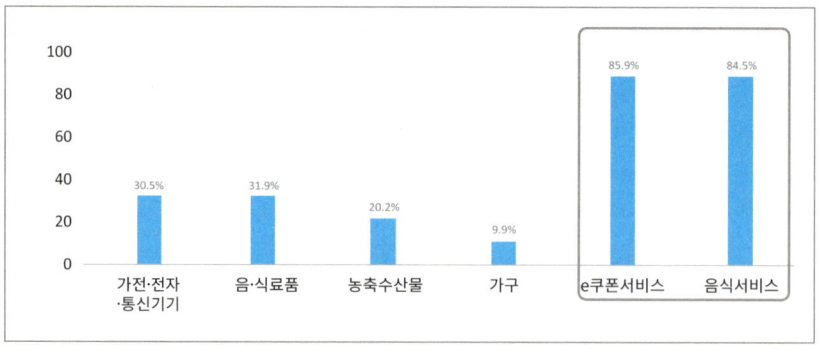

그림 11-10　온라인 거래액 : 품목별 성장률 (2019년 4월 누적 기준)　　단위 : %

출처 : 통계청 온라인 품목별 거래액

10.9%, 가전·전자·통신기기가 10.8% 순인데 최근 음식서비스 비중이 6.3%까지 성장했다.(참고 〈그림 11-9〉) 2019년 4월 기준 월 온라인 거래액은 10조 6,000억 원이다. 가장 비중이 높은 여행 및 교통서비스 월 거래액은 1조 3,000억 원, 음식서비스 월 거래액은 7,000억 원을 넘어섰다. e쿠폰서비스의 월 거래액 역시 2,200억 원까지 성장하고 있다.(참고 〈그림 11-10〉)

전통적인 온라인 쇼핑 품목의 성장 뿐만 아니라, 음식서비스, e쿠폰서비스와 같은 새로운 영역의 성장이 눈에 띈다. 음식서비스, e쿠폰서비스의 성장은 전자결제, 무인자동화, 주문배달서비스 성장과도 연결되며, 현재 시장의 주요한 변화라고 볼 수 있다.

나아가 온라인 거래액 증가는 다양한 투자 아이디어와도 연결된다.

먼저 골판지 수요 증가, 택배/배송 수요 증가, 온라인 결제 증가와 연결된다. 온라인 결제 증가는 전자결제(P/G) 사업의 성장으로 이어지고, 택배/배송 수요 증가는 수도권 물류창고의 확대, 물류 자동화 니즈, 그리고 대형 유통사의 오프라인 인프라 투자와 맞닿는다. 또한 신선식품 새벽배송, C2C택배, 주문배달 시장 성장으로 이어진다. 다양한 투자 아이디어와 연결해서 생각해 볼 수 있다.

카드수수료 부과 체계 개편과 전자결제

정부의 카드수수료 부과 체계 개편안이 2019년부터 실시되면서 전자결제 시장에 대한 우려가 있다. 정부 개편안의 골자는 카드사의 카드수수료 2%를 가맹사업자의 연 매출을 기준으로 수수료율 차등 적용을 한다는 것이고, 이를 통해 영세사업자를 우대한다는 정책 방향이다. 예를 들어 연 매출 3억 원 미만 사업자의 카드수수료는 0.8%, 3~5억 원 사업자는 1.3%, 5억 원 이상 사업자는 2%를 적용한다.

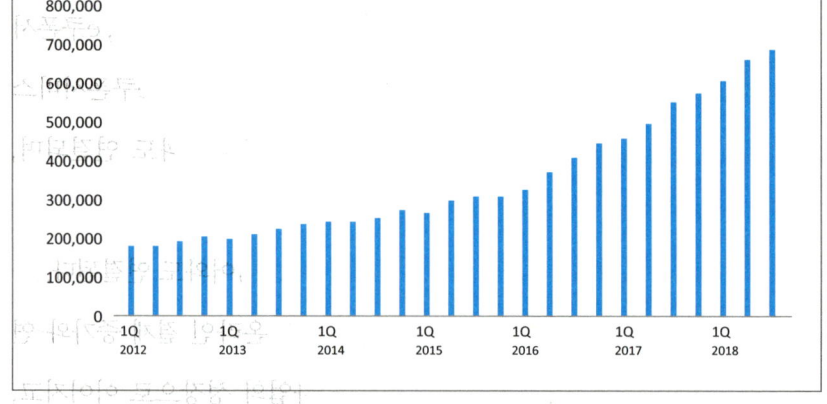

그림 11-11 온라인 결제 이용건수   단위 : 1,000건

출처 : 한국은행 전자지급결제대행

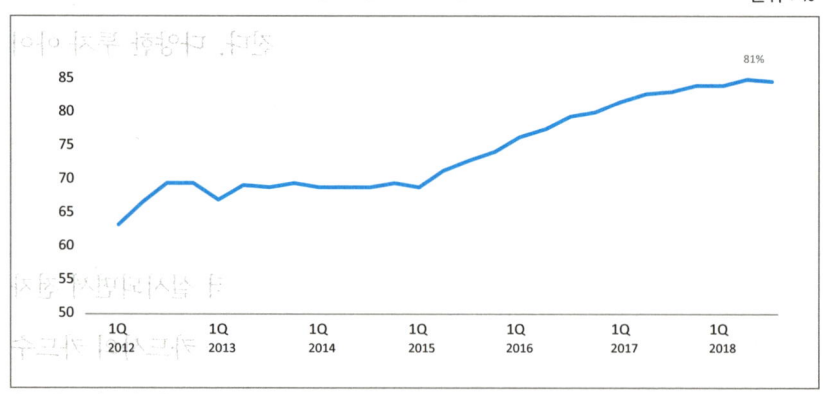

그림 11-12 온라인 전체 결제 중 신용카드 이용건수 비율   단위 : %

출처 : 한국은행 전자지급결제대행

전자결제 사업은 VAN과 PG로 나뉜다. VAN은 카드사와 오프라인 가맹점을 중개하며 수수료를 받는 모델이고, PG는 카드사와 온라인 가맹점을 중개하며 수수료를 받는다. 즉 VAN과 PG는 오프라인과 온라인으로 구분하며, 온라인 거래승인 시 VAN사가 거래데이터 승인 역할을 한다.

VAN사와 PG사는 카드수수료와 VAN(또는 PG)수수료를 매출로 인식하되 카드수수료는 다시 카드사로 전달하는 구조이다. 카드수수료의 감소는 VAN사와 PG사의 매출 하락으로 이어진다. 또 하나, 카드사의 수수료 감소는 VAN(또는 PG)수수료 인하 압력으로 이어질 개연성이 있다. 이에 대한 시장의 우려가 전자결제 시장에 반영되어 있다.

온라인 거래액의 성장은 온라인 결제 금액 증가와 동행해 왔다. 온라인 결제금액과 이용건수는 한국은행 경제통계시스템 지급결제 항목의 전자지급결제대행에서 확인할 수 있다.(참고 〈그림 11-11〉) 신용카드, 계좌이체, 가상계좌 등 다양한 결제 대행 서비스의 분기별 이용금액과 이용건수 추이를 확인할 수 있다.

신용카드 결제 시장의 점유율은 온라인 전체 결제 이용건수의 80% 이상을 차지하고 있다.(참고 〈그림 11-12〉) 현재의 시장 우려가 과도한지 여부를 주의 깊게 관찰할 필요가 있다.

기업 분석 : 호텔신라

호텔신라의 매출 비중은 면세점이 90%, 호텔사업이 10%이다. 매출액 증가가 이익 증가로 이어지며, 비용 항목에서 중국 보따리상에게 지급하

그림 11-13 호텔신라 매출액 vs 면세점 매출 단위 : 억 원, 1,000달러

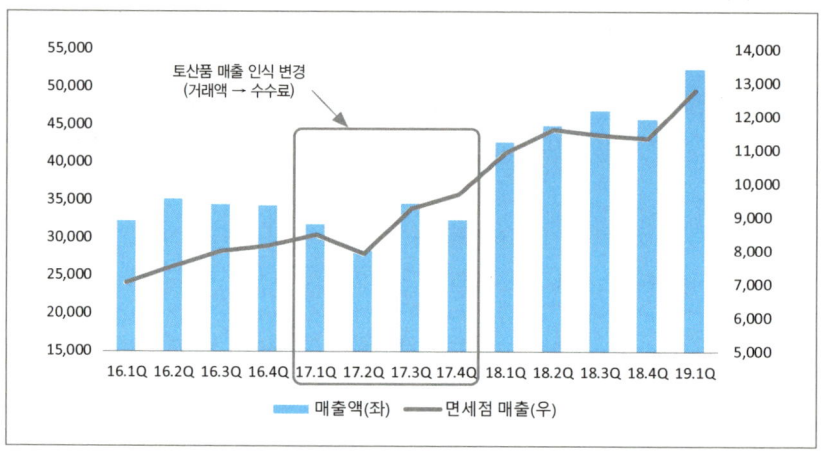

출처 : 호텔신라 사업보고서, 한국면세점협회 자료에서 인용하여 저자가 새롭게 그림

그림 11-14 영업이익률, 알선수수료 비율 단위 : %

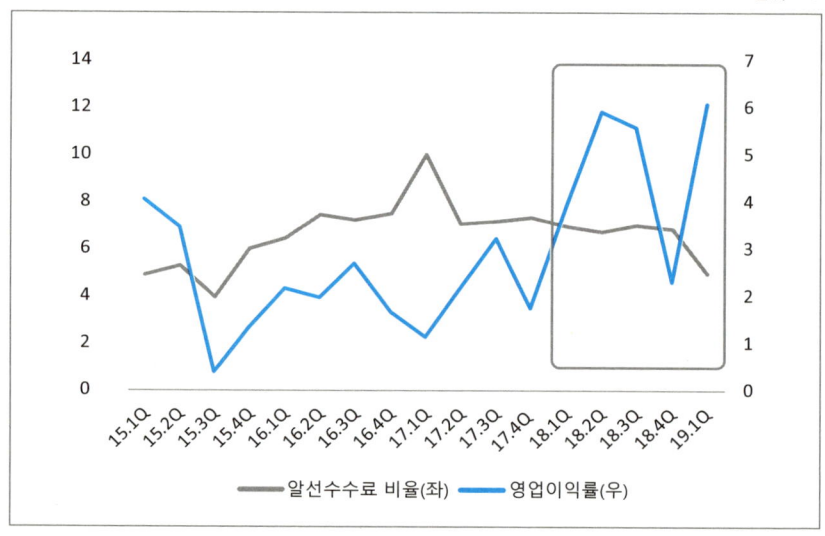

출처 : 호텔신라 사업보고서, 한국면세점협회 자료에서 인용하여 저자가 새롭게 그림

는 알선수수료를 어떻게 관리하느냐가 이익에 영향을 준다.

〈그림 11-13〉, 〈그림 11-14〉에서 보듯이 호텔신라의 핵심 지표는 면세점 매출 데이터, 알선수수료이다. 앞서 면세점협회 데이터를 통해 면세점 매출액을 확인할 수 있다는 걸 기억할 것이다. 면세점 매출 증가율은 호텔신라 매출액 증가율과 동행한다. 그리고 영업이익률과 알선수수료는 반대 방향으로 움직인다. 알선수수료의 안정적 관리는 영업이익률 증가로 이어진다는 뜻이다.

이제 2019년 1분기 호텔신라 매출을 추적해 보자. 앞서 본 것처럼 호텔신라 매출증가율은 면세점 매출 증가율과 동행한다.(참고 〈표 11-2〉 ①) 따라서 호텔신라의 매출은 면세점 매출 지표를 통해 추정이 가능하

표 11-2 실적 추정 주요 포인트 : 호텔신라

매출증가율(YoY)	28%	47%	29%	34%	19%
(단위:억 원)	18.1Q	18.2Q	18.3Q	18.4Q	19.1Q
매출액	11,255	11,749	12,204	11,929	13,432
매출원가(재료비+인건비)	6,631	6,696	7,078	7,031	8,226
매출총이익	4,624	5,053	5,126	4,898	5,206
판관비(기타영업비용)	4,182	4,358	4,446	4,624	4,390
영업이익	442	695	680	274	817
당기순익	317	526	472	-212	519
매출이익률	41.1%	43.0%	42.0%	41.1%	38.8%
판관비 비율	37.2%	37.1%	36.4%	38.8%	32.7%
영업이익률	3.9%	5.9%	5.6%	2.3%	6.1%
순이익률	2.8%	4.5%	3.9%	-1.8%	3.9%
면세점 매출(1,000달러,sum)	41,271	44,321	43,581	43,208	49,525
면세점 고객 수(1,000명)	11,660	12,458	12,058	11,945	11,894
면세점 매출 YoY	36%	59%	28%	21%	20%
알선수수료(억 원)	704	710	768	733	595
알선수수료 비율	6.9%	6.7%	7.0%	6.8%	4.9%

② 비용 반영
① 매출증가율 가정

출처 : 호텔신라 사업보고서에서 인용하여 저자가 새롭게 작성

다. (하나 주의할 점은, 호텔신라가 토산물 매출의 매출인식 기준을 기존 거래액에서 수수료로 변경했다. 따라서 2017년 1분기부터 4분기까지 매출 감소는 기준 변경에 따른 일시적 현상이다.)

2018년 1분기 이후 알선수수료를 매출 대비 7% 이하로 관리하면서 이익이 증가하고 있다. 특히 2019년 1분기는 알선수수료가 5% 이하로까지 관리되는 모습을 보이고 있다.(참고 〈표 11-2〉 ②)

그림 11-15 달러 대 위안화 환율

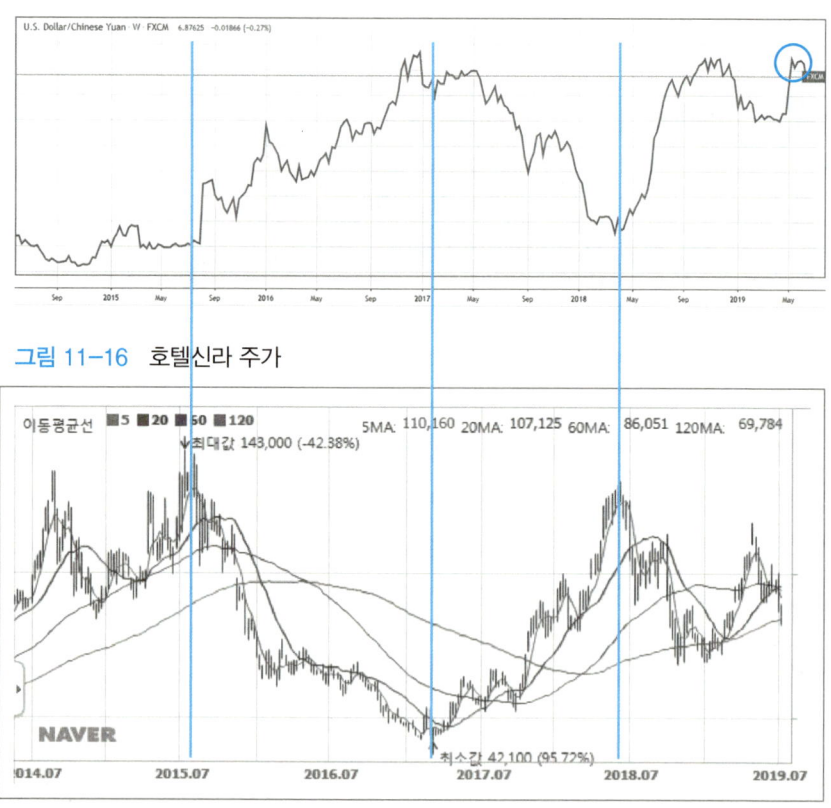

그림 11-16 호텔신라 주가

그림 11-15 출처 : www.tradingview.com
그림 11-16 출처 : 네이버 금융

앞으로 관전포인트는 면세점 매출의 지속 성장, 알선수수료의 예측 가능한 관리이다. 또 하나 변수는 위안화 방향이다.

미·중 무역분쟁으로 위안화 방향 예측이 어렵다. 달러 강세/위안화 약세는 중국인 방문자 수 감소로 이어지고, 면세점/화장품 업종의 매출 감소 우려로 시장이 인식하는 경향이 있다. 〈그림 11-15〉, 〈그림 11-16〉은 달러/위안화와 호텔신라 주가 추이다. 위안화 강세(절상)가 호텔신라의 시장심리에 도움을 준다는 걸 알려준다.

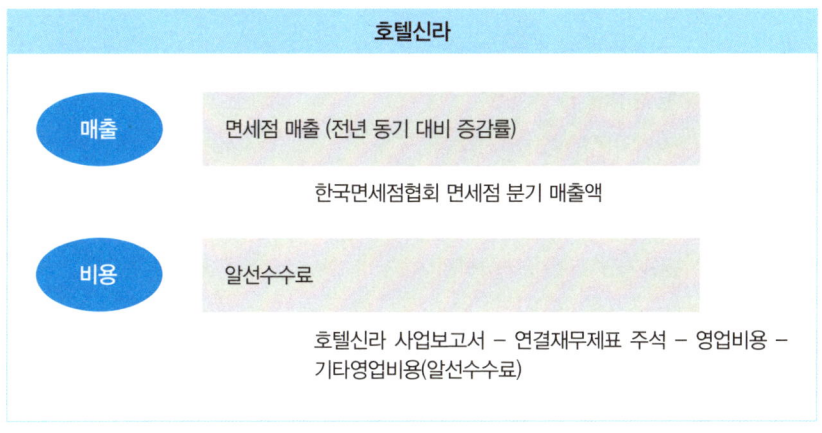

〈참고〉 **유통 지표 관련 사이트**

그림 11-17 면세점 매출액, 방문자 수

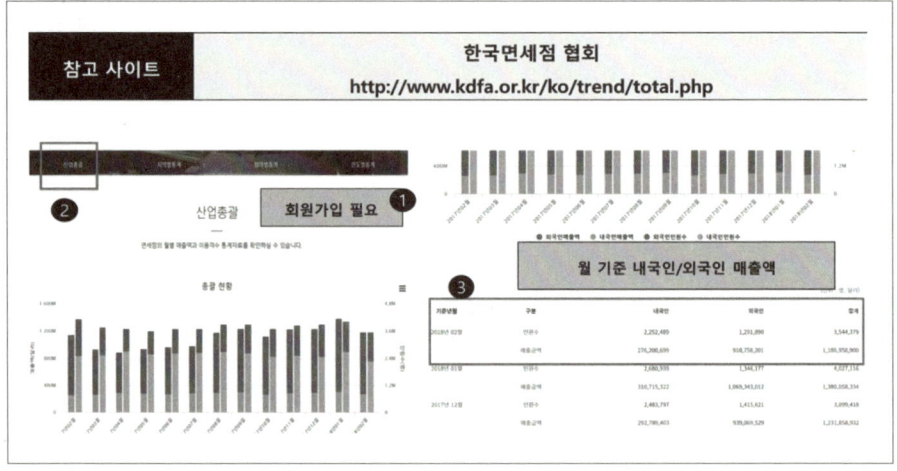

그림 11-18 선행지표 – 소비자 심리지수

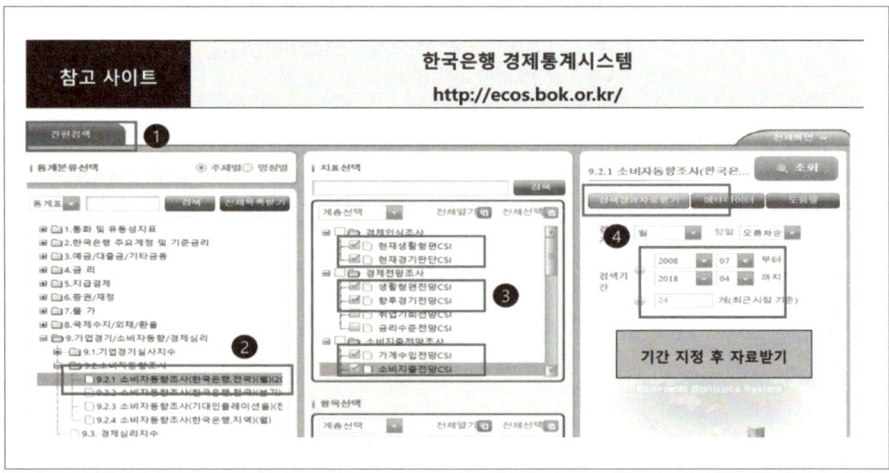

〈참고〉 **유통 지표 관련 사이트**

그림 11-19 소매 업태별 판매액

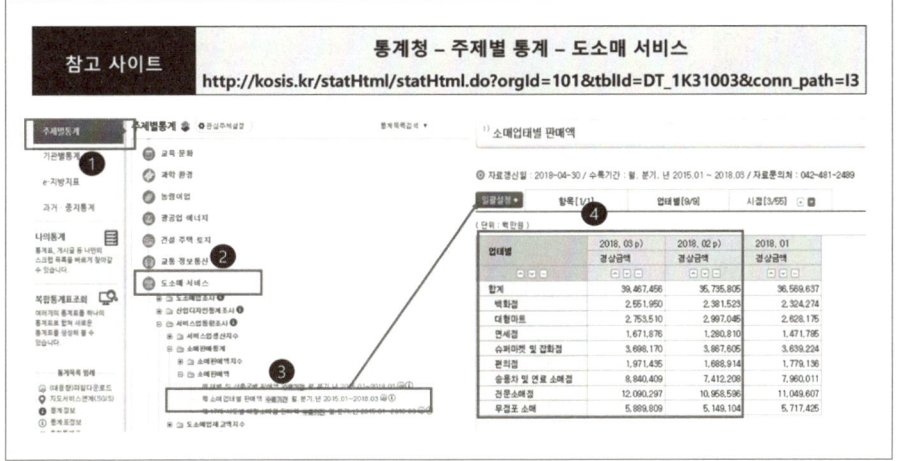

그림 11-20 신용카드 사용금액과 건수

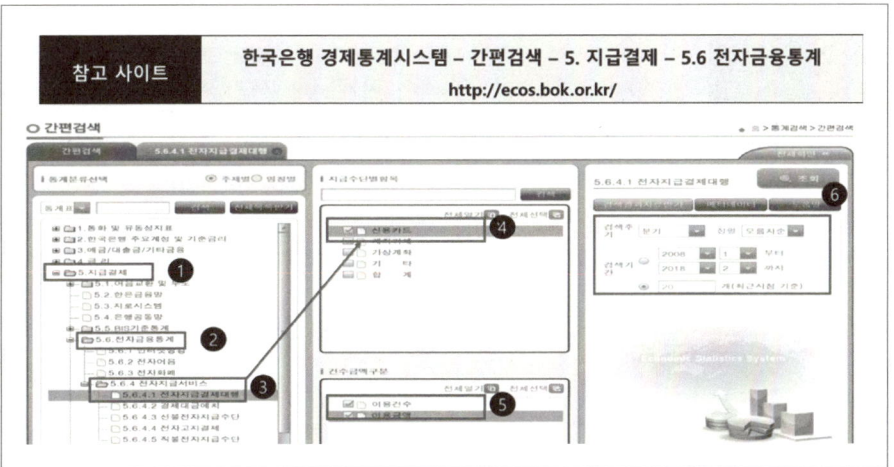

<참고> 유통 지표 관련 사이트

그림 11-21 온라인 쇼핑몰 상품군별 거래액

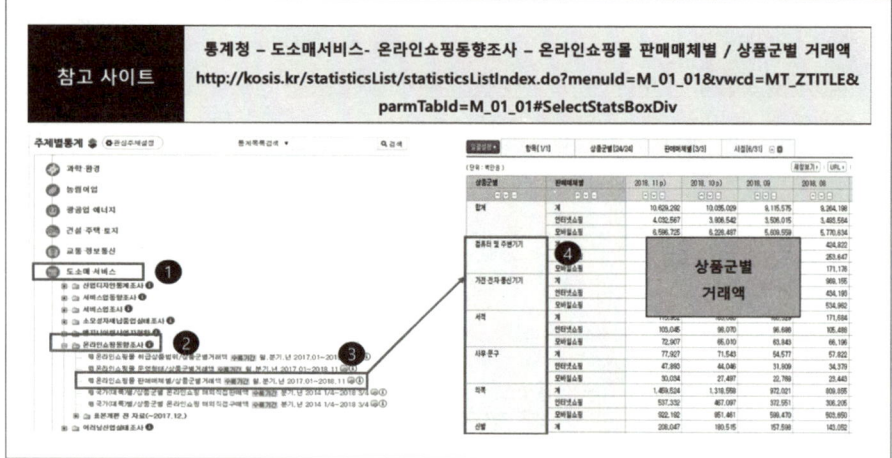

그림 11-22 운송지수 (소화물 전문 운송업)

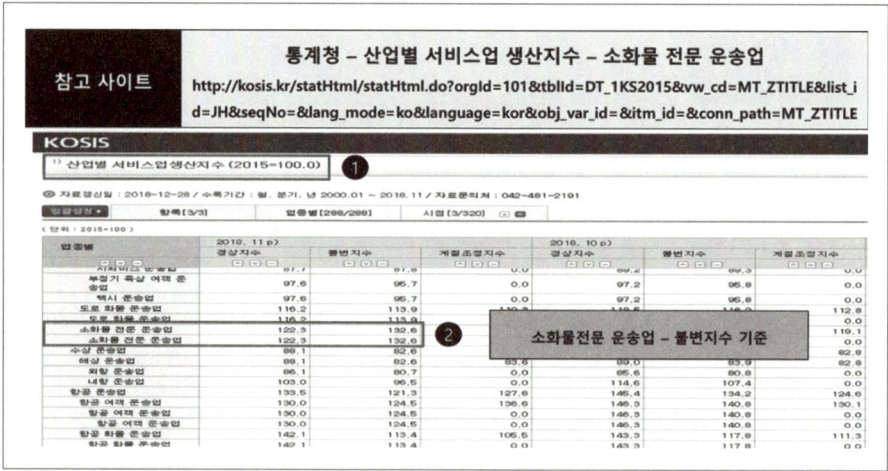

핵심 포인트

1 선행지표인 소비자심리지수와 유통업 전체 경상매출 간의 연계고리를 이해하자.

2 면세점은 객단가와 방문자 수, 편의점은 점포 수와 점포당 매출액 증감률, 온라인 몰은 품목별 성장률, 전자결제 지표에 주목할 필요가 있다.

3 온라인 몰의 경우 음식서비스, e쿠폰서비스와 같은 신규 시장의 등장이 이끌고 있는 전자결제, 무인자동화, 주문배달서비스 시장의 변화를 주목하자.

재콩의 투자 이야기
전업투자자에 관한 단상

자주 질문을 받는다. 전업투자자라고 하면 궁금해 하는 것 중에 하나가 전업투자자의 일상에 관한 것이다. 하루 종일 모니터를 여러 개 연결한 컴퓨터 앞에 코를 박고 사는 모습을 상상하거나, 매주 2~3개 기업 탐방과 현장조사로 바쁘게 사는 모습을 상상하는 것 같다.

얼마 전 예전 직장 후배가 사무실 근처로 회사를 옮겼다. 그래서 낮에 놀러 오라고 했더니 대뜸 "오후 3시 반 이후에 연락드릴께요" 했다. 그러고는 "그때 주식시장이 마감되잖아요"라고 했다. 속으로 웃었다. 후배 역시 머리 속에 그리는 전업투자자의 일상이 다른 사람들과 비슷하다.

나는 평범하고 평탄한 삶을 산 편이다. 큰 어려움 없이 대학에 입학하고 취업했다. 소소한 갈등과 스트레스는 있었다. 특히나 내 마음대로 되지 않은 게 2가지가 있었다. 하나는 연애였고, 다른 하나는 투자였다. 대개 성실하고 꾸준하게 노력하면 원하는 결과를 얻는다. 하지만 연애와 투자는 그렇지 않았다. 사람 마음을 얻는 것, 그리고 투자를 성공으로 이끄는 것은 성실함이나 노력만으로 이끌어 낼 수 있는 것이 아니었다. 그래서 굉장히 고민을 많이 했다.

앞서 평탄한 대학 입학 이야기를 했지만 사실 졸업까지 8년이 걸렸다. 4학년 마지막 졸업 학기에 무려 23학점을 들어야 했다. 겨우 졸업을 했다. 그나마 조금 잘했던 과목이 있었다. 논리학이다. A학점을 받은 거의 유일한 과목이다. 특별히 논리학에 재능이 있었던 건 아니다. 다만 추론을 통해 정답을 이끌어 낼 수 있는, 다시 말해 인과관계를 밝혀내는 게 참 흥미로웠다. 원인과 결과를 머릿속에 쭈욱 그려보는 것이 재미났다. 그래서 투자를 시작한 이후 더 힘들었다.

　투자는 원인이 결과로 이어지는 선형적인 관계만은 아니기 때문이다. 그걸 알 리 없었던 나는 매번 머리를 쥐어박았다. 허벅지를 꼬집기도 했다. 투자의 세계가 다양한 요소와 관계가 얽히고 설킨 매우 비선형적인 세계라는 것을 깨닫기까지 무척 오랜 시간이 걸렸다.

　성실함이나 노력으로 결과물을 얻어내곤 하던 삶의 방식 역시 투자의 세계에서는 쉽게 작동하지 않았다. 성실하게 (또는 치열하게) 부딪치면서 그대로 직진하면 원하는 결과를 얻어내는 세계 또한 아니었다.

　현재 나는 전업투자자이다. 오너가 아닌 이상 나 같이 직장인으로 오랜 시간을 지낸 사람은 결국 조직을 떠나는 날이 오기 마련이다. 몇 년 더 조직 생활을 하느냐 마느냐의 문제일 뿐 조직을 떠나는 날은 오게 된다. 그 다음부터는 '조직의 나'가 아니라 '개인의 나'가 되어 살아가야 한다. 많은 사람들이 다가올 미래의 두려움 때문에 투자를 공부하게 된다. 나도 마찬가지였다. 앞서 이야기한 것처럼 나는 좋아했던 논리학 때문에 더 헤맸다. 또한 성실함과 노력으로 근근이 버텨온 조직생활 노하우가 투자의 세계에서 통하지 않아 더 자주 쓴 잔을 마셔야 했다.

　투자자라면 언젠가는 가질 '명함'이 전업투자자라고 생각한다. 그만큼 특별하지 않다는 말이다. 그리고 성실함과 노력보다 더 중요한 게 있다는 이야기가 되겠고, 논리적으로 접근하는 것보다 더 중요한 게 있다는 의미다.

　그것은 바로 '일상을 잘 보내는 것'이라고 생각한다. 하루하루 소소하게 즐거움을 찾는 것이라고 생각한다. 투자는 '기다림의 미학'이라고 말하곤 한다. 사실 변동성이 큰 주식시장에서 기다린다는 것만큼 어려운 것은 없다. 현상에 대한 해석은 상황에 따라 달라지기 쉽기 때문이다. 그래서 더욱 더 하루하루를 잘 보내야 한다고 생각하게 된다.

　소설가 박경리 선생의 소설 가운데 『가을에 온 여인』이라는 작품이 있다. 이 장편 소설은 약간 시시한 치정에 가까운 내용이지만, 참 맘에 와 닿는 대목이 있다.

"시간이란 또한 한없이 지루한 거 아닙니까? 왜 알렉산더나 나폴레옹이 세계 정복을 꿈꾸었습니까? 시간이 무섭고 시간이 지겨웠기 때문입니다."

퍽이나 와닿는 문장이다. 시간이 무섭고 또한 시간이 지겹다. 나도 전업투자를 시작한지 1년 반이 넘어서자 점점 시간이 무섭고 또 지겨워졌다. 하루하루 일상을 잘 보내자는 말은 하기 쉽지만 행동에 옮기기란 어렵다.

어떻게 살 것인가. 어떻게 일상을 잘 보낼 것인가. 동어반복적인 이야기이다. 결국 대부분의 사람들이 거치는 과정인 것 같다. 그런데도 돌아보면 꾸준함과 성실함은 지루함을 이겨내는 작은 버팀목이기도 한 것 같다. 그리고 꾸준함과 성실함은 투자의 세계에서도 꽤 유용한 것 역시 사실이다. 지표를 활용한 주식투자는 전업투자자인 나에게 그런 면에서도 잘 들어맞았던 셈이다.

12

골판지

골판지 업종을 보는 주요 지표

골판지 업종 주요 지표는 골판지 폐지, 펄프 가격, 원지 가격, 원지 생산량이다. 원지 가격과 원재료인 폐지 가격, 그러니까 원지-폐지 스프레드가 중요하다.(참고 〈표 12-1〉)

표 12-1 골판지 관련 주요 지표

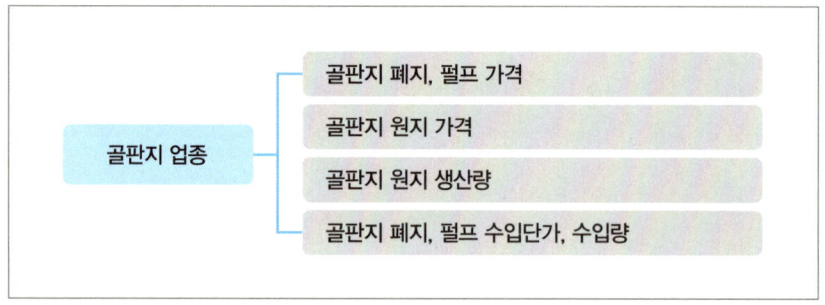

2015년을 기점으로 골판지 시장은 4개 그룹 중심의 과점화된 구조가 고착화되고 있다. 과점화된 구조는 제품 가격 결정권으로 이어진다. 가격 결정권을 통해 지속적으로 시장을 주도해 갈 수 있는지 여부가 중요한 관전포인트라고 할 수 있다.

골판지 관련 용어와 개념

먼저 골판지 용어와 개념을 이해해 보자. 전국 300여개 압축장에서 폐골판지, 폐신문지를 수거한다. 폐골판지, 폐신문지를 폐지(고지)라고 부른다. 제지사(골판지사)는 수거된 폐지를 가공하여 이면지, 표면지, 골심지를 만든다. 판지사는 원지를 합지하고 롤링하여 원단(판지)으로 제작한다. 그리고 지함사(상자사)는 원단을 가공하여 상자를 만든다.(참고 〈그림 12-1〉)

그림 12-1 골판지 관련 주요 제품 생산과정

제지사	고지(폐지)	폐골판지, 폐신문지 등을 전국 300여 개 압축장에서 수거
	원지	폐지(고지)를 가공하여, 이면지, 표면지, 골심지를 만듦
판지사	원단(판지)	원지를 합지하여 롤링 과정을 통해 원단으로 제작
지함사	지함소(상자)	원단을 가공하여 상자를 만드는 곳

골판지 가격 변화 : 폐지와 원지 가격

먼저 골판지 폐지 가격과 원지 가격을 확인할 필요가 있다. 골판지 폐지 가격은 자원순환정보시스템에서 월 단위로 신문지 폐지와 골판지 폐지 가격을 제공한다. 펄프 가격과 골판지 원지 가격은 관세청 수출 데이터를 통해 확인이 가능하다(펄프 HS코드 4703292000, 골심지 HS코드 480511).

〈그림 12-2〉에서 보듯이 kg당 75원 수준에 머물던 골판지 폐지 가격은 2016년 3분기부터 큰 폭 상승해서 2017년 10월 148원까지 97%나 상승하게 된다. 이후 폐지 가격이 다시 큰 폭 하락해 2018년 5월에는 64원까지 떨어지게 된다.

폐지 가격 급등과 급락의 배경에는 중국이 있다. 중국이 폐지 수입을 확대하던 시기 국내 폐지 가격이 큰 폭 상승했고, 중국이 환경규제 강화로 폐지 수입을 규제하면서 폐지 가격이 다시 하락하는 모습을 보였다.

폐지를 원재료로 원지를 만드는 골판지사 입장에서는 폐지 가격 급등은 실적 악화 요인이므로 원지 가격 인상으로 이어졌다. 골심지 수출단가를 보면 폐지 가격이 큰 폭 상승하던 2017년 3분기부터 원지 제품 가격 인상을 확인할 수 있다.(참고 〈그림 12-3〉) 특히 폐지 가격이 2017년 4분기부터 하락하면서 원지-폐지 스프레드가 큰 폭 증가하게 되었고, 2018년 골판지 기업 실적이 대폭 개선되었다. 시장 관심은 앞으로 원지 가격이 일정 수준을 유지하면서 이익이 지속될 것이냐이다.

폐지와 펄프 수입가격 추이를 통해 국내 폐지 가격 방향을 예상해 볼 수 있다. 통계청 주제별 통계에서 과학·환경 항목의 원자재 수입동향

종합 페이지를 보면 펄프, 폐골판지, 폐신문지의 수입단가와 수입량 확인이 가능하다.

폐지 가격 상승은 폐지 수입가 상승과 수입량 증가로 이어진다.(참고 〈그림 12-4〉, 〈그림 12-5〉) 연간 폐지 총 사용량은 약 1,000만 톤 수준인

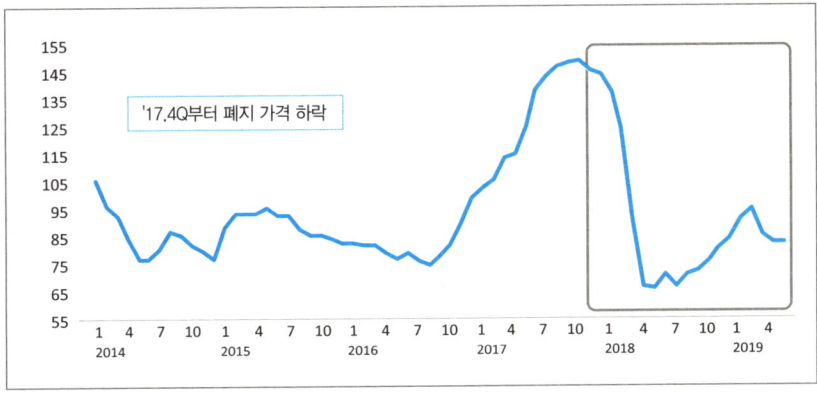

그림 12-2 골판지 폐지 가격 추이

출처 : 자원순환정보시스템 (www.recycling-info.or.kr)

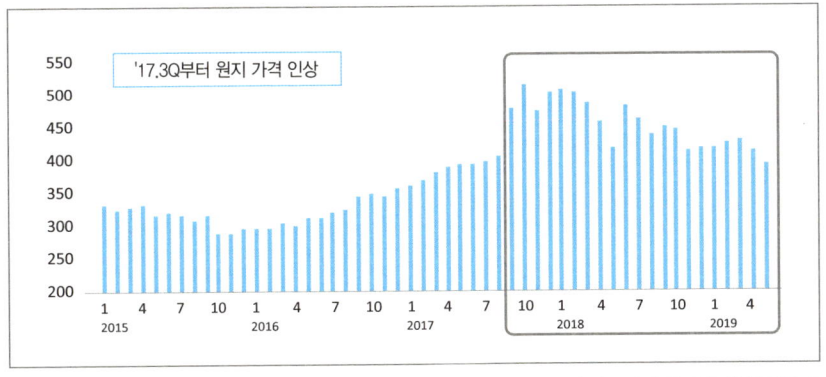

그림 12-3 골심지 수출단가

출처 : 관세청 수출입 무역통계

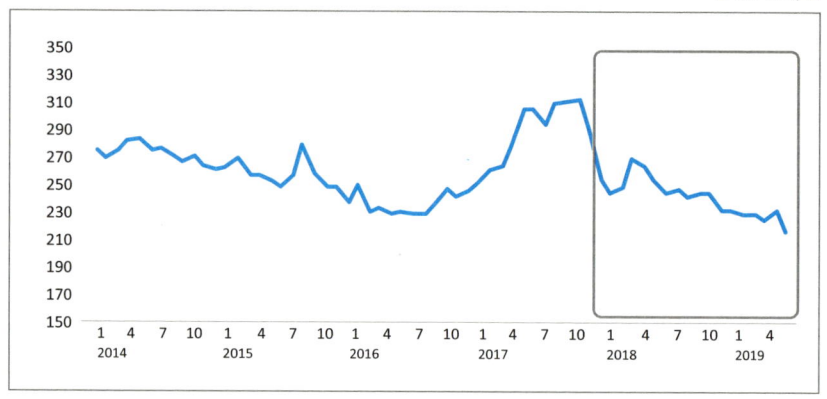

그림 12-4 폐골판지 수입가   단위 : 달러/톤

출처 : 관세청 수출입 무역통계

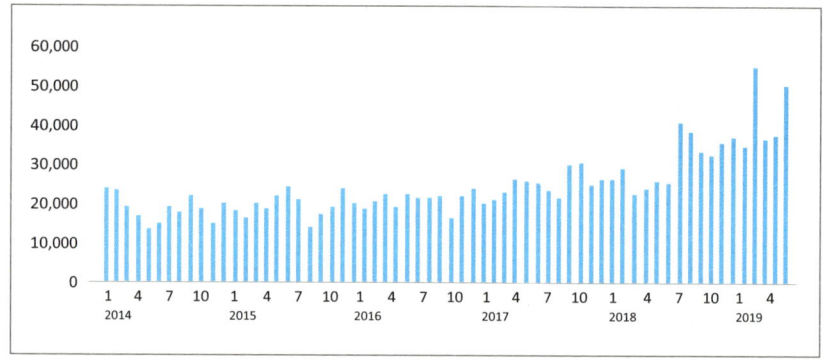

그림 12-5 폐골판지 수입량   단위 : 달러/톤

출처 : 통계청 원자재 수입 동향

데, 이 가운데 90% 가까이는 국내 폐지 재활용으로 사용하고 있고, 나머지 10% 내외는 수입으로 대체하고 있다. 2019년 현재 폐지 수입가는 안정적인 모습을 보이고 있다.

골판지 수요 변화 : 온라인몰 거래액과 골판지 수요

골판지 수요를 살펴보자. 골판지 원지 생산량은 한국제지공업연합회에서 확인이 가능하고, 아세아제지 등 골판지 기업 사업보고서를 통해서도 확인이 가능하다.

골판지 수요 증가 전망은 온라인몰 성장과 궤를 같이 한다. 온라인몰 거래액 증가는 택배 물량 증가와 골판지 수요 증가로 이어져 왔다. 다만 최근 흐름은 조금 다르다.

2006년부터 2018년까지 데이터를 정리한 것이 〈그림 12-6〉, 〈그림 12-7〉이다. 지속 증가하던 골판지 원지 생산 증감률은 2018년 −0.6%를 기록했다. 대림제지 증설 작업으로 인한 가동중단 요인이 있다. 덧붙여 앞서 유통 업종에서 살펴본 바와 같이 주문배달서비스와 e쿠폰서비스 성장 영향도 생각해 볼 요소이다. 앞으로 골판지 시장은 Q(물량)보다는 P(원지−폐지 스프레드)에 민감하게 반응할 여지가 있다는 점은 기억해 둘 필요가 있다.

골판지 사국지(四國志) : 격변의 시대 이해

골판지 업종은 지난 몇 년 격변의 시대를 겪었다. 시장 이해에 도움이 될 듯해서 간략하게 정리해 본다. 골판지는 태림포장 그룹, 아세아제지 그룹, 삼보판지 그룹, 신대양제지 그룹 이렇게 4개 그룹으로 과점화 되어 있다. 이들 그룹의 계열사를 보면 골판지 원지, 판지, 상자별로 수직계열화가 이루어져 있다.

2015년으로 거슬러 올라가보면 골판지 업체는 가격 담합으로 막대한

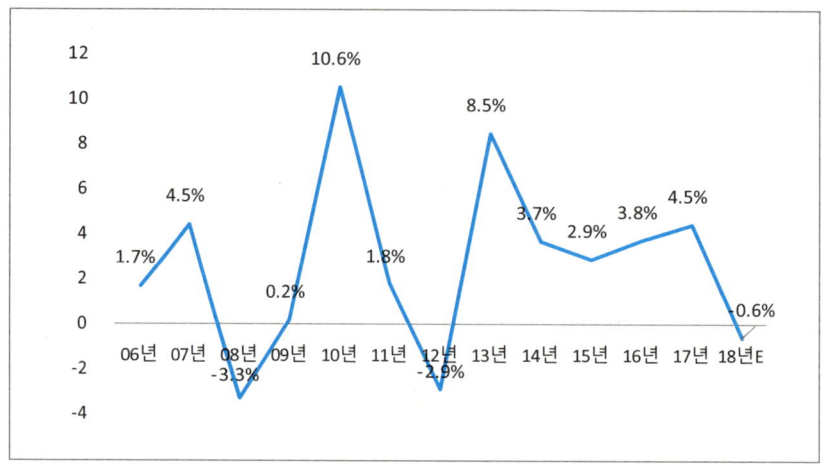

그림 12-6 골심지 원지 생산 증감률(YoY)   단위 : %

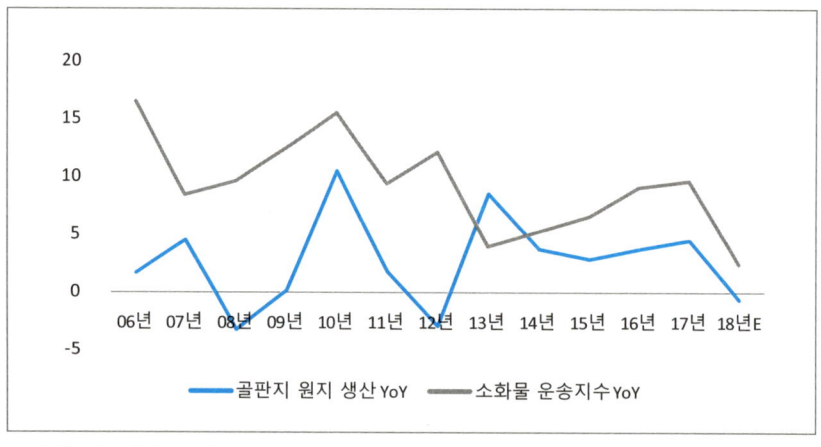

그림 12-7 골심지 원지 생산 증감률(YoY), 소화물 운송지수 증감률(YoY)   단위 : %

과징금이 부과됐다. 신대양제지 450억 원, 아세아제지 400억 원, 삼보판지 250억 원의 과징금이 재무제표에 반영되었다. 반면 자진신고자였던 태림포장은 450억 원 과징금을 면제받았다. 태림포장이 자진신고자가 된 배경에는 2015년 태림포장과 동일제지(지금의 태림페이퍼)를 인수한 사모펀드 트리니티가 있다. 2019년 들어 태림포장 지분 100%와 태림페이퍼 지분 71%가 시장에서 매각 대상을 찾고 있다.

아세아제지 대주주는 지주사 아세아이다. 아세아가 아세아시멘트, 아세아제지를 보유하고 있고 대주주는 1941년생인 이병무 회장이다. 아세아시멘트는 장남 이훈범, 아세아제지는 차남 이인범이 경영하고 있다. 이병무 회장이 장남 이훈범에게 10만 주를 증여한 바 있는데, 향후 지주사 아세아 경영권이 장남 이훈범에게 승계되어 자연스럽게 아세아시멘트까지 가져간다고 보면, 아직 지분이 충분하지 않은 차남 이인범이 아세아제지 지배권을 어떻게 정리할 지 관심거리이다.

삼보판지 계열은 사촌인 류창승 대표와 류진호 대표가 대림제지와 삼보판지를 각각 경영하고 있다. 대림제지는 2015년 삼보판지로부터 부천1공장을 인수해서 분양사업을 했고, 대림제지는 삼보판지에 고려제지 지분 25%를 넘기고 상자공장을 받아오기도 했다. 2018년 2월에는 삼보판지가 부천2공장을 매각했다.

신대양제지 계열은 형인 권혁용 회장이 대양제지를 설립하고 동생인 권혁홍 회장이 신대양제지를 설립한 형제기업이다. 2016년 5월 대양제지 권혁용 회장이 별세하고 6월에는 신대양제지 시화공장에 대형 화재가 발생했다. 2017년 봄 신대양제지가 대양제지를 인수하고 권혁용 회장의 장남 권영 대표는 경영에서 물러나면서 신대양제지 천하로 계열사 구도가 정리되었다.

골판지 업종의 지난 격변의 시대를 설명하는 이유가 있다. 4개 골판지 계열이 어떤 생각을 하고 있는지를 이해하기 위해서이다. 골판지 폐지 가격 상승을 원지 가격과 상자 가격 인상으로 대응하면서 이익을 극대화할 수도 있다. 아니면 골판지 폐지 가격 상승 시 원지 가격은 인상하고 상자 가격은 동결해서 영세 상자업체를 인수하면서 시장 지배력을 강화할 수도 있다. 다른 한편 내부적으로는, 그룹별로 지배구조 정리를 고심하고 있을 것이다. 골판지 시장은 4대 골판지 기업이 의도하는 방향으로 움직이고 있다는 점을 이해할 필요가 있다.

골판지 업종의 관전포인트는 원지 가격과 폐지 가격 스프레드의 안정적 유지 여부, 또 하나는 태림포장 매각 건을 포함해서 골판지 4대 계열의 지배구도 변화이다.

기업 분석 : 신대양제지

신대양제지는 골판지 원지와 골판지 상자 매출 비중이 5 : 5 이고, 골판지 원지 이익 비중이 월등히 높다. 골판지 원지 가격은 관세청 골심지 수출단가를 활용하고, 폐지 가격은 1개월 래깅^{lagging}(시간 차이) 기준으로 자원순환정보시스템 데이터를 활용할 수 있다.

생산량은 신대양제지 분기별 가동률을 전년 기준으로 가정해 볼 수 있다. 매출은 골심지 가격(P)에서 골판지원지 생산량(Q)을 곱한 값이고, 매출이익률은 골심지에서 폐지 가격을 뺀 값(스프레드)에서 골판지 원지 생

그림 12-8 신대양제지 매출액, P×Q   단위 : 억 원

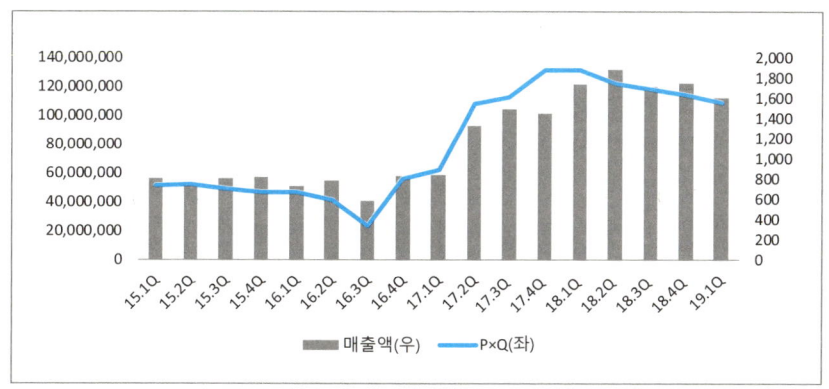

출처 : 신대양제지 사업보고서에서 인용하여 저자가 새롭게 그림

그림 12-9 신대양제지 영업이익, 스프레드×Q   단위 : 억 원

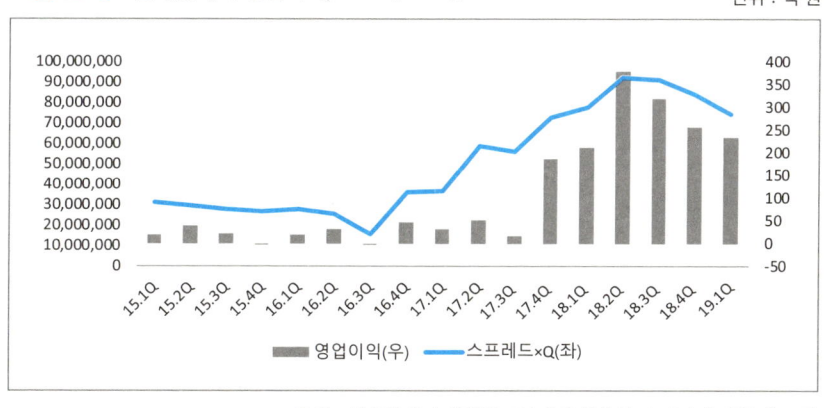

출처 : 신대양제지 사업보고서에서 인용하여 저자가 새롭게 그림

산량을 곱한 값이다. 이를 통해 분기별 신대양제지 실적 방향을 비교하고 추정할 수 있다.

매출액과 P × Q, 영업이익과 스프레드 × Q를 계산해서 분기별로 비교해보면 〈그림 12-8〉, 〈그림 12-9〉이다. 이를 통해 동행하는 모습을 확

표 12-2 실적 추정 주요 포인트 : 신대양제지

(단위:억 원)	18.1Q	18.2Q	18.3Q	18.4Q	19.1Q
매출액	1,740	1,883	1,722	1,749	1,606
매출원가	1,364	1,340	1,231	1,319	1,206
매출총이익	376	543	491	430	400
판관비	165	163	173	173	165
영업이익	211	380	318	257	235
당기순익	130	239	226	198	149
매출이익률	21.6%	28.8%	28.5%	24.6%	24.9%
판관비 비율	9.5%	8.7%	10.0%	9.9%	10.3%
영업이익률	12.1%	20.2%	18.5%	14.7%	14.6%
순이익률	7.5%	12.7%	13.1%	11.3%	9.3%
골심지 가격	492	449	446	422	418
폐지 가격 (1M lagging)	134	73	68	75	88
골심지-폐지(1M lagging)	291	340	344	310	286
골판지원지 생산량	268,258	273,432	266,321	271,866	262,096

① 원지 가격 × 원지 생산량

② (원지-폐지) × 원지 생산량

출처 : 신대양제지 사업보고서에서 인용하여 저자가 새롭게 작성

인할 수 있다.

2019년 1분기 실적을 추정하는 것 역시 같은 방식으로 접근이 가능하다. 〈표 12-2〉에서 보듯이 2019년 1분기 평균 골심지 가격과 원지생산량을 곱하면 매출규모를 추정할 수 있고,(참고 〈표 12-2〉 ①) 같은 기간 골심지에서 폐지 가격을 뺀 스프레드에서 원지 생산량을 곱하면 이익규모를 추정할 수 있다.(참고 〈표 12-2〉 ②) 전 분기와 비교한 증감률로 매출액과 매출이익률을 추정할 수 있다.

결국 신대양제지를 비롯해서 골판지 기업의 관전포인트는 원지 가격, 폐지 가격 방향이다. 생산량도 관심 있게 볼 필요가 있다. 원지 생산 가동률이 98% 수준을 유지하다가 2019년 1분기에는 95%로 다소 하락했다. 그리고 중국 정부의 환경 관련 규제 정책을 예의주시할 필요가 있다. 폐

지 가격 수입가 동향을 보는 것도 좋은 방법 중 하나이다.

신대양제지

매출: 원지 가격 × 원지 생산량

원지 가격 : 관세청 제품 분기 평균단가
원지 가격, 원지 생산량 : 신대양제지 사업보고서 – 사업의 내용 – 주요 제품 등의 가격 변동 추이 / 생산실적 및 가동률

이익: (원지 – 폐지 가격 스프레드) × 원지 생산량

폐지 : 자원순환정보시스템 폐지 분기 평균가(1개월 lagging) 또는 신대양제지 사업보고서 – 사업의 내용 – 주요 원재료 등의 현황(국내 고지)

<참고> **골판지 지표 관련 사이트**

그림 12-10 골판지 폐지 가격

그림 12-11 원지 수입단가, 수입량

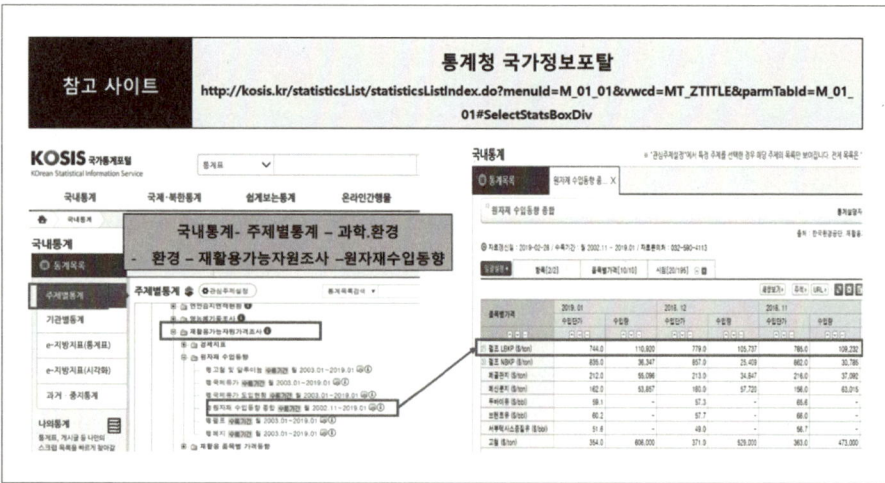

학습 포인트

1 4개 골판지 그룹 중심의 과점화된 구조가 제품 가격 결정권을 유지할 수 있을지가 중요한 관전포인트이며, 태림포장 매각 이후 구도 변화에 주목하자.

2 온라인몰 성장에 따른 골판지 수요 증가 여부뿐만 아니라 원지 가격과 폐지 가격 간 스프레드 변화를 주시하자.

재콩의 투자 이야기
'나만의 투자 시나리오'를 만들자

투자를 결정하는 시점에는 '나만의 투자 시나리오'를 만들어 보는 게 유용하다. 내가 활용하는 투자 시나리오는 크게 4가지 Q&A로 구성된다.

1. 투자 아이디어와 리스크 요인은 무엇인가?
2. 투자 아이디어와 리스크는 검증 가능한가?
3. 현 주가는 충분히 싸고 매력적인가?
4. 기간과 비용의 정의 : 목표수익률과 실패시 감당할 기회비용은 어떻게 되는가?

투자 시나리오 사례를 들어보겠다. 신대양제지를 적용한다고 가정해 보면, 먼저 투자 아이디어는 골판지 시장의 과점화와 일정 수준의 원지–폐지 스프레드의 유지이다. 리스크는 골판지 시장이 경기 사이클을 타는 시크리컬 산업일 수 있다는 우려, 원지 가격의 하락 가능성이 될 것이다.

다음은 투자 아이디어와 리스크의 검증 가능 여부이다. 원지와 폐지 가격 확인을 통해 스프레드 확대/감소 여부를 체크할 수 있고, 골판지 기업의 공장 가동률을 매분기 확인할 수 있다. 중국의 수입 확대 여부 역시 수출입 데이터를 통해 확인 가능하다는 점에서 검증이 가능하다.

현 주가가 충분히 싸고 매력적인가는 투자자 각각의 기질과 성향에 따라 판단은 달라질 것이다. 예를 들어 현 밸류에이션이 PBR 0.6배, PER 5.4배이며, 내재가치가 주당 12만 원이고, 2019년 추정 실적이 영업이익 900억 원, 순이익 650억 원 내외를 유지한다고 가정한다면, 이를 근거로 현재 주가의 저평가 여부를 판단할 수 있다.

밸류에이션은 PBR 1.0배, PER 7배, 시기적으로는 2019년 말 실적 발표 시점까지 목표로 둘 수 있다. 감당할 수 있는 기회비용은 투자금액의 −20% 손실 지점까지, 그리고 목표 시점까지 적정 밸류에이션에 도달하지 않을 경우 2년 보유를 가정할 수도 있다.

일단 자신만의 투자 시나리오를 한번 만들어보자. 이게 제일 중요하다. 투자 시나리오를 통해 투자의 아이디어와 리스크, 그리고 기간과 비용에 대해 미리 정리해두면 조금 더 예측 가능한 투자가 가능하다. 사족처럼 다시 강조하지만, 무엇보다 중요한 것은 싸게 사는 것이다.

13

식품

식품 업종을 보는 주요 지표

먼저 옥수수, 소맥, 대두, 원당 등 국제곡물 가격을 확인한다. 국제곡물 가격 변화는 식품 가격에 영향을 준다. 소비자물가지수를 통해 시장 가격 변화를 확인한다. 양계, 양돈, 고기소의 배합사료 생산량을 본다. 돼지고기, 닭고기 시장의 Q(수량)에 해당한다. 주요 수출 품목인 라면, 과자, 조제분유 등의 수출 데이터를 확인하고, 담배 시장은 전자담배 판매량을 함께 체크한다.(참고 〈표 13-1〉)

국제곡물가격은 농촌경제연구원의 해외곡물시장정보 페이지를 통해 확인 가능하며, 소비자물가지수는 통계청 주제별통계에서 물가·가계의 지출 목적별 소비자물가지수를 통해 확인 가능하다. 배합사료 생산량은 한국사료협회 정보도서관에서 월 단위 데이터를 활용할 수 있다. 라면,

표 13-1 식품 관련 주요 지표

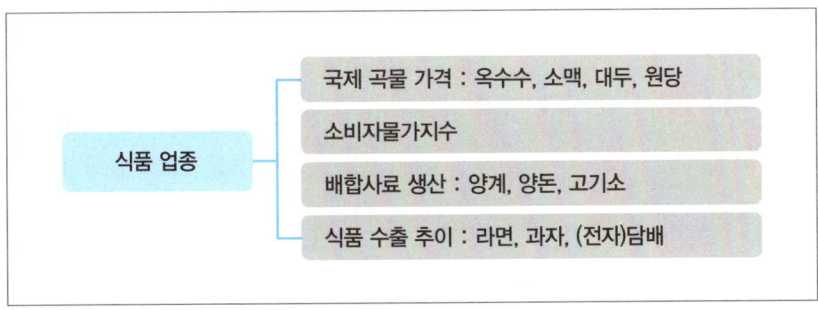

과자, 조제분유, 담배 등의 주요 식품 수출품목은 관세청을 통해 확인하면 된다. 전자담배를 포함한 담배 내수시장 판매는 기획재정부 출자관리과에서 매달 발표하는 담배시장 동향을 통해 확인할 수 있다.

식품 기업 이해의 출발점 : 국제곡물 가격과 식품 가격 메커니즘

식품 업종의 가장 중요한 변수는 국제곡물 가격과 환율이다. 4대 국제곡물은 옥수수, 소맥(밀), 대두, 원당이다. 옥수수는 사료와 전분당에 사용되고, 소맥은 밀가루와 사료에 사용된다. 대두는 식용유와 대두박에, 원당은 설탕에 주로 사용된다. 전분당은 설탕의 대체재로, 대두박은 라이신의 대체재로도 사용된다.

옥수수, 소맥, 대두, 원당이 1차적으로 사료와 전분당, 밀가루, 식용유, 설탕 등의 가격에 영향을 미치고, 다시 2차적으로 라면, 제과, 식료품, 주류, 담배, 양돈/양계 가격에 영향을 미치게 된다. 따라서 식품 업종을 볼 때는 국제곡물 가격 상승 시 제품 가격 인상으로 대응할 수 있는 기업과, 반대로 국제곡물 가격 하락 시 수혜를 보는 기업을 구분해서 볼 필요가 있다.

예를 들어 옥수수 가격 상승은 배합사료 생산 기업의 원재료 가격 부담이 되고 배합사료 제품 가격 인상이 필요해진다. 한편 양돈 기업 입장에서 배합사료 가격 상승은 좋은 뉴스가 아니다. 양돈 기업 입장에서는 돼지고기 가격 인상이 수반되어야 하는데 돼지고기 가격은 돼지도체 수와 관련되어 있다. 수요 감소로 돼지도체 수가 증가하면 돼지고기 가격은 하락한다.

따라서 국제곡물 가격 변화에 따라 원가 상승분을 제품 가격에 반영할 수 있는 구조인지, 또는 원재료 가격의 안정화가 수혜를 주는 구조인지에 따라 기업 실적은 달라진다는 점을 이해할 필요가 있다. 이 구조를 잘 이해하는 것이 식품 기업에 투자하는 첫걸음이며, 관련 지표를 보는 이유이기도 하다.

기업 사례를 하나 들어보자. 〈그림 13-1〉~〈그림 13-3〉은 옥수수 가격과 사료 평균가, 그리고 배합사료를 생산하는 팜스토리 주가인데, 지난 10년의 추이다.

그림에서 ①번 시기는 2010~2012년까지 국제곡물 가격이 큰 상승을 보이던 시기였다. 사료 기업은 2011년부터 제품 가격 인상을 했고, 이 영향은 2013년 중반까지 이어졌다.

②번 시기는 2013년 중반부터 국제곡물 가격이 큰 폭으로 하락했다. 배합사료 가격 역시 하락으로 이어졌고, 팜스토리 주가에 반영되었다. ②-1번 시기는 옥수수 가격이 반짝 상승하던 때에 맞춰 사료 가격 인상으로 주가가 상승하던 시기였다. 다만 10년 사이클로 볼 때는 짧은 시점

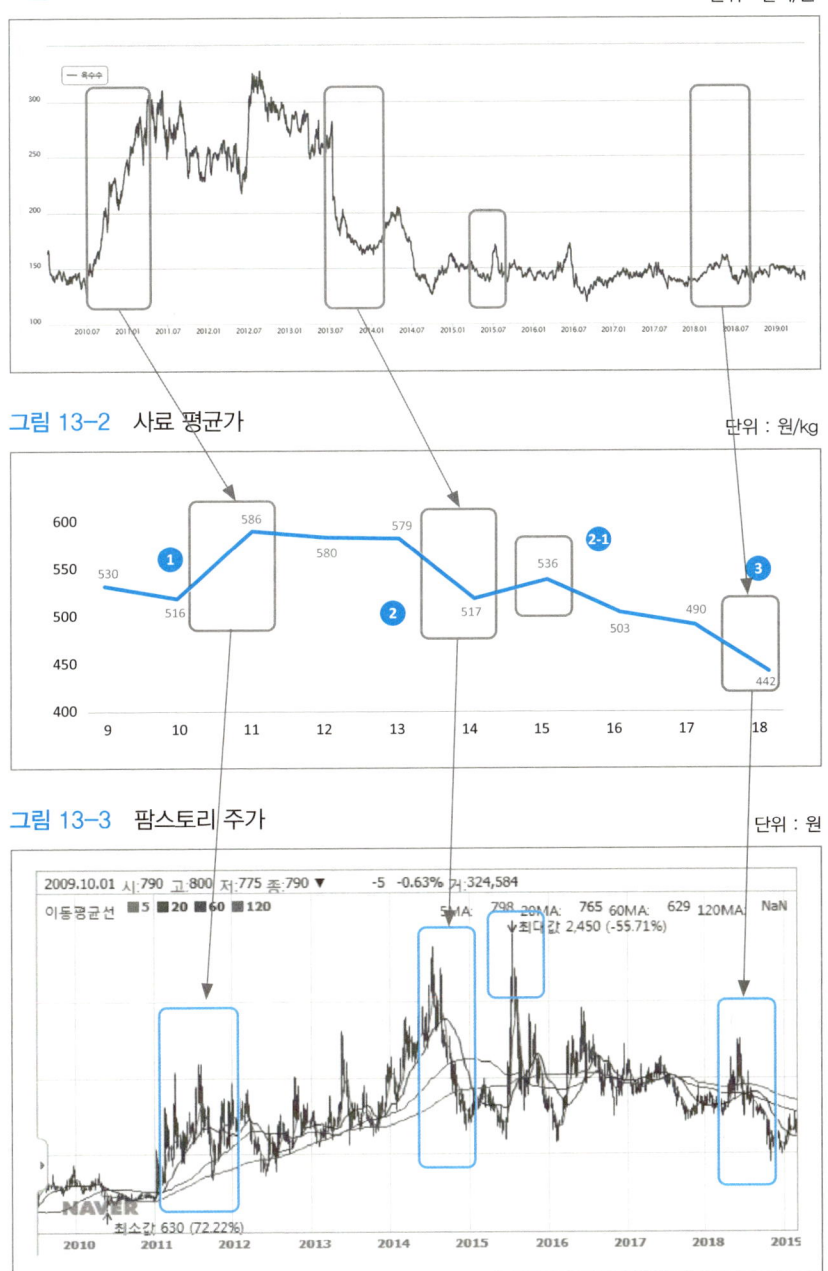

그림 13-1 옥수수 가격   단위 : 달러/톤

그림 13-2 사료 평균가   단위 : 원/kg

그림 13-3 팜스토리 주가   단위 : 원

그림 13-1 출처 : 농촌경제연구원(http://www.krei.re.kr) 해외 곡물시장 정보
그림 13-2 출처 : 팜스토리 사업보고서
그림 13-1 출처 : 네이버 금융에서 인용하여 저자가 새롭게 그림

의 변화라고 볼 수 있다.

③번 시기는 ②번 시기와 그리 다르지 않다. 대체적으로 곡물 가격은 안정화 단계였다. 다만 2018년 상반기 옥수수 가격이 상승했다. 그러나 곡물 가격이 미·중 무역분쟁 영향으로 하락하면서 제품 가격 인상 기대감만 잠시 등장하고 바로 사라졌다. 결국 곡물 가격 인상으로 이어지지 못했다. 이 부진이 2019년 상반기까지 이어지고 있다.

지난 10년을 돌아보면 그림에서 ①번 시기, 즉 2010~2012년까지 대략 2년 반정도 국제곡물 가격이 큰 폭으로 상승하던 때가 있었다. 배합사료 가격 인상으로 반영되던 시점에 기업 주가도 주목을 받았다. 그리고 ②번, ③번 시기는 대체적으로 국제곡물 가격이 안정적으로 움직여 왔다. 중간중간 곡물가격 인상과 제품 가격 인상 또는 인상 기대감으로 주가가 움직였으나 대체적으로 지지부진한 모습을 보여왔다.

다시 말해 국제곡물 가격 상승, 그리고 상승분을 제품 가격 인상으로 반영하던 시기에 시장의 주목을 받았다는 것을 팜스토리 사례에서 알 수 있다.

지금은 상황이 달라졌다. 지난 10년과 달리 지금은 배합사료를 생산하는 기업이 수직계열화를 완성했다. 사료-양돈/양계까지 이어지는 사업구조가 구축된 것이다. 따라서 배합사료의 안정적 공급은 양돈/양계 기업 입장에서는 긍정적인 시그널이기도 하다. 양돈/양계 기업은 배합사료 출하량이 낮을수록 오히려 매출이 증가하는 양상을 보인다. 이유는 양돈/양계 생산수의 감소는 돼지고기, 닭고기 가격 인상으로 이어지기 때문이다.

세상은 복잡하게 상호작용한다. 다만 지난 10년을 돌아보면 국제곡물 가격 상승, 그리고 상승분을 제품 가격에 반영하는 시점에 시장이 주목한다는 사실은 기억해 둘 만하다.

국제곡물 가격과 소비자물가지수

국제곡물 가격은 농촌경제연구원의 해외곡물시장정보를 통해 확인이 가능하다.* 또 국제곡물동향은 한국농수산유통공사의 주간곡물동향과 월간 국제곡물시장 동향에서 제공하는 리포트를 참고하면 시장 흐름에 대한 이해도를 높일 수 있다.

국제곡물 가격은 기후와 파종 시기가 큰 영향을 미친다. 2018년 상반기 유럽지역의 고온 건조한 기후로 소맥 생산량이 전년대비 4% 감소하면서 소맥과 옥수수 가격이 강세를 보였다.(참고 〈그림 13-4〉, 〈그림 13-5〉) 세계 1위 소맥 수출국 러시아 물량이 15% 감소하면서 상대적으로 미국 수출 물량이 증가하는 모습을 보였다. 대두의 최대 수출국은 미국이며, 중국 생산량은 미국 대비 13% 수준에 머물러있는데 미·중 무역분쟁의 여파로 가격이 큰 폭 하락하는 모습을 보이기도 했다.(참고 〈그림 13-6〉)

2018년 하반기에 접어들면서 미·중 무역분쟁이 격화되고 달러 강세, 상품시장 약세가 이어지면서 옥수수, 소맥, 대두, 원당이 모두 지지부진한 모습을 보였다.(참고 〈그림 13-7〉)

---

* 농촌경제연구원을 통해 국제곡물 가격 추이를 보되, 음식료 애널리스트의 주간 리포트를 보는 것도 도움이 된다. 하나금융투자에서는 F&B Weekly를 통해 주 단위 국제곡물 가격을 알려준다.

그림 13-4 옥수수 가격

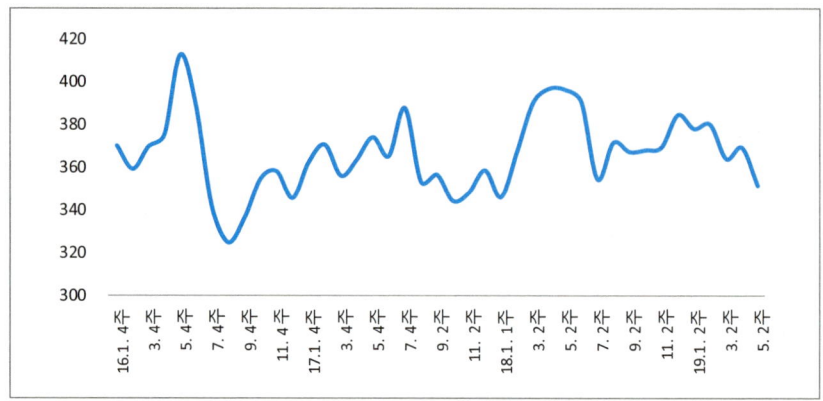

출처 : 통계청 지출목적별 소비자물가지수

그림 13-5 소맥(밀) 가격

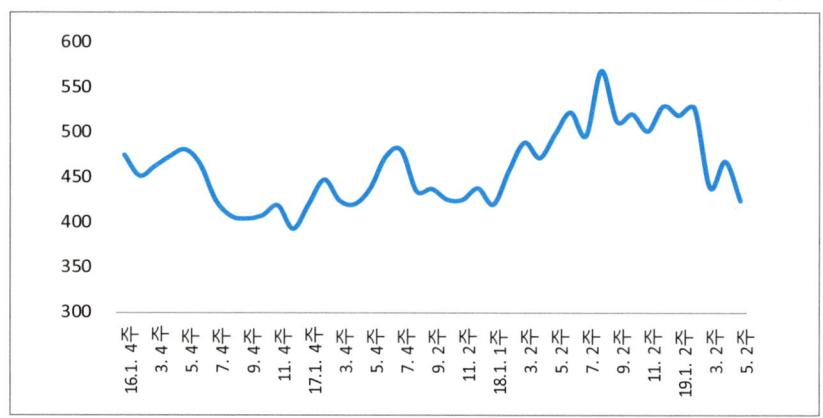

출처 : 통계청 지출목적별 소비자물가지수

그림 13-6 대두 가격

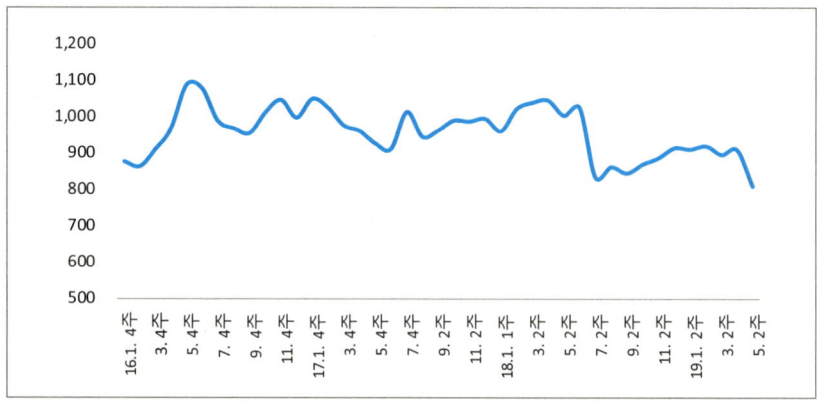

출처 : 통계청 지출목적별 소비자물가지수

그림 13-7 원당 가격   단위 : 달러/파운드

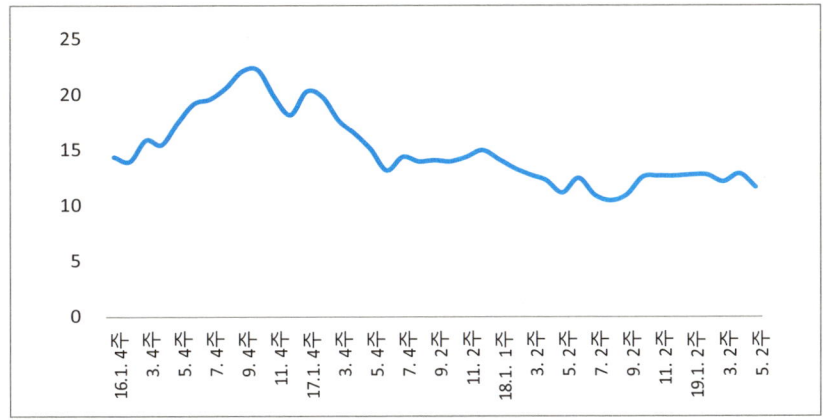

출처 : 통계청 지출목적별 소비자물가지수

2019년 5월을 지나면서 국제곡물 가격이 소폭 반등하고 있다. 미국 중서부 강우량 증가로 파종 지연이 현실화되고 있기 때문이다. 미국 국립해양대기청에 따르면 1895년 이래 2018년 하반기에서 2019년 상반기까지의 12개월이 가장 많은 비가 내린 시기라고 한다. 특히 2019년 3월 이후 미국 중서부 일부 지역은 폭설과 폭우로 홍수가 발생했다. 이로 인해 옥수수와 대두 파종이 지연되면서 생산량과 공급 감소 우려로 소맥, 옥수수, 대두 가격이 반등하고 있다. 앞으로 또다시 가격은 변화할 것이다.

국제곡물 가격은 국내 식품 가격에 영향을 미친다. 식품 가격 영향도는 통계청에서 발표하는 소비자물가지수를 통해 확인할 수 있다. 통계청 주제별통계에서 물가·가계 항목의 지출목적별 소비자물가지수를 통해 확인 가능하다.

중요한 포인트는 곡물 가격 상승과 하락이 식품 기업의 원가와 제품

가격에 미치는 상관관계를 이해하는 것이다. 지난 몇 년간 국제곡물 가격은 안정적인 흐름을 이어왔다. 이에 따라 밀가루, 식용유 같은 기초식품은 가격 인상이 어려웠다. 라면, 소주 같은 기호식품은 대략 5~6년 만에 가격 인상을 했다.

앞서 옥수수 가격과 배합사료 사례에서 살펴본 바와 같이, 국제곡물을 통해 1차 가공제품을 생산하는 식품 기업은 원재료 가격의 점진적 상승이 제품 가격 인상으로 반영되는 모습이 바람직하고, 소비자와 직접 맞닿는 2차 가공식품 기업은 원재료 가격 안정화가 실적에 도움을 준다.

양돈 시장 : 수입물량 증가, 돼지열병

소고기는 사육기간이 30개월이고 1인당 연간 소비량은 10.9kg이다. 국산 소비 비중은 40%이다. 돼지고기는 사육기간이 6개월이고 1인당 연간 소비량은 22.8kg이다. 국산 소비 비중은 70%이다. 닭고기는 사육기간 1개월, 1인당 13.4kg을 연간 소비한다. 국산 소비 비중은 90%에 육박한다. 주요 투자 대상은 주로 돼지고기, 닭고기 시장이다.

먼저 돼지고기 시장을 보자. 양돈을 거쳐 지육을 해서 돈육으로 식용을 하는 시장이다. 돼지를 지칭하는 용어가 상당히 많다. 정리해 보자.

양돈은 돼지를 사육하여 식용하는 것인데 종돈, 모돈, 육돈(비육)의 단계를 거친다. 종돈은 양돈의 기초가 되는 순수종의 돼지를 생산하는 것이다. 모돈은 비육용 새끼돼지를 생산하는 것이다. 육돈(비육)은 모돈으로부터 구입한 생후 40~80일된 새끼돼지를 6개월 비육하여 도살장으로 출하하는 것을 말한다. 지육은 도살한 고기를 의미한다. 돈육은 우리가

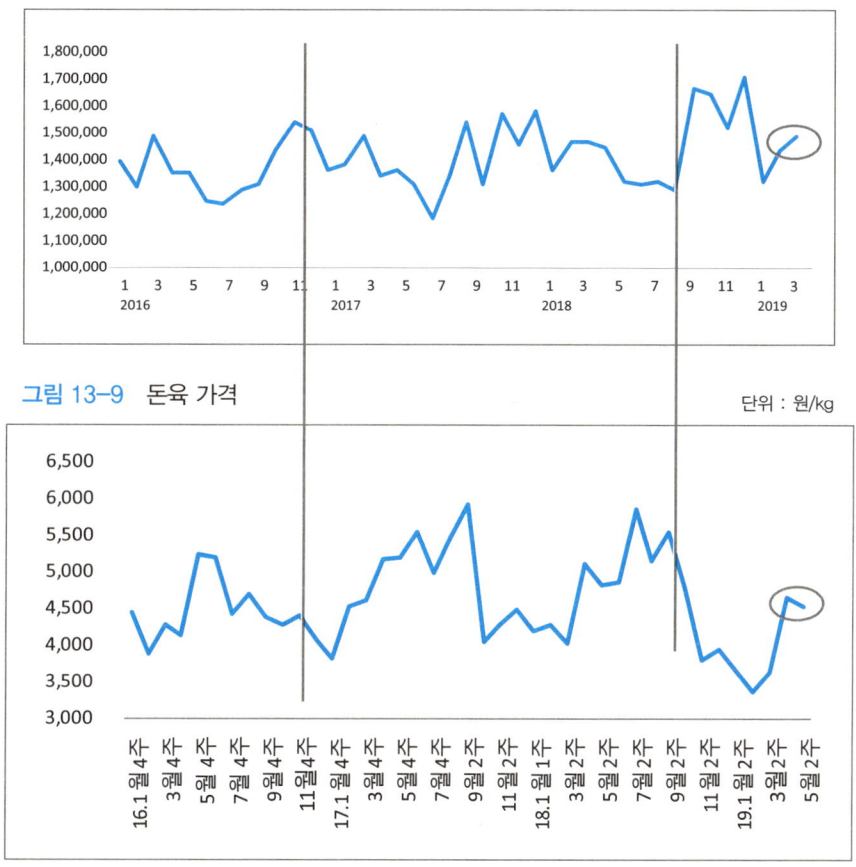

그림 13-8 출처 : 축산유통종합정보센터(www.ekapepia.com)
그림 13-9 출처 : 하나금융투자 식품 리포트에서 인용하여 저자가 새롭게 그림

먹는 식용돼지이다.

돼지도체(두수)와 돈육 가격은 밀접한 연관관계를 갖는다.(참고 〈그림 13-8〉, 〈그림 13-9〉) 돼지도체 증가는 돈육가격 하락으로 이어진다. 반대로 돼지도체 감소는 돈육가격 상승이다. 돼지도체 증가는 배합사료 생산

13 식품 313

량 증가이며 반대 경우는 생산량의 감소이다. 시장은 수요 공급의 법칙을 따른다. 돼지도체 수는 축산유통종합정보센터에서 제공하는 돼지도체 등급판정과 경락현황 데이터를 통해 확인할 수 있다.

돼지도체 수가 증가하게 되면 한돈협회에서는 자구책의 일환으로 한돈농가 모돈 감축으로 도체 수 조정을 하기도 한다. 돼지고기 시장은 돈육 수입량이 점차 증가하면서 수입 비중이 30%를 넘어서고 있다. 주로 미국, 스페인, 독일 산 돈육이 들어오고 있다.

2019년 이슈 중 하나는 아프리카돼지열병(ASF)이다. 중국과 베트남, 그리고 최근 북한까지 돼지열병이 번지고 있다. 중국의 돼지도체 처분이 급증하면서 도체 수가 전년대비 20% 이상 감소할 것이라는 전망이 있다. 중국 돼지도체 수 감소는 중국의 수입물량 확대로 이어질 수 있다. 국내 돼지고기 수입물량에 영향을 끼쳐서 수입물량 감소와 돼지고기 가격 상

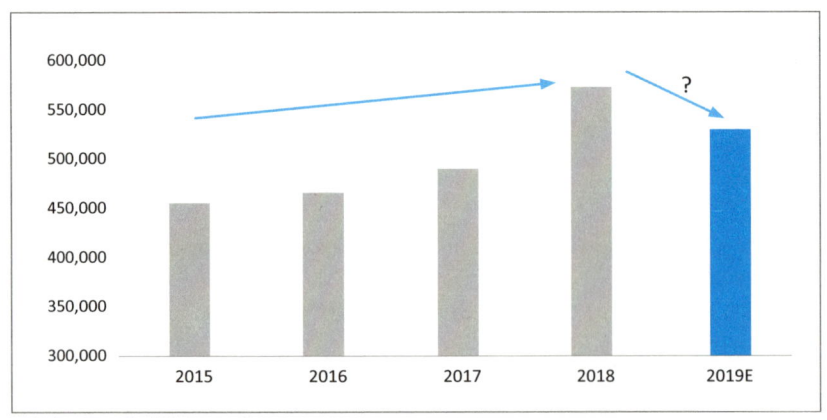

그림 13-10 돼지고기 수입물량   단위 : 톤

출처 : 관세청 수출입 무역통계

승으로 이어질 것이라는 시장의 시각이 있다.

돼지고기 수입물량은 관세청 수입 데이터(HS코드 0203)를 통해 확인할 수 있다. 돼지고기 수입물량은 꾸준히 증가해 왔다. 2019년 1~6월 누적 2.2% 감소하여 수입물량이 소폭 감소한 모습인데, 아직까지는 돼지열병 영향이 크지는 않은 상황이다.(참고 〈그림 13-10〉) 돼지열병 관련 이슈는 앞으로 관심 있게 지켜볼 포인트라고 할 수 있다.

식품 수출 : 라면, 과자, 조제분유, 담배

주요 식품별 수출 데이터는 관세청을 통해 확인할 수 있다. HS코드 기준으로 라면은 1902301010, 담배는 2402, 과자는 1704, 조제분유는 1901101010, 맥주는 2203이다. 라면과 조제분유는 중국 중심으로 보는 게 유용하며, 담배는 중동 지역, 특히 아랍에미레이트 수출 추이를 확인할 필요가 있다.

지난 몇 년간 가장 큰 주목을 받은 식품 수출품은 라면이다. 중국 수출이 지속 성장하다가 2018년 4분기부터 주춤한 모습을 보이고 있다.(참고 〈그림 13-11〉, 〈그림 13-12〉) 중국 시장 회복 여부를 꾸준히 지켜볼 필요가 있다.

담배의 중동 수출은 아랍에미레이트가 담배에 죄악세라는 명목으로 관세를 높이면서 수출이 큰 폭 하락했다(전년 대비 2018년 수출 증가율 −80%). 2019년부터 점차 회복하고 있다. 지켜볼 포인트이다.

담배 시장은 수출뿐만 아니라 내수시장도 함께 봐야 한다. 담배 내수 판매 데이터는 기획재정부 출자관리과에서 발표하는 담배시장동향자료를 통해 매달 확인할 수 있다.

일반 담배 내수 판매는 2018년 9%, 2019년 4월 기준 2.5% 감소한 반면, 전자담배 판매가 증가하고 있다. 전자담배의 2018년 성장률은 322%이고, 2019년 4월 기준 32% 성장하고 있다.

2019년 일반담배와 전자담배의 합산 판매량은 2018년 대비 소폭 성장

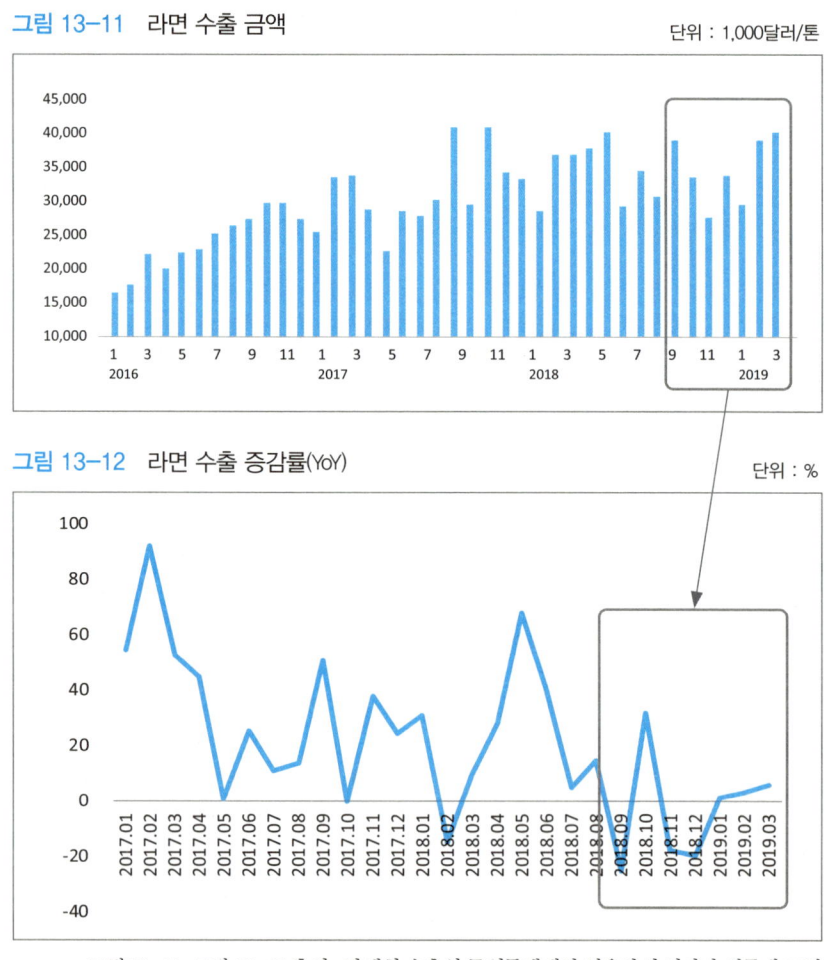

그림 13-11 라면 수출 금액

그림 13-12 라면 수출 증감률(YoY)

그림 13-11, 그림 13-12 출처 : 관세청 수출입 무역통계에서 인용하여 저자가 새롭게 그림

그림 13-13 궐련형 전자담배 판매량   단위 : 100만 갑

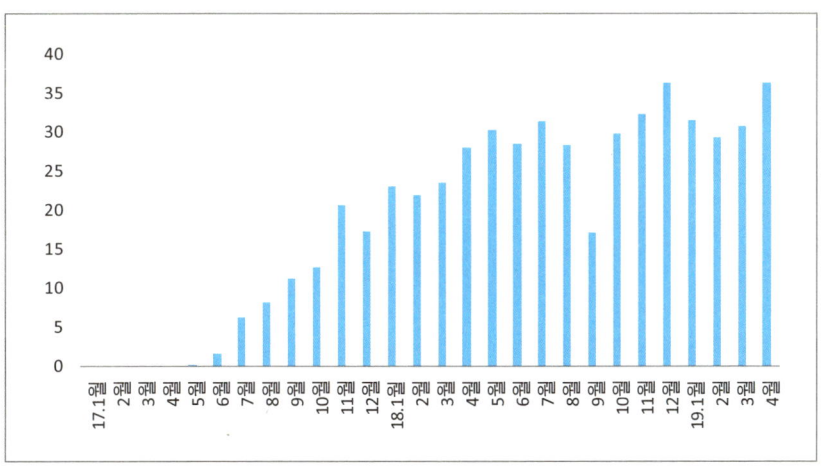

출처 : 기획재정부 담배시장동향에서 인용하여 저자가 새롭게 그림

그림 13-14 일반 담배 대비 전자담배 점유율   단위 : %

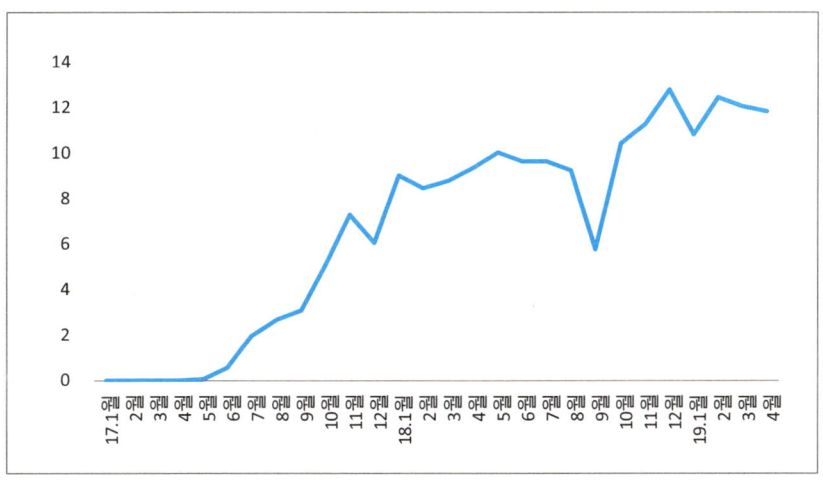

출처 : 기획재정부 담배시장동향에서 인용하여 저자가 새롭게 그림

하는 모습이다. 일반담배 판매는 감소하는 반면 전자담배 판매가 증가하면서 전자담배의 점유율이 증가하고 있다.(참고 〈그림 13-14〉) KT&G의 전자담배 점유율은 2018년 1분기 11%에서 2019년 1분기 34%까지 증가하고 있다. 2019년 상반기 미국 전자담배 1위인 'JUUL'이 출시되면서 향후 KT&G '릴 핏' 간의 경쟁구도를 체크할 필요가 있다.

기업 분석 : 삼양식품

삼양식품 매출 비중은 라면 94%, 스낵 4%, 유제품 2%이다. 경쟁사인 농심이 라면 75%, 스낵 17%, 기타(음료 등) 8% 비중이라는 점을 고려해보면 라면 매출 비중이 절대적이다. 라면 매출은 관세청 수출 데이터를 통해 파악할 수 있다. 라면 수출 금액 증가율을 삼양식품 매출 증가율로 가정할 수 있다. 그리고 소맥 가격 또는 밀가루의 소비자물가지수 분기 평균값 변화를 매출이익률에 반영할 수 있다.

〈그림 13-15〉, 〈그림 13-16〉을 보면 삼양식품 매출액과 라면 수출금액이 동행하는 모습을 보인다. 밀가루 가격이 낮을수록 매출이익률이 증가하는 모습이다. 국제곡물 가격과 소비자물가지수를 모니터링 하면 매출이익률 추이를 추정할 수 있다.

2019년 1분기 실적을 살펴보자.(참고 〈표 13-2〉) 라면 수출이 2018년 4분기에 이어 2019년 1분기 역시 부진한 모습을 보이면서 매출액 역시 부진한 모습이다. 반면 밀가루 가격은 안정적인 모습을 보이면서 매출이익률 역시 안정적인 숫자를 가정할 수 있다.

삼양식품 관전포인트는 라면 수출 금액 증가, 그리고 소맥(밀) 가격 안

그림 13-15 삼양식품 매출액, 라면 수출 금액 단위 : 억 원, 1,000달러/톤

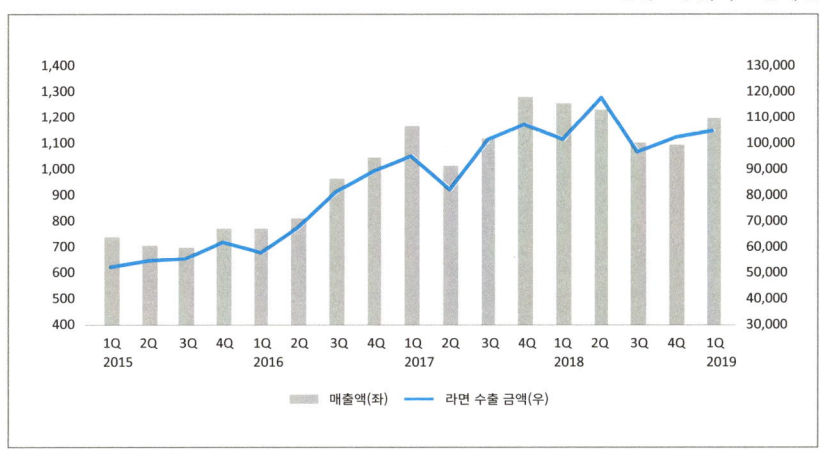

출처 : 삼양식품 사업보고서, 관세청, 통계청 소비자물가지수에서 인용하여 저자가 새롭게 그림

그림 13-16 삼양식품 매출이익률, 밀가루 소비지수 단위 : %

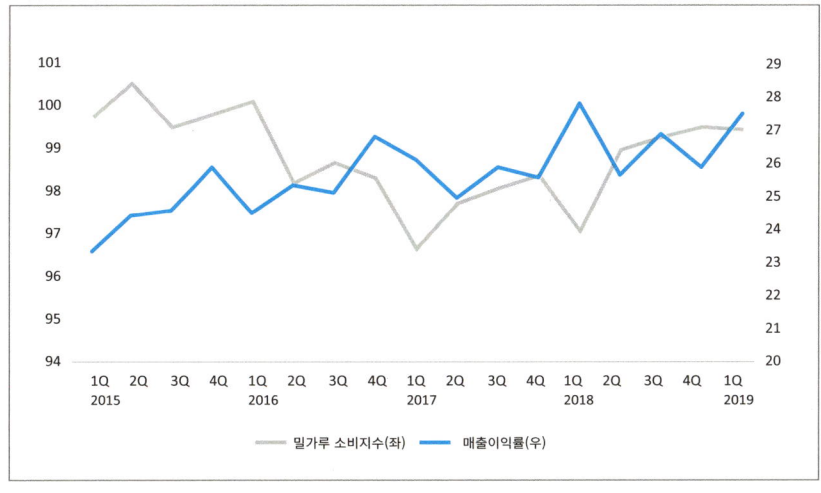

출처 : 삼양식품 사업보고서, 관세청, 통계청 소비자물가지수에서 인용하여 저자가 새롭게 그림

표 13-2 실적 추정 주요 포인트 : 삼양식품

		18.1Q	18.2Q	18.3Q	18.4Q	19.1Q
매출액 YoY		8%	22%	-2%	-14%	-4%
매출액		1,258	1,235	1,101	1,099	1,204
	매출원가	907	917	804	809	871
매출총이익		351	318	297	290	333
	판관비	171	188	170	175	180
영업이익		180	130	127	115	153
당기순익		144	111	101	-8	114
매출이익률		27.9%	25.7%	27.0%	26.0%	27.7%
판관비 비율		13.6%	15.2%	15.4%	15.9%	15.0%
영업이익률		14.3%	10.5%	11.5%	10.5%	12.7%
순이익률		11.4%	9.0%	9.2%	-0.7%	9.5%
라면 수출		100,065	116,230	95,549	101,362	103,594
라면 수출(중국)		15,767	34,347	23,584	19,592	23,138
밀 가격(국제곡물가)		447	498	527	518	496
밀가루 (소비지수)		97.1	99.1	99.4	99.6	99.6
라면 YoY		6.5%	43.7%	-4.7%	-4.3%	3.5%

① 라면 수출 증가율
② 밀가루 가격

출처 : 삼양식품 사업보고서에서 인용하여 저자가 새롭게 작성

정화에 따른 밀가루 가격의 안정적 흐름이라고 볼 수 있다. 라면 수출은 특히 중국 시장 증가를 확인할 필요가 있다. 중국 시장의 성장이 삼양식품 매출 증가와 밀접하게 관련된다.

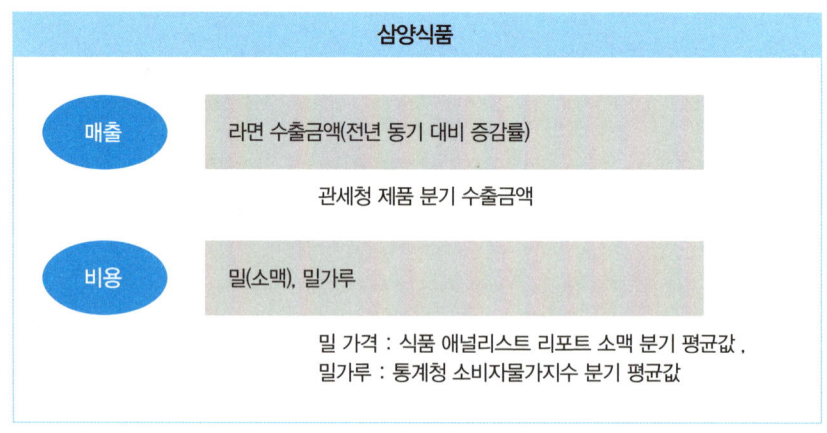

<참고> 식품 지표 관련 사이트

그림 13-17 국제 곡물 가격 동향

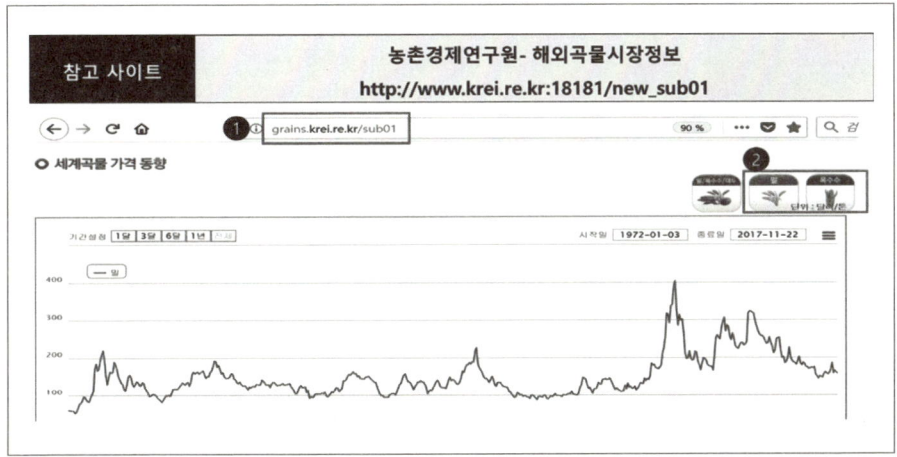

그림 13-18 국제 곡물 가격 및 상품 가격 추이

<참고>

식품 지표 관련 사이트

그림 13-19 국제 곡물 시장 동향

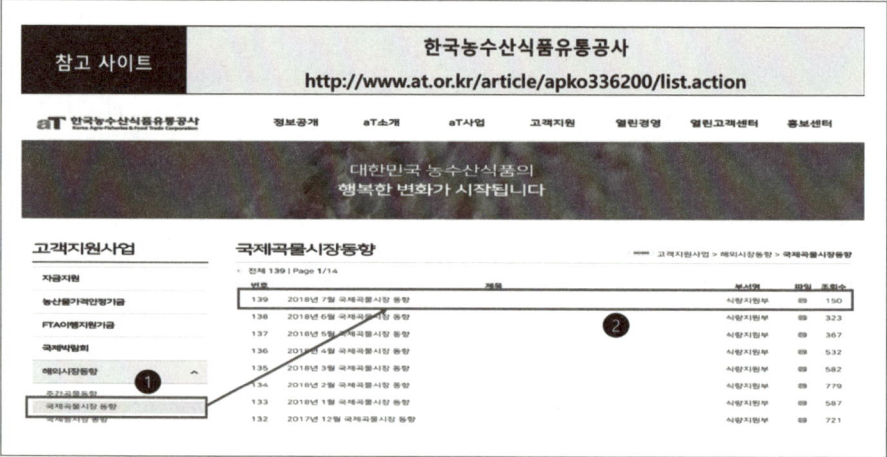

그림 13-20 쌀 가격

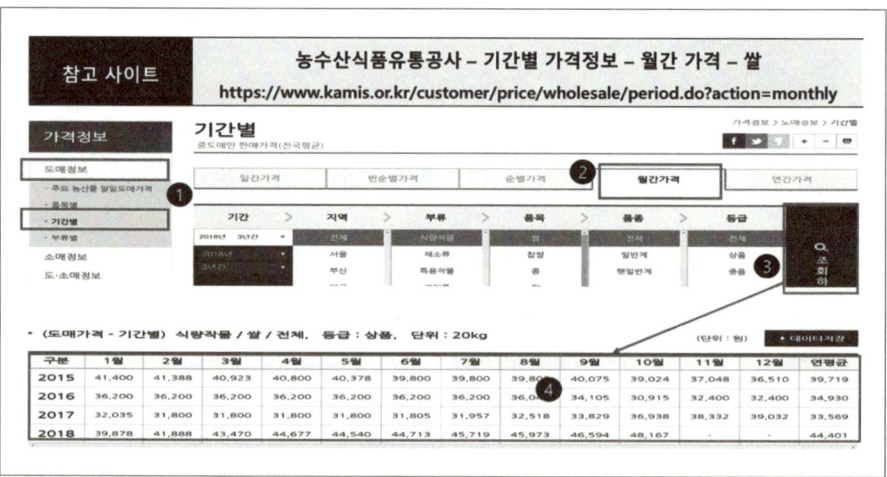

〈참고〉 **식품 지표 관련 사이트**

그림 13-21 지출 목적별 소비자물가지수

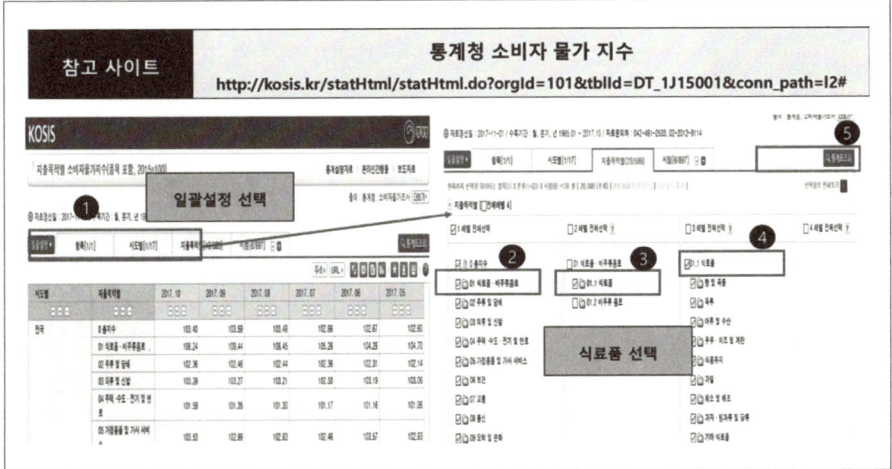

그림 13-22 배합사료 출하량

<참고> **식품 지표 관련 사이트**

그림 13-23 돼지도체 두수

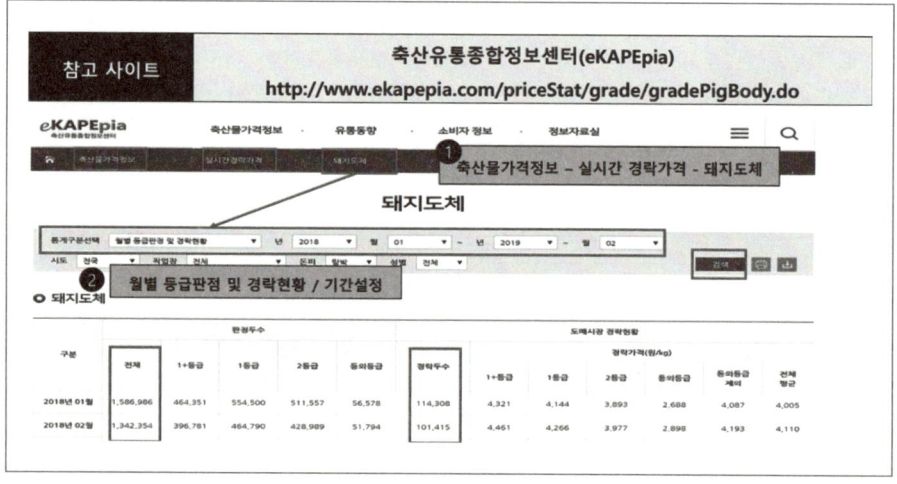

그림 13-24 라면 / 과자 수출

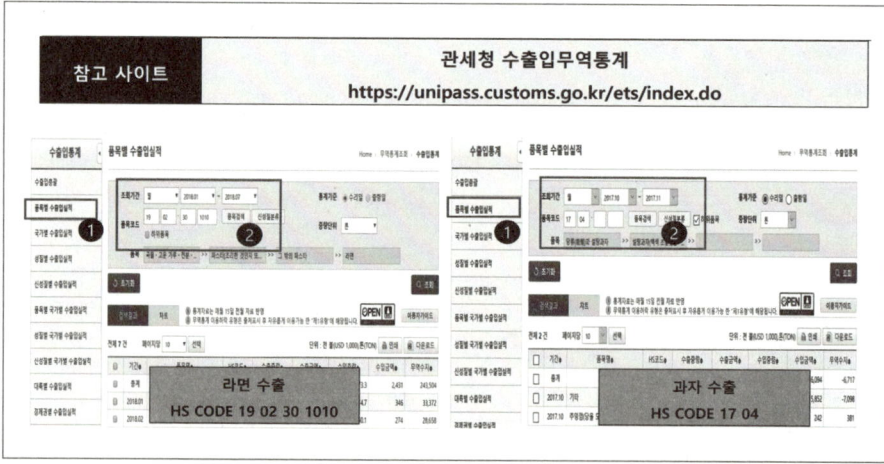

〈참고〉 **식품 지표 관련 사이트**

그림 13-25 담배 및 전자담배 판매(기획재정부)

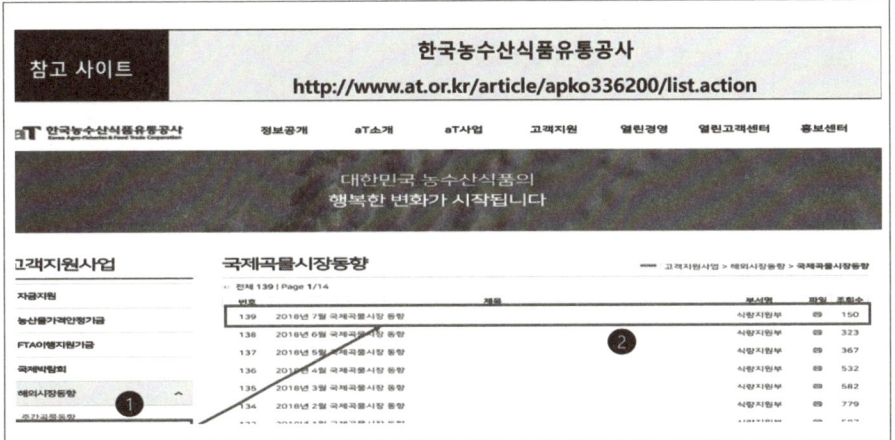

그림 13-26 참치 가격 인덱스

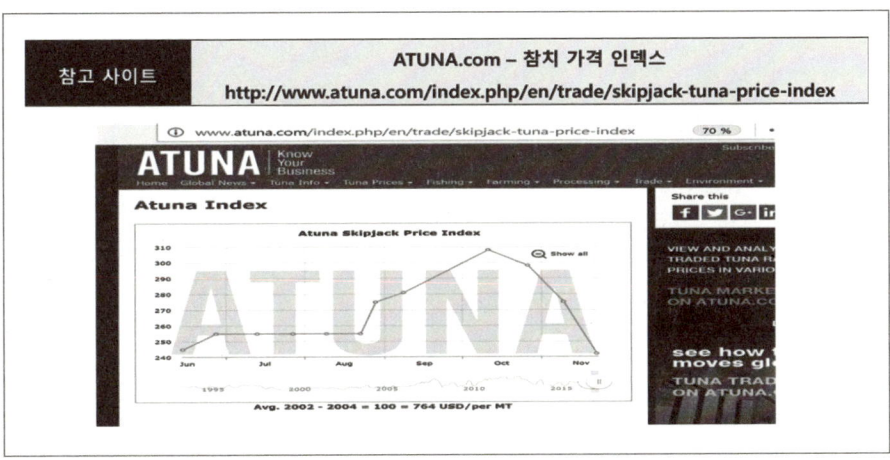

1 옥수수, 소맥, 대두, 원당 등 국제곡물 가격 변화를 파악하자.

2 식품 기업은 국제곡물 가격 변화에 따라 원가 상승분을 제품 가격에 반영할 수 있는지 여부가 중요하다.

3 라면, 과자, 조제분유, 담배 등 주요 식품 수출품목은 관세청 데이터를 통해 주기적으로 체크하자.

재콩의 투자 이야기
성공하는 투자자의 자세

　유명 아티스트가 나이 들어가면서 화려하던 명성을 제대로 이어가지 못하는 경우를 종종 본다. 왜 그럴까? 나름 나의 해석은 이렇다. 한때 트랜디하며 혁신적이기조차 했던 이 아티스트는 한번의 큰 성공 이후 계속 같은 방식을 고집했을 것이다. 그러다 얼마 뒤 이 아티스트의 방식은 평균의 방식이 됐을 것이고, 조금 더 시간이 지나면서 결국 시대의 흐름에 뒤처지게 된 것이라고 말이다.

　대부분의 샐러리맨 역시 크게 다르지 않다. 평균의 방식에서 평균 이하의 방식으로 일하는 시점이 되면 대개의 경우 방어막이 필요하다. 조직 내 적당한 위치를 선점해 방어막을 칠 수도 있고, 후배들의 인사이트를 흡입하는 이른바 '흡입신공'으로 방어막을 가져갈 수도 있다. 평균의 방식에서 평균 이하의 방식으로 가는 시점엔 판단이 필요하다. 이게 직장에서의 마지막 모습을 결정짓는다.

　요즘 이른바 핫한 연예기획사의 예를 들어보자. 아이돌그룹은 대개 연습생 생활 5~7년을 거쳐 데뷔한다. 데뷔 후 한두 차례 앨범 발매와 미디어 노출로 인지도를 높인다. 그 다음부터가 본 게임 시작이다. 소위 팬덤이 형성되어야 한다.

　이때부터 본격적인 수익 회수가 이루어진다. 데뷔 5~6년차를 정점으로 서서히 아래로 내려온다. 아이돌은 연기, 연애, 솔로 활동, 군대 이렇게 재능별로 찢어져 산발적인 활동 단계로 넘어간다. 10년차까지 살아남기 힘들다. 아이돌그룹이 트랜드를 이끌던 단계에서 평균의 방식, 다시 평균 이하 방식의 수순을 밟게 된다. 이 사이클을 도는 데 약 10년이 소요된다.

　유명 아티스트는 추억이 되고 아이돌은 잊혀지고 샐러리맨은 마지막 모습을 결정해야 한다. 투자의 세계 역시 끊임없이 변한다. 매년 시장 주도주가 바뀐다. 시장 흐름을 잘 읽는 투자자는 평균 이상을 달성한다. 그렇지 못한 투자자의 결과는 말 안 해도 알 것이다. 불안하다. 시대 흐름은 빠르고 우리의 감각은 무뎌진다. 시대 트랜드를 읽지 못하면 어쩌나 불안하다.

종종 투자를 야구에 비유하곤 한다. 투수가 10개의 공을 던진다. 속구, 커브, 슬라이드, 씽커, 너클볼 등 다양한 구질을 스트라이크로 던질 수도 있고, 유인구로 던질 수도 있다. 투자의 관점에서는 10개의 공을 다 칠 필요는 없다. 이게 중요하다. 투자의 세계에서는 스트라이크 3개를 보낸다고 아웃되는 것도 아니다. 10개 공을 지켜보다가 맘에 드는 녀석을 골라 배트를 휘두르면 된다. 마음에 드는 게 없으면 다음 기회에 10개 공을 다시 기다리면 된다. 타자에게 타격 자세가 중요하듯 투자자 역시 어떤 자세로 투자에 임하느냐가 성패의 관건이다.

슬라이드와 씽커에 대한 대처법을 새롭게 연마하면 배트를 휘두를 기회가 많아진다. 그러나 기회가 많다고 타율이 절로 높아지는 건 아니다. 속구와 커브만 선택한다고 출전 기회가 제한되지도 않는다.

건설, 미디어, 금융, 바이오, 반도체, 화학, 자동차, 정유, 모바일, 게임 등등 시장에서는 다양한 업종에서 쉬지 않고 공을 던져준다. 내가 잘 아는 업종과 기업의 공을 기다리면 된다. 내가 좋아하는 구질을 집중 연마해도 기회는 다가온다.

'감 떨어진다.' 이 말은 나이가 들어가면서 참 듣고 싶지 않은 말 중에 하나다. 하지만 대세는 그러하다. 누구나 탁월함과 평균, 그리고 평균 그 이하의 사이클을 벗어나기 어렵다. 그럼에도 투자는 이 사이클에서 조금은 자유롭다고 생각한다. 매년 주도주를 찾아 매번 투자를 성공적으로 이끄는 것은 어렵다. 좋아하는 코스의 공만 원칙을 갖고 노려도 좋은 결과를 얻을 수 있다. 모든 것을 잘 알고 잘해야 한다는 강박관념을 잠시 놓아둬도 되는 것이 투자의 매력이다.

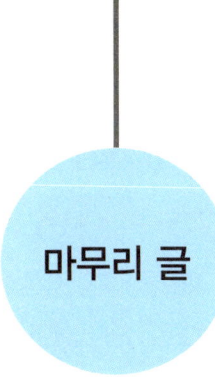

마무리 글

긴 여행을 다녀온 것만 같다. 독자들에게 있어 관심 업종은 즐거운 여행이었을 것이고, 익숙하지 않은 업종 이야기는 더디고 지루했을 것이다. 아무튼 이 책이 자그마한 도움이 되었으면 하는 바람이다. 내친 김에 몇 자 더 적어본다. 일종의 당부의 말 같은 것이다.

먼저, 자주 받는 질문 가운데 하나가 이 모든 것을 어떻게 다 파악하고 체크할 수 있느냐 하는 것이다. 물론 시간에 쫓기는 일상에서 쉽지 않은 일이다. 필자로서 드릴 수 있는 대답은 이렇다. 가장 중요한 것은 긴 호흡과 꾸준함이다.

일상이 분주한 일반 투자자자라면 관심 업종 지표를 가끔 체크하면서 '긴 호흡'으로 투자하는 것이 훨씬 좋은 성과를 낼 수 있다. 생활 속에서 아이디어를 발견하고 투자와 연결하는 즐거움을 가져 보길 바란다. 관심 분야와 업종을 중심으로 꾸준하게 시장을 보는 것이 중요하다. 최소 1~2개 이상 기업의 핵심 지표를 정의하고 매출과 이익을 추정하며 투자 시나리오를 만들어 보길 추천한다.

투자를 또 하나의 업業으로 생각하는 투자자라면 업종 지표를 주기적으로 체크하면서 관심 업종을 하나씩 넓혀 나가길 바란다. 지표를 이해하고 활용하는 습관과 노력을 생활화하면서 기업의 핵심지표와 매출, 이익을 확인하고 투자 시나리오를 꾸준히 축적하기를 권한다.

그리고 투자자라면 무엇보다 주가 하락 시에도 즐거움을 찾을 수 있는 관심거리가 있어야 한다. 투자 생활에 아주 유익하다. 나는 주로 피 뚝뚝 떨어지는 추리소설이나 달달한 연애소설을 읽는다. 변화무쌍한 시장에서 즐거움과 여유를 잃지 않는 것보다 중요한 것은 없다.

투자에서 '한방'은 없다. 꾸준히 지표를 찾고 매출과 이익을 확인하는 지루하고 힘든 과정을 거쳐야 한다. 결국 한 땀 한 땀 스스로 만들어 나가는 것이다. 안전마진을 확보한 기업, 그리고 이익이 증가하는 기업을 찾게 되면 투자는 비로소 시작된다. 기다림이 필요하다. 투자자의 중요한 덕목 가운데 하나가 기다림이다. 다만 막연한 기다림이 아니라 기업의 핵심 지표를 통해 '알면서 기다리는 투자'가 되기를 바란다. 그래야 마음이 편하다.

시장과 지표는 변화무쌍하다. 이 원고를 넘기고 난 이후 시장은 또다시 변화하고 있고, 지표 방향은 춤을 추고 있다. 당시 시점의 내 관점이 이제는 틀린 생각일 수 있고, 현재 내가 바라보는 것이 가까운 어느 시점에 다시 변화할 수 있다. 시장은 생물과 같다.

변화하는 업종 이야기를 하나의 책으로 엮는다는 것이 한계가 있다는 생각도 든다. 지엽적인 변화보다는 큰 방향에서 업종 대표 지표와, 지표가 의미하는 것을 이해하고 그리고 무엇보다 자신의 시각으로 시장과 지표를 읽는 습관을 만들어가길 바란다.

*

출판사에서 많이 고생했다. 지표와 숫자가 많아서 원고 내용을 파악하고 정리하는 데 품이 많이 들었을 텐데 내색하지 않고 매끈하게 처리해 주셨다. 이 자리를 빌어 감사의 말씀을 전한다.

그리고 영원히 철들지 않을 것 같은 은세, 은우 두 아들에게 이 책을 선물할 것인데, 인생의 여러 선택지에서 아빠가 놓지 않는 노력이라는 끈을 이해하는 날이 오기를 기대해본다. 항상 존재만으로 감사한 어머니, 그리고 아이들에게 한없이 따뜻한 사랑을 베푸는 아내도 여기에 적어두고 싶다. 마지막으로, 투자하면서 자주 들렀던 63벤치의 추억도 이 책에 새겨둔다.

● 함께 읽으면 좋은 부크온의 책들 ●

책 제목	지은이
● 현명한 투자자의 재무제표 읽는 법	벤저민 그레이엄, 스펜서 메레디스
● 워렌 버핏의 스노우볼 버크셔 해서웨이	로버트 마일즈
● 워렌 버핏의 재무제표 활용법	메리 버핏, 데이비드 클라크
● 앞으로 10년을 지배할 주식투자 트렌드	스콧 필립스
● 주식투자자를 위한 IFRS 핵심 포인트	한국투자교육연구소
● 투자공식 끝장내기	정호성, 임동민
● 고객의 요트는 어디에 있는가	프레드 쉐드
● 워렌 버핏처럼 열정에 투자하라	제프 베네딕트
● 주식 가치평가를 위한 작은 책	애스워드 다모다란
● 안전마진	크리스토퍼 리소길
● 워렌 버핏처럼 사업보고서 읽는 법	김현준
● 붐버스톨로지	비크람 만샤라마니
● 박 회계사의 재무제표 분석법	박동흠
● 어닝스, 최고의 주식투자 아이디어	김현준, 정호성
● 바이오 대박넝쿨	허원
● 경제적 해자 실전 주식 투자법	헤더 브릴리언트 외
● 줄루 주식투자법	짐 슬레이터
● NEW 워런 버핏처럼 적정주가 구하는 법	이은원
● 이웃집 워런 버핏, 숙향의 투자 일기	숙향
● 박 회계사의 사업보고서 분석법	박동흠
● IPO 주식투자 고수익 내는 법	오승택, 전지민, 이준성
● 워런 버핏만 알고 있는 주식투자의 비밀	메리 버핏, 데이비드 클라크
● 현명한 투자자의 인문학	로버트 해그스트롬
● 돈이 불어나는 성장주식 투자법	짐 슬레이터
● 주식 PER 종목 선정 활용법	키스 앤더슨
● 워런 버핏의 ROE 활용법	조지프 벨몬트
● 주식투자자를 위한 재무제표 해결사 V차트	정연빈
● 투자의 전설 앤서니 볼턴	앤서니 볼턴
● 적극적 가치투자	비탈리 카스넬스
● 워렌 버핏의 주식투자 콘서트	워런 버핏
● 투자의 가치	이건규
● 워런 버핏처럼 가치평가 시작하는 법	존 프라이스
● 투자 대가들의 가치평가 활용법	존 프라이스